二十五史藝文經籍志考補萃編續刊 第十二卷

王承略 劉心明 主編

補西夏藝文志　聶鴻音 著
新補遼史藝文志　朱子方 著　李兵 整理
遼史藝文志訂補　王巍 著　李兵 整理
金史藝文志補　[清]杭世駿 撰　李兵 整理
元書藝文志　[清]曾廉 撰　李兵 整理
元史藝文志補注　何佑森 著　李兵 整理

清華大學出版社　北京

版權所有,侵權必究。舉報:010-62782989,beiqinquan@tup.tsinghua.edu.cn。

圖書在版編目(CIP)數據

二十五史藝文經籍志考補萃編續刊. 第十二卷/王承略,劉心明主編. —北京:清華大學出版社,2020.11
 ISBN 978-7-302-56638-0

Ⅰ. ①二… Ⅱ. ①王… ②劉… Ⅲ. ①中國歷史－古代史－紀傳體②二十五史－研究 Ⅳ. ①K204.1

中國版本圖書館 CIP 數據核字(2020)第 193149 號

責任編輯:馬慶洲
封面設計:曲曉華
責任校對:劉玉霞
責任印製:叢懷宇

出版發行:	清華大學出版社
網 址:	http://www.tup.com.cn, http://www.wqbook.com
地 址:	北京清華大學學研大廈 A 座 郵 編:100084
社 總 機:	010-62770175 郵 購:010-62786544
投稿與讀者服務:	010-62776969, c-service@tup.tsinghua.edu.cn
質量反饋:	010-62772015, zhiliang@tup.tsinghua.edu.cn

印 裝 者:三河市金元印裝有限公司
經 銷:全國新華書店
開 本:148mm×210mm 印 張:11.5 字 數:255 千字
版 次:2020 年 11 月第 1 版 印 次:2020 年 11 月第 1 次印刷
定 價:68.00 元

產品編號:090432-01

《二十五史藝文經籍志考補萃編續刊》編纂委員會

學術顧問：張高評
主　　編：王承略　劉心明
副 主 編：馬慶洲　李　兵
特約作者：劉兆祐　顧力仁　劉　琳　聶鴻音　張固也
點校整理：辛智慧　李學玲　張　雲　杜志勇　于少飛
　　　　　楊勝男　由墨林　張　偉　陳福盛　解樹明
　　　　　邱琬淳
校　　對：王成厚　李　博　王　瑞　王志遠　肖鴻哉
　　　　　楊潤東　靳亞萍　馬慶輝　李古月　王銀萍
　　　　　張孜烜　盧姝宇

目　　録

補西夏藝文志 …………………………………………… 1

　　經部 …………………………………………………… 3
　　史部 …………………………………………………… 6
　　子部 …………………………………………………… 8
　　集部 …………………………………………………… 10

新補遼史藝文志 ………………………………………… 13

　　經部 …………………………………………………… 16
　　史部 …………………………………………………… 19
　　子部 …………………………………………………… 23
　　集部 …………………………………………………… 37

遼史藝文志訂補 ………………………………………… 43

　　經部 …………………………………………………… 47
　　史部 …………………………………………………… 48
　　子部 …………………………………………………… 52
　　集部 …………………………………………………… 63

金史藝文志補 …… 67

經部 …… 69
史部 …… 73
子部 …… 75
別集 …… 85

元書藝文志 …… 103

元史藝文志補注 …… 223

序言 …… 225
原序 …… 228
卷一 …… 230
易類 …… 230
書類 …… 259
詩類 …… 269
禮類 …… 277
樂類 …… 293
春秋類 …… 295
卷二 …… 299
正史類 …… 299
實録類 …… 301
編年類 …… 306
雜史類 …… 310
古史類 …… 315
史鈔類 …… 317

故事類 …………………………………… 320
職官類 …………………………………… 325
儀注類 …………………………………… 328
刑法類 …………………………………… 331
傳記類 …………………………………… 334
譜牒類 …………………………………… 338
簿録類 …………………………………… 341
地理類 …………………………………… 342

補西夏藝文志

聶鴻音 著

《元史·耶律楚材傳》載，元軍攻西夏，破靈武時，"諸將爭取子女金帛，楚材獨收遺書"。據此猜想，西夏一代的典籍一定不少。不過，這批文獻幾百年後已幾乎亡佚殆盡，王仁俊輯《西夏藝文志》，廣采博搜，也僅著録八種。1900年，法國伯希和在北京得到了幾册西夏文佛經，書目由黄任恒採入《補遼史藝文志》中。1908年和1909年，俄國科兹洛夫率地理考察隊進入内蒙古額濟納旗，在黑水城遺址掘獲了大批西夏文獻，全部載歸彼得堡，其概況集中披露於《國立北平圖書館館刊》第四卷第三期(1932)。20世紀60年代以後，蘇俄方面對所藏文獻的整理編目工作取得了很大進展，至世紀末爲止，其中的主要部分已由蘇聯科學院東方研究所列寧格勒分所(今俄羅斯科學院東方文獻研究所)大致整理，分別編入戈爾巴喬娃和克恰諾夫的西夏文文獻目録 (З. И. Горбачева, Е. И. Кычанов, *Тангутские рукописи и ксилографы*, Москва: Издательство восточной литературы, 1963)、孟列夫的漢文文獻目録 (Л. Н. Меньшиков, *Описание китайской части коллекции из Хара－хото*, Москва: Наука, 1984)，以及克恰諾夫的西夏文佛教文獻目録 (Е. И. Кычанов, *Каталог тангутских буддийских памятников*, Киото: Университет Киото, 1999)。這三種目録裹集中了現存黑水城文獻的精華，並附有詳細的俄文提要，只是分類略感紊亂，某些書的鑑定尚存在問題。

下面據中外撰述及作者親驗補出西夏文的"四部"著作目録。全部文獻均爲黑水城遺址出土，其中大量佛書的西夏文譯本和少量漢文著作不在著録範圍。

經　部

周易卜筮斷
　　夏中書相斡道沖撰。虞集《道園學古錄》卷四《西夏相斡公畫像贊》："公諱道沖，字宗聖。八歲以尚書中童子舉，長通五經，爲番漢教授。譯《論語注》，別作《解義》二十卷，曰《論語小義》，又作《周易卜筮斷》，以其國字書之，行於國中。"佚。

孝經注一卷
　　唐玄宗御注，佚名譯。英國國家圖書館藏寫本。殘。

孝經傳一卷
　　宋呂惠卿原撰，佚名譯。俄羅斯科學院東方文獻研究所藏寫本。

论语全解十卷
　　宋陳祥道原撰，佚名譯。俄羅斯科學院東方文獻研究所藏刻本。殘。

論語小義二十卷
　　夏中書相斡道沖撰，説見虞集《道園學古錄》卷四。佚。

孟子十四卷
　　佚名譯。俄羅斯科學院東方文獻研究所藏寫本。殘。

孟子章句十四卷
　　漢趙岐注，佚名譯。俄羅斯科學院東方文獻研究所藏寫本。殘。

孟子傳十四卷
　　考爲宋陳禾注，佚名譯。俄羅斯科學院東方文獻研究所藏寫本。殘。

文海二卷附"雜部"

佚名奉敕撰。俄羅斯科學院東方文獻研究所藏刻本。《廣韻》體韻書。存卷上。

大白高國文海寶韻二卷附"雜部"

佚名奉敕撰。俄羅斯科學院东方文獻研究所藏寫本。《平水韻》體韻書。

同音不分卷

切韻博士令吽犬長、羅瑞靈長初編，學士渾吉白、勿明犬樂改編，12世紀初節親主嵬名德照命學士兀囉文信校。俄羅斯科學院東方文獻研究所藏刻本。《五音集韻》體字書。

重校同音不分卷

切韻博士令吽犬長、羅瑞靈長初編，學士渾吉白、勿明犬樂改編，節親主嵬名德照命學士兀囉文信校，夏乾祐年間（1170—1193）御史承旨梁德養重校。俄羅斯科學院東方文獻研究所藏刻本，中國西北各地亦有零星發現。《五音集韻》體字書。

手鏡不分卷

擬題，或擬《音同文海寶韻合編》。俄羅斯科學院東方文獻研究所及英國國家圖書館藏寫本。《五音集韻》體字書。殘。

五音切韻不分卷

佚名奉敕撰。黑水城遺址出土，俄羅斯科學院東方文獻研究所藏。韻圖。

番漢合時掌中珠不分卷

乾祐二十一年（1190）骨勒茂才撰。俄羅斯科學院東方文獻研究所藏刻本。西夏文漢文對譯"雜字"體字書。

纂要不分卷

佚名撰，俄羅斯科學院東方文獻研究所藏刻本。"雜字"體字書。殘。

三才雜字不分卷

佚名撰,俄羅斯科學院東方文獻研究所藏刻本,中國甘肅武威及敦煌亦有零星發現。"雜字"體字書。

同義四卷

書題或譯《義同一類》。乾祐十九年(1188)和尚梁習寶撰,御史承旨番學士梁德養校定。俄羅斯科學院東方文獻研究所藏寫本,又有英國國家圖書館藏刻本殘片。"急就章"體字書。

擇要常傳同訓雜字不分卷

元佚名党項後裔撰。私人藏刻本。"音義體"字書。文字集自佛經,釋以通假字。

新集置掌碎金不分卷

12世紀初西夏宣徽正息齊文智編,俄羅斯科學院東方文獻研究所藏寫本。"千字文"體蒙書。

新集文詞九經抄不分卷

敦煌蒙書,佚名譯。俄羅斯科學院東方文獻研究所藏刻本,又有法國國家圖書館藏殘片。古書警句摘抄。

太宗擇要不分卷

佚名譯撰。俄羅斯科學院東方文獻研究所藏寫本。蒙書,古書故事及民間格言摘編。殘。

史　部

十二國三卷

佚名譯自唐孫昱撰《十二國史》。俄羅斯科學院東方文獻研究所藏刻本。撮抄秦漢史書及諸子著作中春秋戰國史事。殘。

新集慈孝傳二卷

12世紀末中興府承旨番大學院教授曹道樂集譯。俄羅斯科學院東方文獻研究所藏寫本。中原慈孝史傳故事集，以宋司馬光《家範》爲基礎輯譯而成。存卷下。

貞觀政要

唐吳兢原撰，佚名節譯。卷一卷二藏英國國家圖書館，卷四卷五藏俄羅斯科學院東方文獻研究所。刻本。殘。

天盛革故鼎新律令二十卷首二卷

書題或譯《天盛改舊新定律令》。天盛二年(1150)夏仁宗敕編，北王兼中書令嵬名地暴等二十三人纂定。俄羅斯科學院東方文獻研究所藏刻本。西夏法典，正文一百五十門，一千四百六十一條。殘。

法則九卷

不署撰人及頒行時間。俄羅斯科學院東方文獻研究所藏寫本。西夏法典，爲《天盛革故鼎新律令》頒行後的修訂增補條文。殘。

亥年新法十七卷

不署撰人及頒行時間。俄羅斯科學院東方文獻研究所藏寫本。西夏法典，爲《天盛革故鼎新律令》頒行後的修訂增補文。殘。

貞觀玉鏡統四卷

　書題或譯《貞觀玉鏡將》。夏貞觀年間(1101—1113)崇宗敕編。俄羅斯科學院東方文獻研究所藏刻本。西夏軍事法典，記西夏兵制、軍紀及獎懲規則。殘。

子 部

德行集不分卷

12世紀末番大學院教授曹道樂集譯。俄羅斯科學院東方文獻研究所藏活字印本。摘譯中原儒家著作文句。

孫子兵法三注三卷

佚名譯。俄羅斯科學院東方文獻研究所藏刻本。曹操、李筌、杜牧三家注釋合編,附《史記·孫子列傳》。

六韜三卷

佚名譯。俄羅斯科學院東方文獻研究所藏刻本。其中《虎韜》則較今本多"決戰""攻城"兩篇。殘。

黃石公三略三卷

托名黃石公原撰,佚名譯注。俄羅斯科學院東方文獻研究所藏刻本。經文與通行本《武經七書》頗異。殘。

將苑一卷

托名諸葛亮原撰,佚名節譯。英國國家圖書館藏寫本。殘。

孔子和壇記一卷

佚名譯撰。俄羅斯科學院東方文獻研究所藏寫本。唐代以後的道家俗文學著作,故事綫索據《莊子·漁父》一章發揮而成。

明堂灸經三卷。

佚名譯自《黃帝明堂灸經》。俄羅斯科學院東方文獻研究所藏寫本。原本據宋王懷隱等編《太平聖惠方》卷一百抄出單行。殘。

明堂灸經注

擬題。佚名譯注。俄羅斯科學院東方文獻研究所藏寫本。存殘葉兩紙。

秘密供養本一卷

佚名譯撰。俄羅斯科學院東方文獻研究所藏寫本。卜算書，解説卦象。

大唐三藏卦本一卷

佚名譯撰。俄羅斯科學院東方文獻研究所藏寫本。卜算書，解説十二月及閏月人事。

觀世音菩薩造念誦卦本一卷

佚名譯撰。俄羅斯科學院東方文獻研究所藏寫本。卜算書，以前一後一至前三後三成卦解説人事。

謹算不分卷

佚名譯撰。俄羅斯科學院東方文獻研究所藏寫本。星命卜算書。殘。

大聖五公經一卷

佚名譯撰。私人藏寫本。讖書，預言亂世過後有明君出世。

類林十卷

唐于立政原撰，佚名夏譯。俄羅斯科學院東方文獻研究所藏刻本。類書，凡五十篇，録古人故事。殘。

聖立義海五卷

佚名奉敕編。俄羅斯科學院東方文獻研究所藏刻本。類書，體例仿《藝文類聚》，分十五章一百四十二類。殘。

集　部

賦詩一卷
　　佚名撰。俄羅斯科學院東方文獻研究所藏刻本。雜言體長詩一首,歌頌党項歷史。殘。

大詩一卷
　　佚名撰。俄羅斯科學院東方文獻研究所藏刻本。雜言體長詩一首,由民間格言合成。

月月樂詩一卷
　　佚名撰。俄羅斯科學院東方文獻研究所藏刻本。雜言體長詩一首,依次記正月至臘月物候人事。

格言詩一卷
　　佚名撰。俄羅斯科學院東方文獻研究所藏刻本。雜言體長詩一首,排比党項民間格言。

聰穎詩一卷
　　佚名撰。俄羅斯科學院東方文獻研究所藏刻本。雜言體長詩一首,記人生格言。

宮廷詩集不分卷
　　擬題。佚名編。俄羅斯科學院東方文獻研究所藏寫本。西夏大臣應制詩集,歌頌升平世界,君善臣良。

賢智集一卷
　　西夏國師鮮卑寶源撰,比丘楊慧廣編譯。俄羅斯科學院東方文獻研究所藏刻本。鮮卑寶源的勸世詩文集。

正行集一卷
　　宋白雲宗祖師清覺撰,佚名編譯。俄羅斯科學院東方文獻研究所藏刻本。述君子德行。

三代相照語文集一卷
宋白雲宗祖師清覺等撰,節親主慧照及和尚道慧編譯。俄羅斯科學院東方文獻研究所藏刻本。白雲宗三代祖師所撰詩文的合集。

新集錦格言不分卷
乾祐七年(1176)御史承旨梁德養初編,十八年曉切韻博士王仁持增補。俄羅斯科學院東方文獻研究所藏刻本。民間格言集,收錄西夏格言364則。

新補遼史藝文志

朱子方 著
李兵 整理

底本:《遼金史論集》第七輯,中州古籍出版社,1995年史書之志藝文（一曰經籍），蓋以反映一代之學術業績，而元修《遼史》，則付缺如。殆因"契丹書禁甚嚴，傳入中國者法皆死"沈括《夢溪筆談》卷一五。兼以亡國之時，金人焚掠，詩書蕩然，文獻無征故也。清代以來，學者多有補作，若厲鶚之《補遼史經籍志》，《遼史拾遺》卷一六。繆荃孫撰《遼藝文志》，黃任恒《補遼史藝文志》，王仁俊《遼史藝文志補證》等皆是。錢大昕《補元史藝文志》，倪燦、盧文弨《補遼金元藝文志》，金門詔《補三史藝文志》皆錄有遼代著述。然諸家之採編，或失之略，或失之濫，惟黃氏較爲慎重，於略者補，濫者刪，疑難明者則存疑，其法甚善。然將高麗、西夏人之著作亦雜列其間，仍失允當。近年，遼人著作有不少新發現，爲前人所未及見，故再補作《遼史藝文志》。茲編止錄遼代著譯，宋、夏、高麗之書固不錄，疑難明者亦割愛。

古籍以經、史、子、集四部分類，始於《隋書·經籍志》，後世多沿用未改。迨至近代，圖書日多，分類益細，四部已難以概括，兼以西法傳入，遂漸爲新編圖書分類法所代替。然今爲補前代之作，故仍准舊例以四部分類。

遼代繪畫不乏名家，然其作品當代無專書記載，故補遼史藝文志者多以畫家單幅作品著錄，列入子部藝術類，如王仁俊、黃任恒、金門詔皆是。今仿其例而補其缺佚。

遼代典籍，傳世無多，歷代學者，每致興嘆。自清末以來，學者輯佚補缺、彙編遼文者有繆荃孫、王仁俊、黃任恒、羅福頤等多家，陳述《全遼文》晚出，搜羅最富，一代文獻，庶幾大備。

前人彙編文集，大抵分爲別集、總集兩種。別集者，個人之文集；總集者，則爲一代或數代文集之類編。前者，大都當代人編選，後者實多後世匯輯。《遼文存》《遼文萃》《遼文續拾》《遼文補錄》等等，皆系近代編纂，編輯雖有先後，採集各受局限，然皆以一代總集之名問世，故亦列入焉。

經　部

遼道宗頒　五經傳疏一部

見《遼史》卷二一《道宗紀》清寧元年十二月。既稱《五經傳疏》，則應包括《易傳疏》《尚書傳疏》《詩傳疏》《禮記傳疏》《春秋傳疏》五種，何人所撰，不詳，可能爲延用唐孔穎達等人所撰《五經義疏》而重編者。

上爲經部五經類一種。

蕭韓家奴、耶律庶成撰　禮書三卷

重熙十五年奉詔撰。詳見《遼史》卷一〇三《蕭韓家奴傳》、卷八九《耶律庶成傳》。

上爲經部禮類一種。

遼太祖制　契丹大字一卷

見《遼史》卷二《太祖紀》、卷七五《突呂不傳》、卷七六《耶律魯不古傳》。按近年出土契丹大字石刻有六種，附錄如次：

契丹大字故太師銘石記一卷

一九三九年瀋陽出土。

契丹大字蕭孝忠墓志銘一卷

一九五一年遼寧錦西縣西孤山出土。

契丹大字耶律延寧墓志銘一卷

一九六四年遼寧朝陽縣柏樹溝出土。

契丹大字北大王墓志銘一卷

一九六四年内蒙古自治區昭烏達盟阿魯科爾沁旗出土。

契丹大字遼太祖墓碑殘石

解放後在內蒙古自治區巴林左旗遼祖陵陸續發現。

契丹大字蕭袍魯墓志銘一卷

一九六五年遼寧法庫縣前山村北山出土。

耶律迭剌制　契丹小字一卷

見《遼史》卷六四《皇子表》。按近年出土契丹小字石刻計有九種，①附錄如次：

契丹小字興宗神聖大孝宣皇帝哀册文一卷

一九二二年巴林右旗遼慶陵出土。

契丹小字興宗仁懿皇后哀册文一卷

同上。

契丹小字道宗仁聖大孝文皇帝哀册文一卷

同上。

契丹小字道宗宣懿皇后哀册文一卷

同上。

契丹小字蕭令公墓志殘石一卷

一九五〇年遼寧義縣清河門出土。

契丹小字故耶律氏銘石一卷

一九六九年內蒙古自治區翁牛特旗毛不拉溝出土。

契丹小字許王墓志一卷

一九七五年遼寧阜新蒙古族自治縣流井溝出土。

契丹小字耶律仁先墓志一卷

一九八三年遼寧北票縣蓮花山出土。

契丹小字耶律宗教墓志銘一卷

一九九一年遼寧省北鎮滿族自治縣高起村西北山谷中出土。

---

① "土"，原誤作"士"，據上下文意改。

僧行均　龍龕手鏡四卷

宋沈括《夢溪筆談》、晁公武《郡齋讀書志》、元馬端臨《文獻通考》均著錄。① 宋人因避諱，改鏡爲鑑。現行中華書局影印本是根據高麗版影印遼代刻本，比較珍貴。

僧希麟　續一切經音義十卷

高麗僧統義天《新編諸宗教藏總錄》著錄。（以下簡稱《義天錄》）

上爲經部小學類四種（附錄未計）。

---

① "臨"，原誤作"麟"，據上下文意改。

史　部

耶律儼　遼史七十卷

見《遼史》卷二七《天祚紀》、卷九八《耶律儼傳》。此書原名《皇朝實錄》，馮家升據今本元修《遼史》考證，有帝紀九：《世紀》《太祖紀》《太宗紀》《世宗紀》《穆宗紀》《景宗紀》《聖宗紀》《興宗紀》《道宗紀》；《志》四：《部族志》《百官志》《禮志》《儀衛志》；《列傳》：《后妃傳》。可證雖名爲實錄，實是紀傳正史，故列之入正史類。

蕭韓家奴譯　五代史

見《遼史》一〇三《蕭韓家奴傳》。

上爲史部正史類二種。

官修日曆

按《遼史·聖宗紀》統和二十一年"三月壬辰，詔修《日曆》官毋書細事"；二十九年"五月甲戌朔，詔已奏之事，送所司附《日曆》"，①此遼《日曆》之可考見者。

程翥　聖宗起居注

《遼史》卷四七《百官志》："程翥舍人，則知起居有注。"按《百官志》門下省有起居舍人院，其官有起居舍人，知起居注，起居郎，負責修《起居注》。

蕭韓家奴等　興宗起居注

《遼史》卷一〇三《蕭韓家奴傳》："擢翰林都林牙，兼修國史。

---

①　"已"，原誤作"巳"，據清乾隆間武英殿刻本《遼史》（以下簡稱"《遼史》"）卷十五改。

仍詔諭之曰：'文章之職，國之光華，非才不用。以卿文學，爲時大儒，是用授卿以翰林之職。朕之起居，悉以實錄。'"重熙年間，任修起居注，起居郎者還有耶律良、耶律敵烈，見各本傳。

不撒等　道宗起居注

《遼史·道宗紀》："大康二年十一月甲戌，上欲觀《起居注》，修注郎不撒及忽突菫等不進，①各杖二百，②罷之，流林牙蕭岩壽於烏隗部。"③是蕭岩壽、不撒修《道宗起居注》而未終其事。其繼任者，黃任恒據王鼎《焚椒錄》考證，似爲蕭惟信。見黃氏所著《補遼史藝文志》。

官修始祖奇首可汗事迹

會同四年二月，詔有司編撰。見《遼史》卷四《太宗紀》。

耶律谷欲等　國朝上世以來事迹二十卷

此書又名《遙輦可汗至重熙以來事迹》《遼國上世事迹》。同修者有翰林都林牙耶律庶成和蕭韓家奴，見《遼史》卷一九《興宗紀》及各本傳。陳第《世善堂書目》上載有蕭韓家奴《遼先朝事迹抄》四本，當爲此書之節本。清金門詔《補三史藝文志》即以《遼先朝事迹》著錄。

室昉　邢抱樸　統和實錄二十卷

統和九年修成上進。見《遼史》卷一三《聖宗紀》、卷七九《室昉傳》、卷八〇《邢抱樸傳》。

遼七帝實錄

史臣修撰，卷數失載。大安元年十一月修成上進。内容記載太祖至興宗七朝事迹，故名。見《遼史》卷二四《道宗紀》。

　　上爲史部編年史類八種。

---

① "忽"字原脱，據《遼史》卷二十三補。
② "二"，原誤作"一"，據《遼史》卷二十三改。
③ "隗"，原誤作"古"，據《遼史》卷二十三改。

馬得臣　唐三帝行事錄

《遼史》卷八〇《馬得臣傳》："聖宗即位，皇太后稱制，兼侍讀學士。上閱唐高祖、太宗、玄宗三紀，得臣乃錄其行事可法者進之。"黃氏《補遼史藝文志》著錄作《唐三紀行事錄》，似欠妥，今改。

耶律孟簡　遼三臣行事

《遼史》卷一〇四《耶律孟簡傳》："大康中，詣闕上表曰：'本朝之興，幾二百年，宜有國史以垂後世。'乃編耶律曷魯、屋質、休哥三人行事以進。上命置局編修。"

蕭韓家奴譯　貞觀政要

見《遼史》卷一〇三《文學傳》本傳。

上爲史部故事類三種。

失名　七賢傳

《遼史》卷七七《耶律吼傳》："時有取當世名流作《七賢傳》者，①吼與其一。"

王鼎　焚椒錄一卷

遼有三王鼎，此爲進士王鼎，見陳述《全遼文作者索引及行事考》。字虚中，涿州人。清寧五年進士，累官翰林學士、觀書殿學士。以罪流鎮州，此流放時所著也。見《遼史》卷一〇四《文學傳》本傳及《焚椒錄序》。

上爲史部傳記類二種。

神册律

見《遼史》卷二《太祖紀》。神册六年，詔定法律。此爲遼代第

---

① "世"，原誤作"時"，據《遼史》卷七十七改；"者"字原脱，據《遼史》卷七十七補。

一部成文法。

耶律庶成　蕭德　太平法令

太平七年,聖宗命林牙耶律庶成、北院樞密副使蕭德修定法令。"庶成參酌古今,刊正訛謬,成書以進,帝覽而善之"。見《遼史》卷一七《聖宗紀》、卷六一《刑法志》、卷八九《耶律庶成傳》、卷九六《蕭德傳》。按,蕭德,《耶律庶成傳》誤作耶律德,據中華點校本改。

重熙新定條制

重熙五年修成,頒下。見《遼史》卷一八《興宗紀》、卷六二《刑法志》。

咸雍更定條制

咸雍六年,命惕隱耶律蘇、樞密使耶律乙辛更定。此後以至大康間,續有增訂。見《遼史》卷六二《刑法志》。

耶律頗德譯　律文

統和元年四月,樞密院請詔北府司徒頗德譯南京所進《律文》。見《遼史》卷一〇《聖宗紀》。

上爲史部刑法類五種。

契丹地圖一卷

此圖乃李贊華進於後唐明宗者,見輯本薛居正《五代史》卷四三《唐書明宗紀》長興三年二月。顧櫰三《補五代史藝文志》著錄作一卷,今從之。

趙志忠　遼地圖

宋陳振孫《直齋書錄解題》:"志忠者,遼中書舍人,得罪於宗真(遼興宗),挺身來歸(宋)。"先後獻上《遼地圖》及《雜記》等。

上爲史部地理類二種。

子　部

劉績　管子補注二四卷

《管子補注》作者劉績，清《四庫全書總目》定爲明人，郭沫若先生考證爲遼人。其《管子集校叙録》云："余謂補注《管子》者，當即遼人劉績。"湖北大學教授舒焚著《關於遼人劉績的〈管子補注〉》一文，對郭老之説加以引申、補充，並指出劉《注》在發明原意、提出新解、訂正訛誤諸點，比起唐人都後來居上。

上爲子部法家類一種。

耶律倍譯　陰符經

《遼史》卷七二《宗室傳·倍傳》。

上爲子部道家類一種。

僧道殷　顯密圓通成佛心要集二卷　附　供佛利生儀一卷

日本《大正藏》卷四六收有全書。

僧詮明　法華經會古通今鈔十卷　科四卷　大科一卷

高麗僧統義天《新編諸宗教藏總録》著録。此書久佚，一九七四年，在山西應縣佛宮寺釋迦塔内發現遼代刻經，其中有《法華經玄贊會古通今新抄》卷第二和第六兩卷，即詮明此著之一部分。

僧詮明　金剛般若經宣演科二卷　宣演會古通今鈔六卷　消經鈔二卷　科一卷

《義天録》卷一著録。今佚。

僧詮明　彌勒上生經會古通今鈔四卷　科一卷　大科一卷

《義天録》卷一著録。又稱《上生經疏會古通今新鈔》，一九三三年，山西趙城縣廣勝寺發現金版《大藏經》，其中收有《上生經疏會古通今抄》卷二、卷四及《上生經疏隨新抄科文》一卷，"講經律論沙門詮明集"。其後收入《宋藏遺珍》，而誤詮明爲唐釋。又應縣佛宮寺木塔發現《上生經疏科文》一卷，款題"燕台憫忠寺沙門詮明改定"。據此可知，此《科文》現有兩種刻本。

僧詮明　成唯識論詳鏡幽微新鈔十卷　應新鈔科文四卷　大科一卷

《義天録》卷三、《佛典疏鈔目録》卷上著録。應縣木塔發現有《成唯識論述記應新鈔科文》卷第三，未署撰者，當即詮明之《應新鈔科文》。山西趙城廣勝寺發現《金藏》中有《成唯識論述記科文》卷一、卷二殘卷，後編入《宋藏遺珍》，署"大唐慈恩寺翻經沙門窺基撰"，其實亦爲詮明之作。

僧詮明　百法論金台義府十五卷　科二卷　大科一卷

《義天録》卷三著録。今佚。詮明此著及科判爲闡釋法相宗學説之作。

僧詮曉　續開元釋教録三卷

《義天録》卷三著録。詮曉即詮明，因避遼穆宗諱改"明""爲""曉"。

僧思孝　大華嚴經玄談鈔逐難科一卷

《義天録》卷一著録。已佚。思孝此書是爲唐代名僧澄觀《華嚴經疏玄談》所作之科判。

僧思孝　大華嚴經修慈分疏二卷　略鈔一卷　科一卷

《義天録》卷一著録。思孝此《疏》《略鈔》及《科》是爲《修慈分》所作之注釋及科判。

僧思孝　大涅槃經後分節要一卷

《義天録》卷一著録。已佚。《涅槃經》有小乘、大乘二部。大乘之《涅槃經》又分《初分》《中分》《後分》三部分。思孝此書是《後分》之摘錄。

僧思孝　法華經三玄圓贊二卷　圓贊科一卷

《義天錄》卷一著錄。前者全名作《妙法蓮花經觀世音菩薩普門品三玄圓贊》。在朝鮮全羅南道順天郡松廣寺曾經發現《妙法蓮花經觀世音菩薩普門品三玄圓贊科文》一卷，覺華島海雲寺賜紫沙門思孝科定，末題"壽昌五年己卯歲高麗國大興王寺奉宣雕造"。此即《圓贊科》之科文，當出於義天編之《高麗續藏》。

僧思孝　般若理趣分經科一卷

《義天錄》卷一著錄。此思孝爲《大般若波羅蜜多經》十六會中之第十會《般若理趣分經》所撰之科文。已佚。

僧思孝　大寶積經妙慧童女會疏三卷　科一卷

《義天錄》卷一著錄。《大寶積經》有四十九會，其第三〇會爲《妙慧童女會》，亦譯作《須摩提經》，一卷。此思孝爲該會所撰之注疏及科文。已佚。

僧思孝　觀無量壽經直釋一卷

《義天錄》卷一著錄。此思孝爲淨土宗《佛說觀無量壽經》所撰的注釋。已佚。

僧思孝　報恩奉盆經直釋一卷

《義天錄》卷一著錄。此經又名《報緣功德經》，亦譯作《佛說盂蘭盆經》，略稱《盂蘭經》，"是佛弟子修孝順者，應念念中憶父母乃至七世父母，年年七月十五日常以孝慈憶所生父母爲作盂蘭盆，施佛及僧，以報父母長養慈愛之恩"。此爲思孝所撰注釋。已佚。

僧思孝　八大菩薩曼陀羅經疏二卷　科一卷

《義天錄》卷一著錄。此經爲唐不空譯。宋法賢又譯作《大乘八大曼拏羅經》。此爲思孝所撰之注疏及科判。已佚。

僧思孝　發菩提心戒本三卷

僧思孝　大乘懺悔儀四卷

僧思孝　近住五戒儀一卷

僧思孝　近住八戒儀一卷

僧思孝　自恣緣一卷

以上思孝關於戒律及禮儀之著作，《義天錄》卷二著錄。已佚。

僧思孝　自誓受戒儀一卷

僧思孝　諸雜禮佛文三卷

僧思孝　釋門應用三卷

僧思孝　持課儀一卷

以上四種，《義天錄》卷二、《佛典疏鈔目錄》卷下著錄。已佚。

僧思孝　毗奈耶藏近事優婆塞五誡本

此爲應縣佛宮寺木塔中發現之遼代寫經，款題"覺花島海雲寺崇祿大夫、守司空、輔國大師、賜紫沙門孝思集"。卷數失載。"孝思"當爲"思孝"之倒誤。原與守臻《略示戒相儀》合爲一卷，字體系一人鈔寫。

僧澄淵　四分律刪繁補闕行事鈔詳集記十四卷

此據《遼代佛教》著錄。《四分律刪繁補闕行事鈔》十二卷，唐代高僧道宣撰，澄淵所撰者爲《詳集記》，即爲道宣《行事鈔》作之注釋。《義天錄》卷二著錄作《律鈔評集記》十四卷，《科》三卷，澄淵述。即此書。惟多《科》三卷。至"詳"作"評"，未審孰是。

僧志德　明咒集三十卷

思孝《大藏教諸菩薩名號集序》云："爰有燕京弘法寺校勘、諫議大夫、昌黎志德進《明咒集》都三十卷，括一大藏一切明咒。""明咒之首，自有引文。"志德此《集》，僅見於此，未見著錄，當已佚亡。

僧德雲　大藏諸佛菩薩名號集二十卷

《房山雲居寺石經》之一。金皇統六年刻成。前有思孝"奉詔"所作之序。由序文知德雲爲遼建州人，在燕京崇仁寺出家，後住利州太子寺，主講經論，卒於此寺。此《集》自《至元法寶勘同總錄》以來，皆題"沙門思孝集"，蓋因序爲思孝作而致誤，自《石經》發現，始得訂正。

僧非濁　續大藏教諸佛菩薩名號集二卷

上述德雲《名號集》撰成之後，保存於利州太子寺，純慧大師非濁雲游來此，受利州僧政之委託，參照宋朝新譯及契丹所譯諸經加以補充，其第二十一、二十二兩卷末題"上京管內都僧錄純慧大師賜紫沙門非濁續"者即是。

僧非濁　隨願往生集二十卷

《義天錄》卷三及《至元法寶勘同總錄》著錄，後由高麗傳至日本，對日本平安朝末期及鐮倉幕府時代之文學、佛學甚有影響。

僧非濁　三寶感應要略錄三卷

《大正藏》卷五一收入。《遼代佛教》及呂澂《新編漢文大藏經目錄》均著錄。惟後者作宋非濁，則誤。

僧志福　釋摩訶衍論通玄鈔四卷　通玄科三卷　大科一卷

《義天錄》卷三著錄，並編入《高麗續藏》。

僧法悟　釋摩訶衍論贊玄疏十卷　贊玄科三卷　大科一卷

同上。

僧守臻　釋摩訶衍論通贊疏十卷　通贊科三卷　大科一卷

同上。

以上三書均系奉道宗之命，爲龍樹菩薩著《釋摩訶衍論》十卷所作之注釋及科判。

僧守臻　略示戒相儀

應縣佛宮寺木塔發現遼代寫經之一，與思孝《毗奈耶藏近事優婆塞五戒本》合裱爲一卷。卷數失載。

僧覺苑　大日經義釋演密鈔十卷　大日經義釋科文五卷　大科一卷

《演密鈔》，呂氏《新漢藏目》著錄。《大日經》又名《大毗盧遮那成佛神變加持經》，《義天錄》卷一著錄作"《毗盧神變經義釋》十四卷，一行述。《科》五卷，《大科》一卷，《演密鈔》十卷，已上覺苑述。"此《鈔》系奉道宗之命撰述者。

遼道宗　華嚴經隨品贊十卷

見《遼史》卷二二《道宗紀》。《義天錄》卷一著錄作"《大華嚴經隨品贊》十卷，御製"。義天編《圓宗文類》全文收入。今存。

遼道宗　發菩提心戒本二卷

《義天錄》卷一著錄。

僧鮮演　華嚴懸談抉擇六卷

近年出土《鮮演墓碑》作《花嚴經玄談決擇記》。鮮演此書乃爲唐代名僧澄觀《華嚴經疏鈔玄談》所作之注釋。日本《續藏經》收入，缺第一卷。其第二卷末題："高麗國大興王寺壽昌二年丙子歲奉宣雕造。"日本蓋據《高麗續藏》而重刊者。

僧鮮演　仁王護國經融通疏

見《鮮演墓碑》。此鮮演爲《仁王經》所作之注釋，卷數失載。

僧鮮演　菩薩戒纂要疏

見《鮮演墓碑》。《菩薩戒》爲大乘菩薩僧之戒律。此鮮演爲《菩薩戒》所作之注疏，卷數失載。

僧鮮演　唯識論掇奇提異鈔

見《鮮演墓碑》。此鮮演爲《唯識論》所作之摘鈔和闡釋，卷數失載。

僧鮮演　摩訶衍論顯正疏

見《鮮演墓碑》。《摩訶衍論》爲《大乘起信論》之別名。此鮮演爲《起信論》所作之注疏。遼道宗曾命僧志福、法悟、守臻爲《釋摩訶衍論》撰《鈔》《疏》三種，已見於前。鮮演此疏亦可能爲受命之作。卷數失載。

僧鮮演　菩提心戒

見《鮮演墓碑》。《菩提心戒》，亦名《三昧耶戒》。密教修行在傳法灌頂以前，先授此戒。三昧耶有不違越之意。此爲鮮演所修定者，卷數失載。

僧鮮演　諸經戒本

見《鮮演墓碑》。當爲僧衆修行之讀本。卷數失載。

僧鮮演　三寶六師外護文十五卷

見《鮮演墓碑》。

以上鮮演八種撰述，除《華嚴懸談抉擇》一種見於記載外，其餘七種僅見於《墓碑》，不見於其他經錄，當已佚亡不存。

僧志實　華嚴經隨品贊科一卷

《義天錄》卷一著錄。志實事迹不詳，當亦爲遼代學僧。此爲道宗《隨品贊》所撰之科文。

僧志實　法華經圓贊演義鈔四卷

《義天錄》卷一著錄。此《演義鈔》四卷是志實爲思孝《三玄圓贊》（見前）所作之注疏。

僧志實　八大菩薩曼陀羅崇聖鈔三卷

《義天錄》卷一著錄。

僧志實　梵網經會違通理鈔四卷

僧志實　梵網經科三卷

以上《義天錄》卷二著錄。

僧志延　般若心經科一卷

《義天錄》卷一著錄。

僧志延　四分律尼戒略釋科一卷

《義天錄》卷二著錄。又著錄有《四分律比丘尼戒本略釋》六卷，思弘述。思弘時代待考。志延蓋爲思弘此書所制之科文。

僧道㢸　大華嚴經演義集玄記六卷

僧道㢸　大華嚴經演義逐難科一卷

以上《義天錄》卷一著錄。

僧道㢸　諸宗止觀三卷　科一卷

《義天錄》卷三著錄。按道㢸爲和龍山華嚴寺僧，其結銜爲"大遼興中府和龍山華嚴寺崇禄大夫、守司空、悟玄通圓大師、賜紫沙門道㢸"。

保衡　金剛般若經訣一卷

《義天錄》卷一著錄。按保衡姓韓，重熙八年，曾以大理卿出使高麗，是以居士而撰此《訣》。

僧常真述　瓊煦校定　俱舍論頌疏鈔八卷

《義天錄》卷三著錄。《俱舍論頌疏》十五卷，唐中大雲寺僧圓暉撰。常真此《鈔》當爲闡釋圓暉《頌疏》之作。朝鮮有刊本，卷首題"燕京左街僧録傳經律論演法大師賜紫沙門瓊煦定本"，"趙州開元寺釋常真述"。趙州非遼領域，常真是否遼僧待考。

僧詮明等編　大藏經五七九帙

見沙門志延《陽臺山清水院創建藏經記》，今人張暢耕、畢素娟《論遼朝大藏經的雕印》(《中國歷史博物館館刊》)。

僧慈賢譯　妙吉祥平等瑜珈秘密觀身成佛儀軌一卷

僧慈賢譯　妙吉祥平等秘密最上觀門大教王經五卷

僧慈賢譯　妙吉祥平等觀門大教王經略出護摩儀軌一卷

僧慈賢譯　佛説如意輪蓮花心如來修行觀門儀一卷
僧慈賢譯　金剛摧碎陀羅尼一卷
僧慈賢譯　大隨求陀羅尼一卷
僧慈賢譯　一切如來白傘蓋大佛頂陀羅尼一卷
僧慈賢譯　大悲心陀羅尼一卷
僧慈賢譯　佛頂尊勝陀羅尼一卷
僧慈賢譯　梵本般若波羅密多心經一卷

以上慈賢譯經計十種十四卷，均見中國佛教協會編《房山雲居寺石經》（文物出版社1979年）附《簡目》。張心泰《大明三藏目録》僅收五種，《大正藏》同。《新漢藏目》以《至元法寶勘同總録》爲據，亦收五種，皆前五種。後五種則爲近年整理房山石經之新發現。慈賢，西天竺人。來遼國後，稱之爲三藏摩尼。他"志弘咒典"，專業譯經，以廣傳授，"未遑論撰"。

上爲子部釋家類九七種。

曆日通紀

宋宋庠《紀年通譜》著録。卷數不詳。按《資治通鑑考異》卷二九"契丹阿保機稱帝改元神册"條引宋庠《紀年通譜》云："舊史不記保機建元事。今契丹中有《曆日通紀》百二十年。臣景祐三年冬，北使幽薊，得其曆。因閲年次，以乙亥爲首，次年始著神策（册）之元，其後復有天贊。按《五代·契丹傳》，自耶律德光乃記天顯之後，疑當時未得其傳，不然，虜人恥保機無號，追爲之耳。"此《曆》《遼史》不載，自"乙亥年"至"景祐"二年，恰爲"百二十年"，或爲私人著述耶？

乙未元曆

穆宗應曆十一年，司天王白、李正等進。見《遼史》卷六《穆宗紀》、卷四二《曆象志》。卷數失載。

賈俊　大明新曆

聖宗統和十二年，可汗州刺史賈俊進。見《遼史》卷一三《聖宗紀》、卷四二《曆象志》。卷數失載。

上爲子部曆法類三種。

耶律純　星命總括三卷

《文淵閣書目》《菉竹堂書目》《千頃堂書目》和《四庫全書總目》均著錄。按純《遼史》無考。其書卷首有《自序》一篇，述其統和二年以議地界事奉使高麗，從高麗國師授星躔之學云云。此書原本久佚，清四庫館臣從《永樂大典》中輯出，編入《四庫全書》子部術數類。

王白　百中歌三卷

見《遼史》卷一〇八《方伎傳》。黃任恒《補遼史藝文志》云："《世善堂書目》下著錄三卷，名曰《百中經歌》，與《遼史》略異，然則其書至明尚存。"今從之作三卷。

上爲子部術數類二種。

失名　招諫圖

《遼史》卷二《太祖紀》："神册六年夏五月丙申，詔畫前代直臣像爲《招諫圖》。"

失名　太宗收晋圖

《遼史》卷二〇《興宗紀》："重熙十六年十二月辛亥，[①]謁太祖廟，觀《太宗收晋圖》。"

失名　太宗馳騎貫狐像

《遼史》卷三七《地理志》懷州："又於州之鳳凰門繪《太宗馳騎

---

① "十二"，原誤作"十一"，據《遼史》卷二十改。

貫狐之像》。"

耶律倍　射騎　獵雪騎　千鹿圖

《遼史》卷七二《宗室傳·義宗倍傳》："善畫本國人物，如《射騎》《獵雪騎》《千鹿圖》，皆入宋秘府。"按《宣和畫譜》卷八番族類收倍畫十五：《雙騎圖》一，《獵騎圖》一，《雪騎圖》一，《番騎圖》六，《人騎圖》二，《千角鹿圖》一，《吉首並驅騎圖》一，《射騎圖》一，《女真獵騎圖》一。此外，宋中興館閣儲藏倍畫五：《番部下程》二，《人馬圖》三。鄧椿《銘心絕品》著錄倍畫二：《舞胡圖》《鞍馬圖》。周密《雲煙過眼錄》著錄倍畫一：《番部行程圖》。明《嚴氏書畫記》著錄倍畫二軸：《雙騎圖》二。安岐《墨緣匯觀名畫續錄》下著錄倍畫一：《本部人馬圖》。《式古堂書畫匯考》著錄倍畫三：《番部行程圖》（已見《雲煙過眼錄》著錄）一，《人馬沖雪圖》一，《人犬圖》一。現存傳世作品有《射騎圖》一，藏臺北"故宮博物院"；《射騎圖》一、《射鹿圖》一，藏美國普林斯頓大學美術館。

胡瓌　卓歇圖一卷

現藏北京故宫博物院。按胡瓌，契丹族人。或云"慎州烏索固部落人"，生卒年不詳。善畫馬及塞外穹廬放牧生活情趣，被譽為"當時之神巧，絕代之精技"。其畫宋《宣和畫譜》著錄六十有五：《卓歇圖》二，《牧馬圖》十，《番部驟駝圖》一，《番騎圖》六，《秋陂牧馬圖》一，《番部盜馬圖》一，《番部早行圖》二，《番部牧馬圖》一，《番部獵射騎圖》一，《射騎圖》一，《報塵圖》一，《起塵番馬圖》一，《番部下程圖》七，《番部卓歇圖》三，《番部射雕圖》二，《卓歇番族圖》一，《射雕雙騎圖》一，《轉坡番騎圖》一，《沙岡牧駝圖》二，①《出獵番騎圖》一，《獵射圖》六，《牧

---

① "岡"，明《津逮秘書》本《宣和畫譜》（以下簡稱《宣和畫譜》）卷八。

駝圖》一,《番騎按鷹圖》一,《氈幕卓歇圖》一,《番族牧馬圖》一,《番部汲泉圖》一,《牧放平遠圖》一,《牧馬番卒圖》一,《按鷹圖》二,《對馬圖》一,《平遠番部卓歇圖》二,[①]《獵射番族人馬圖》一,《平遠射獵七騎圖》一。

胡虔　取水番部圖一卷

元虞集《道園學古錄》卷二一有詩歌咏之。虔,瓌子。從父學畫蕃馬,世謂其丹青之學有父風。《宣和畫譜》著錄虔畫四十有四:《番部下程圖》八,《番族下程圖》一,《番部卓歇圖》五,《番部起程圖》一,《番族起程圖》三,《番族卓歇圖》四,《平遠獵騎圖》一,《番部盜馬圖》一,《番部牧放圖》三,《射雕番騎圖》一,《汲水番騎圖》一,《射獵番族圖》一,《牧放番族圖》一,《番族按鷹圖》一,《射雕圖》一,《獵騎圖》二,《番騎圖》四,《番馬圖》一,《簇帳番部圖》一,《番族獵騎圖》二,《平遠射獵七騎圖》一。

遼興宗　千角鹿圖一卷

宋郭若虛《圖畫見聞志》著錄。《契丹國志》卷八云:"帝工畫,善丹青,嘗以所畫鵝雁送諸宋朝,點綴精妙,宛乎逼真。"按《續資治通鑑長編》卷一八○至和二年八月亦有相同記載。

耶律題子　宋將僕地圖

見《遼史》卷八五本傳。題子,字勝隱,北府宰相兀里之孫。善射,工畫,繪有《宋將僕地圖》。統和四年,敗宋將賀令圖時所作也。宋人咸嗟神妙。元夏文彥《圖繪寶鑑續編》、《式古堂書畫匯考》卷二據《繪事備考》著錄題子作品二十九圖:《木葉山圖》,《黑河秋雨圖》,《卓歇圖》四,《勘箭圖》二,《搜山圖》四,《夜獵圖》,《雪騎圖》,《飛騎圖》二,《校射圖》二,

---

① "圖"字原脱,據《宣和畫譜》卷八補。

《射雕圖》《射雉圖》《蹴鞠圖》二、《傳餐圖》《運糧圖》《調馬圖》《習馬圖》二、《卓泉圖》。惜今不存，真偽莫辨，姑存其目。

耶律裹履　寫真二幅

見《遼史》卷八六本傳、《圖繪寶鑑續編》、《歷代畫史匯傳》卷九。裹履，漢名防，據傅樂煥考證，見所著《宋遼聘使表稿》。字海隣，六院夷離堇蒲古只之後。風神秀爽，工畫。繪有《遼聖宗寫真》《宋仁宗寫真》。

蕭瀜　花鳥一幅

臺灣出版《故宮名畫三百種》收錄。蕭瀜，《遼史》失載。《繪事備考》曰："蕭瀜，遼之貴族，官至南面樞密使。好讀書，親翰墨，尤善丹青。慕唐裴寬、邊鸞之迹，凡奉使入宋者，必令購求。有名迹，不惜重價，裝潢既就，而後攜歸本國臨摹，咸有法則。"該書著錄蕭瀜作品有《混同江釣魚曲宴圖》《寫義宗千角鹿圖》等三十九幅。今皆不傳，真贋莫知。此幅《花鳥》，也有鑑賞家視爲贋品。

陳升　南征得勝圖一幅

夏氏《圖繪寶鑑續編》著錄。《遼史・聖宗紀》七載："開泰七年秋七月甲子，詔翰林待詔陳升寫《南征得勝圖》於上京五鸞殿。"

武珪　契丹廣平淀受禮圖一幅

武珪，鎮州人。後歸宋，獻所繪《契丹廣平淀受禮圖》，宋錄爲下班殿侍。見《宋會要輯稿・蕃夷二・契丹》，又見《續通鑑長編》卷一三九，文字略異。

佚名　灤河戰圖一幅

見《遼史》卷九六《耶律仁先傳》。按灤河之戰爲平定"重元謀逆"之戰。此戰仁先之力居多，故"詔畫"此圖"以旌其功"。

無款　山水樓閣圖一卷
無款　竹雀雙兔圖一卷
以上二圖，1974年法庫葉茂台第七號遼墓出土。圖見《文物》1975年12期。
無款　神農采藥圖一卷
1977年山西應縣佛宮寺木塔內發現。圖見《文物》1982年6期。
彩色套印南無釋迦牟尼佛
彩色套印藥師琉璃光佛説法圖
彩色套印熾盛光九曜圖
並同上。按以上三幅彩色套印板畫的印製方法，屬於"絲漏"印刷。大約雕印於遼聖宗統和年間，是我國也是全世界最早的彩色套印版畫。
上爲子部藝術類二三種。

直魯古　脈訣　針灸書一卷
見《遼史》卷一〇八《方技傳》。直魯古，吐谷渾人。世善醫。其父雖馬上視疾，亦知標本。直魯古，長亦善醫，專事針灸。所著《脈訣》《針灸書》，《世善堂書目》著録作一卷，《遼史拾遺補經籍志》、黄氏《補遼史藝文志》均從之。

耶律庶成譯　方脈書
見《遼史》卷八九《耶律庶成傳》。
上爲子部醫家類三種。

集　部

耶律隆先　閬苑集

《遼史》卷七二《宗室傳》："隆先，爲人聰明，博學能詩，有《閬苑集》行於世"。卷數不詳。

遼聖宗譯　白居易諷諫集

《契丹國志》卷七："聖宗又親以契丹字譯白居易《諷諫集》，召番臣等讀之。"按白氏《長慶集》《四部叢刊初編》本。卷一至卷四爲《諷諭詩》，聖宗所譯者，應即此詩。

秦晋國妃蕭氏　見志集

《故秦晋國妃玄堂志銘》。1967年北鎮縣龍崗出土。蕭氏出身契丹貴族，其母爲景宗幼女觀音奴。自幼聰警，明晤若神。博覽經史，聚書數千卷，能於文詞。其詩歌賦咏，落筆則傳誦朝野，膾炙人口。

蕭柳　歲寒集

見《遼史》卷八五《蕭柳傳》。柳多知能文，著詩千篇。卒後，耶律觀音奴集其著詩，名曰《歲寒集》。

耶律資忠　西亭集

見《遼史》卷八《耶律資忠傳》。資忠博學工辭章，仕至上京副留守。使高麗，被拘留六年，"每懷君親，輒有著述，號《西亭集》。是集中多懷故國之作也"。《高麗史》稱之爲只剌里，蓋爲其小字札剌之異譯。

劉京集四十卷

《宋史》卷二〇八《藝文志》七著錄。劉京又名景，字可大，《遼史》有傳。資端厚，好學能文，歷官至户部使，武定軍節度使。

致仕後，加兼侍中。子慎行，孫大符等俱以名顯。

楊佶　登瀛集十卷

《遼史》卷八九《楊佶傳》。宋《秘書省續編到四庫闕書目》著錄作十卷，①下注"闕"字，是紹興時已有目無書。《宋史·藝文志》著錄作五卷。《全遼文》收其文三篇：《張琪墓志銘》《秦晉國大長公主墓志銘》《張儉墓志銘》。

楊佶　重熙小集十卷

《遼史·楊佶傳》不載。宋《秘書省續編到四庫闕書目》一著錄作十卷，②下未注"闕"字。黃氏《補遼史藝文志》著錄。

李澣　應曆小集十卷

鄭樵《通志》卷七〇《藝文略》著錄。王明清《揮麈後錄》謂澣"後仕契丹，通顯，有《小集》十卷"。當即指此。

李澣　丁年集十卷

《宋史》卷二〇八《藝文志》七著錄。又卷二二六《李濤傳》附《澣傳》，澣卒於遼後，其兄"濤收澣文章，編爲《丁年集》"。《全遼文》收澣詩文四篇：《與兄濤書》《奏陰事》《謝周太祖賜詔書》《留歸閣》。

蕭孝穆　寶老集

《遼史》卷八七《蕭孝穆傳》。按孝穆歷官至北院樞密使，爲人廉謹有禮法，政務寬簡，所薦拔皆忠直士，時稱"國寶臣"，目所著文曰《寶老集》。《全遼文》收其文三篇：《畫像發願記事碑》《謀取三關議》《諫南征疏》。碑在北京廣渠門外發現，後二篇出自《遼史》。

---

① "續編"下原脫"到"字，據清文淵閣《四庫全書》本《經義考》（以下簡稱《經義考》）卷二百九十四補。

② "續編"下原脫"到"字，據《經義考》卷二百九十四補。

蕭韓家奴　六義集十二卷

《遼史》卷一〇三《文學傳》。韓家奴少好學，博覽經史，通遼漢文字。嘗奉詔作《四時逸樂賦》，興宗稱善，命爲詩友。遇勝日，飲酒賦詩，以相酬酢。

郎思孝　海山文集

見金王寂《遼東行部志》。《全遼文》收其詩三首：《和興宗詩》二首，《天安節題松鶴圖》一首。思孝著述甚富，其有關釋教者，前已著録。

耶律洪基　清寧集

見《遼史》卷二一《道宗紀》、卷六《耶律良傳》。良又名白。《道宗紀》："清寧六年，夏五月戊子朔，監修國史耶律白請編次御製詩賦，仍命白爲序。"又《良傳》："清寧中，奏請編御製詩文，目曰《清寧集》。"

耶律良　慶會集

《遼史》卷九六《耶律良傳》。此《集》道宗命名，並爲製序。卷數不詳。良曾以進《秋游賦》《捕魚賦》先後獲得道宗嘉許和寵遇。

耶律孟簡　放懷詩一卷

見《遼史》卷一〇四《文學傳》。錢大昕《補遼史藝文志》作一卷，今從之。孟簡性穎悟，善屬文。爲耶律乙辛所譖，流保州。及聞太子濬被害，作《放懷詩》二十首。其《自序》有云："賢達安樂，不在窮達禍福之間。""予雖流放，以道自安"。

僧了洙文集

黄氏《補遼史藝文志》據楊丘文《柳溪玄心寺洙公壁記》著録。《全遼文》收其文五篇：《悟空大德發塔銘》《范陽豐山章慶禪院實録》《崇孝寺碑銘》《白繼林幢記》《六聘上方逐月朔望常供記》,皆有關遼代佛教之文獻也。

海蟾子詩一卷

鄭樵《通志・藝文略》著録。按《神仙通鑑》云:"劉元英,字宗城,號海蟾子。初名操,字招遠。後得道,稱爲燕地廣陵人,一云大遼人。"

上爲集部别集類一八種。

沙門智化等　玉石觀音像唱和詩一卷

《熱河志》卷一二〇《藝文》一四著録。玉石觀音像及玉石觀音像唱和詩碑,壽昌五年建立。原立於朝陽鳳凰山天慶寺,寺已圮,碑亦不存。觀音像以漢白玉石雕成,儀態端莊,當時甚受重視,而今惜已殘斷。參加賦詩唱和者凡二十五人,除智化首唱詩二首外,和者人各一首,共二十六首。

上爲集部合集類一種。

遼文存六卷

清繆荃孫輯。

遼文萃七卷

清王仁俊輯。其卷六爲《作者考》,卷七爲《逸目考》。

遼文補録一卷

清黃任恒輯。

遼文續拾二卷

今人羅福頤輯。

遼文續拾補遺

今人羅福頤輯。

遼文匯十卷

今人陳述輯。

全遼文十二卷

今人陳述輯。此書爲《遼文匯》與《遼文彙編增補》合併後之改名。

遼陵石刻集錄六卷

奉天圖書館編。主其事者爲遼陽金毓黻先生。

上爲集部總集類八種。

總計經部 6 種,史部 22 種,子部 129 種,集部 27 種,共 184 種。

遼史藝文志訂補

王魏 著

李兵 整理

底本:《社会科学战线》,1994年第2期遼代是我國歷史上由契丹貴族統治的一個重要朝代。它歷時二百餘年，對我國北方和中原政權都產生了重大影響。遼代的文化是燦爛輝煌的，遼代的著述能反映出契丹貴族接受漢文化、不斷漢化的過程，反映遼代文化的面貌。但由於宋遼時書禁甚嚴，遼朝滅亡時文化典籍遭受了毀滅性的破壞，以至遼代書籍傳世不多。《遼史》也沒有藝文志載入。宋代以來，私家目錄如：晁公武《郡齋讀書志》、陳振孫《直齋書錄解題》對當時所見遼人著述作了介紹，元馬端臨《文獻通考》、明王圻《續文獻通考》等也對遼代著述作了著錄。清代以來，許多學者補編遼史藝文志，取得了顯著成績。其中比較有影響的有：清黃虞稷編《千頃堂書目》補遼代部分，列書目11種；清倪燦、盧文弨編《補遼金元藝文志》遼代部分一卷，列書目11種；清金門詔編《補三史藝文志》遼代部分一卷，列書目64種；清錢大昕編《補元史藝文志》附遼代部分一卷，列書目27種；清乾隆時修《續文獻通考·經籍考》遼代部分列書目2種；清吳騫撰《四朝經籍志補》遼代部分一卷，列書目9種；清厲鶚撰《遼史拾遺》補經籍志一卷，列書目41種；清楊復吉撰《遼史拾遺補》補經籍志一卷，列書目13種；清末民初繆荃孫編《遼藝文志》一卷，列書目52種；近人王仁俊編《遼史藝文志補證》一卷，列書目102種；近人黃任恒撰《補遼史藝文志》一卷，①列書目89種。11家總共著錄書目421種，去掉重複著錄者實際共列書目158種。臺灣李家祺先生曾撰寫《各家補遼史藝文志研究》一文，見臺灣楊家駱主編的《國學名著珍本匯刊·遼史彙編》第五册，臺北鼎文書局1973年出版。對清代以來的補遼史藝文志目錄進行研究，剔除這些目錄中所著錄的非遼人著作、或雖爲遼人但成書於後世者、或撰者不詳《遼史》亦

---

① "任"，原誤作"仁"，據上下文意改。

不載者、或並非著作而是寫進頒定者、或著者無確據者以及重複出現和難以確認者，共 104 種，最後得書目 61 種，經部 1 種，史部 22 種，子部 21 種，集部 17 種。考證精詳。本文在前人搜集考索、研究的基礎上，結合朱子方先生《遼代佛學著譯考》見陳述主編的《遼金史論集》第三輯，書目文獻出版社 1987 年 7 月出版。及其他材料，對《遼史藝文志》做進一步考察研究，得出以下書目，現按四部分類法詳細著錄於下，以期能反映遼代文化之一斑。

經　部

龍龕手鏡四卷

釋行均編。此書本名《龍龕手鏡》，宋人因避諱改爲《龍龕手鑑》。今存。現通行者有上海商務印書館《四部叢刊續編》影印傅增湘藏宋刊本，1985年中華書局影印高麗版遼刻本。

續一切經音義十卷

釋希麟撰。高麗義天《新編諸宗教藏總錄》（以下簡稱《義天錄》）卷三著錄。此書仿唐釋慧琳《一切經音義》，對開元以後勘譯佛經，詳加音注。今存。有日本延享三年高野山北室院刊本，1924年丁福保排印本。

史　部

五代史
蕭韓家奴譯。《遼史》卷一百三《蕭韓家奴傳》："韓家奴欲帝知古今成敗,譯《通曆》《貞觀政要》《五代史》。"

始祖奇首可汗事迹
《遼史》卷四《太宗》下："會同四年二月丁巳,詔有司編《始祖奇首可汗事迹》"。

遥輦可汗至重熙以來事迹二十卷
蕭韓家奴、耶律庶成、耶律谷欲等編撰。《遼史》卷一百三《蕭韓家奴傳》："重熙十三年,詔與耶律庶成録遥輦可汗至重熙以來事迹,集爲二十卷,進之。"《遼史》卷十九《興宗》二："重熙十三年六月丙申,詔前南院大王耶律谷欲、翰林都林牙耶律庶成等編集國朝上世以來事迹。"

日曆
《遼史》卷十四《聖宗》五："統和二十一年三月壬辰,詔修《日曆》官毋書細事。"《遼史》卷十五《聖宗》六："統和二十九年五月,詔已奏之事送所司附《日曆》。"

通曆
蕭韓家奴譯。《遼史》卷一百三《蕭韓家奴傳》："韓家奴欲帝知古今成敗,譯《通曆》《貞觀政要》《五代史》。"

興宗起居注
耶律良、蕭韓家奴撰。《遼史》卷九十六《耶律良傳》："耶律良以家貧,詔乘厩馬。遷修起居注。"《遼史》卷一百三《蕭韓家奴傳》："蕭韓家奴擢翰林都林牙,兼修國史。仍詔諭之曰:

'……朕之起居，悉以實錄。'"

道宗起居注

不攄、忽突菫撰。《遼史》卷二十三《道宗》三："大康二年十一月，上欲觀《起居注》，修注郎不攄及忽突菫等不進，各杖二百，罷之。"

太祖以下七帝實錄

《遼史》卷二十四《道宗》四："大安元年十一月辛亥，史臣進《太祖以下七帝實錄》。"

皇朝實錄七十卷

耶律儼撰。《遼史》卷九十八《耶律儼傳》："壽隆間，封越國公。修《皇朝實錄》七十卷。"

統和實錄二十卷

室昉、邢抱樸撰。《遼史》卷七十九《室昉傳》："統和八年，表進所撰《實錄》二十卷。"《遼史》卷八十《邢抱樸傳》："統和四年，與室昉同修《實錄》。"

焚椒錄一卷

王鼎撰。此書記述遼宣懿皇后被耶律乙辛誣陷冤死案之始末，今存。有《寶顏堂秘笈》本、①《津逮秘書》本。

七賢傳

《遼史》卷七十七《耶律吼傳》："時有取當世名流作《七賢傳》者，吼與其一。"

遼三臣行事一卷

耶律孟簡撰。《遼史》卷一百四《耶律孟簡傳》："大康中，詣闕上表曰：'本朝之興，幾二百年，宜有國史以垂後世。'乃編耶

---

① "笈"，原誤作"籍"，據清文淵閣《四庫全書》本《千頃堂書目》（以下簡稱《千頃堂書目》）卷十五改。

律曷魯、屋質、休哥三人行事以進。"

唐三紀行事

馬得臣編。《遼史》卷八十《馬得臣傳》："聖宗閱唐高祖、太宗、玄宗三紀，得臣乃錄其行事可法者進之。"

匈奴須知一卷

田緯編。契丹歸朝人田緯編次，"錄契丹地理官制"，見晁公武《郡齋讀書志》、陳振孫《直齋書錄解題》、馬端臨《文獻通考·經籍考》。

契丹地圖一卷

顧櫰三《補五代史藝文志》："長興三年，契丹東丹王突欲進。"

虜廷雜記十卷

趙志忠撰。趙志忠，遼進士，曾任翰林學士，修國史，興宗時投宋，"上此書及契丹地圖，言契丹事甚詳"。見晁公武《郡齋讀書志》、陳振孫《直齋書錄解題》，著錄作"《陰山雜錄》十六卷"。馬端臨《文獻通考·經籍考》。

律文

耶律頗德譯。《遼史》卷十《聖宗》一："統和元年四月，樞密請詔北府司徒頗德譯南京所進律文，從之。"

遼法令

耶律庶成、蕭德編。《遼史》卷八十九《耶律庶成傳》："耶律庶成與樞密副使蕭德修定法令……庶成參酌古今，刊正訛謬，成書以進。"

禮書三卷

蕭韓家奴、耶律庶成撰。《遼史》卷一百三《蕭韓家奴傳》："重熙十五年，復詔曰：'……我朝之興，世有明德，雖中外向化，然禮書未作，無以示後世。卿可與庶成酌古準今，制爲禮典。'韓家奴既被詔，博考經籍，自天子達於庶人，情文制度可行於世,不謬於古者,撰成三卷,進之。"

遼朝雜禮

《遼史》卷四十九《禮志》一:"今國史院有金陳大任《遼禮儀志》,皆其國俗之故,又有《遼朝雜禮》,漢儀爲多。"

貞觀政要

蕭韓家奴譯。《遼史》卷一百三《蕭韓家奴傳》:[①]"韓家奴欲帝知古今成敗,譯《通曆》《貞觀政要》《五代史》。"

續開元釋教録

釋詮曉編。《義天録》卷三著録,在撰著者"詮曉集"下有"舊名詮明"雙行四字小注,"詮明"改名"詮曉",爲避穆宗諱。

[①] "史",原誤作"中",據上下文意改。

子　部

方脈書

耶律庶成譯。《遼史》卷八十九《耶律庶成傳》："初，契丹醫人鮮知切脈審藥，上命庶成譯《方脈書》行之。"

脈訣　針灸書一卷①

直魯古撰。《遼史》卷一百八《直魯古傳》："直魯古，太宗時，以太醫給侍。嘗撰《脈訣》《針灸書》，行於世。"

乙未元曆

《遼史》卷四十二《曆象志》上："穆宗應曆十一年，司天王白、李正等進曆，蓋《乙未元曆》也。"《遼史》卷四十四《曆象志》下："遼、漢、周、宋，俱行夏時，各自爲曆。國史閏朔，頗有異同。遼初用《乙未元曆》，本何承天《元嘉曆》法。"

大明新曆

《遼史》卷四十二《曆象志》上："聖宗統和十二年，可汗州刺史賈俊進新曆，則《大明曆》是也。""至遼，聖宗以賈俊所進新曆，因宋《大明》舊號行之。"

陰符經

耶律倍譯。《遼史》卷七十二《耶律倍傳》："耶律倍通陰陽，知音律，精醫藥、砭焫之術。"② 工遼、漢文章，嘗譯《陰符經》。"

星命總括三卷

耶律純撰。耶律純《序》自稱爲翰林學士，奉使高麗，因得彼

---

① "書"字原脱，據《遼史》卷一百八補，下同。
② "焫"字原脱，據《遼史》卷七十二補。

國國師傳授星躔之學,末署統和二年八月十三日。此書今存,有《四庫全書》本。

百中歌
王白撰。《遼史》卷一百八《王白傳》:"王白撰《百中歌》行於世。"

顯密圓通成佛心要集二卷
釋道殿撰。

供佛利生儀一卷
釋道殿撰。呂澂《新編漢文大藏經目録》(以下簡稱《新漢藏目》)纂集部著録作"遼道殿撰,應曆八年(公元958年)"。《顯密圓通成佛心要集》今存,日本《大正新修大藏經》(簡稱《大正藏》)卷46收有全書,附《供佛利生儀》一卷。

法華經會古通今鈔十卷
釋詮明撰。

法華經科四卷
釋詮明撰。

法華經大科一卷
釋詮明撰。

以上《義天録》卷一著録。1974年,山西應縣佛宮寺釋迦塔内發現遼代刻經,其中有《法華經會古通今抄》卷第二和卷第六兩卷,即詮明此著的一部分。另《法華經疏科》殘卷見於敦煌伯希和劫經(P2159紙背)。

金剛般若經宣演科二卷
釋詮明撰。

金剛般若經宣演會古通今鈔六卷
釋詮明撰。

以上《義天録》卷一著録,今佚。

金剛般若經消經鈔二卷

釋詮明撰。

金剛般若經消經鈔科一卷

釋詮明撰。

以上《義天録》卷一著録，今佚。

彌勒上生經會古通今鈔四卷

釋詮明撰。

彌勒上生經科一卷

釋詮明撰。

彌勒上生經大科一卷

釋詮明撰。

以上《義天録》卷一著録。1933年，山西趙城縣廣勝寺發現金版《大藏經》，其中收有《上生經疏會古通今鈔》卷二、卷四及《上生經疏隨新抄科文》一卷，爲詮明集，其後收入《宋藏遺珍》。1935年釋范成輯，北京三時學會、上海影印宋版磧砂經會影印。應縣佛宫寺木塔發現《上生經疏科文》一卷，亦爲詮明所撰之科文之又一刻本。

成唯識論詳鏡幽微新鈔十七卷。

釋詮明撰。

成唯識論應新鈔科文四卷

釋詮明撰。

成唯識論應新鈔大科一卷

釋詮明撰。

以上《義天録》卷三著録。應縣木塔發現有《成唯識論述紀應新抄科文》卷第三，未署撰者，當即詮明之《應新抄科文》。1933年山西趙城縣廣勝寺發現的《金藏》中有《成唯識論述記科文》卷一、卷二殘卷，後編入《宋藏遺珍》，署"大唐慈恩寺翻經沙門窺基撰"，實爲詮明之作。

百法論金臺義府十五卷
　釋詮明撰。
百法論科二卷
　釋詮明撰。
百法論大科一卷
　釋詮明撰。
　以上《義天錄》卷三著錄，今佚。
大華嚴經玄談鈔逐難科一卷
　釋思孝撰。《義天錄》卷一著錄，今佚。
大華嚴經修慈分疏二卷
　釋思孝撰。
大華嚴經略鈔一卷
　釋思孝撰。
大華嚴經略鈔科一卷
　釋思孝撰。
　以上《義天錄》卷一著錄，今佚。
大涅槃經後分節要一卷
　釋思孝編。《義天錄》卷一著錄，今佚。
法華經三玄圓贊二卷
　釋思孝撰。
法華經三玄圓贊科一卷
　釋思孝撰。
　以上《義天錄》卷一著錄。其書早佚，《圓贊科》在第二次世界大戰前於朝鮮全羅南道順天郡之松廣寺發現，存 11 紙，當於義天編《高麗續藏》。
般若理趣分經科一卷
　釋思孝撰。《義天錄》卷一著錄，今佚。

大寶積經妙慧童女會疏三卷
　　釋思孝撰。
大寶積經科一卷
　　釋思孝撰。
觀無量壽經直釋一卷
　　釋思孝撰。
　　以上《義天錄》卷一著錄，今佚。
報恩奉盆經直釋一卷
　　釋思孝撰。
八大菩薩曼陀羅經疏二卷
　　釋思孝撰。
八大菩薩曼陀羅經科一卷
　　釋思孝撰。
　　以上《義天錄》卷一著錄，今佚。
發菩提心戒本三卷
　　釋思孝撰。
大乘懺悔儀四卷
　　釋思孝撰。
近住五戒儀一卷
　　釋思孝撰。
近住八戒儀一卷
　　釋思孝撰。
自恣緣一卷
　　釋思孝撰。
　　以上《義天錄》卷二著錄，今佚。
自誓受戒儀一卷
　　釋思孝撰。

諸雜禮佛文三卷

釋思孝撰。

釋門應用三卷

釋思孝撰。

持課儀一卷

釋思孝撰。

以上《義天錄》卷二、《佛典疏鈔目錄》卷下著錄，今佚。

毗奈耶藏近事優婆塞五戒本

釋思孝編。此爲應縣佛宫寺木塔發現的遼代寫經，款題"覺花島海雲寺崇禄大夫、守司空、輔國大師，賜紫沙門孝思集"。卷數失載，"孝思"當爲"思孝"的倒誤。

四分律刪繁補闕行事鈔評集記十四卷

釋澄淵撰。

四分律鈔評集記科三卷

釋澄淵撰。

澄淵爲燕京奉福寺僧，封國師圓融大師。以上書《義天錄》卷二著錄作《律鈔評集記》十四卷《科》三卷，澄淵述。《遼代佛教》著錄作《四分律刪繁補闕行事鈔詳集記》，無《科》，"詳"寫作"評"，系因形近致僞。此書《高麗大藏經》收入，經版原藏朝鮮慶尚南道海印寺，現不詳。

明咒集三十卷

釋志德撰。思孝《大藏教諸佛菩薩名號集序》云："爰有燕京弘法寺校勘、諫議大夫、昌黎志德進明咒集都三十卷，括一大藏一切明咒。""明咒之首，自有引文"。《房山雲居寺石經》圖版63，文物出版社1978年版。《明咒集》未見著錄，當已亡佚。

大藏教諸佛菩薩名號集二十卷

釋德雲撰。《房山雲居寺石經》之一，金皇統六年 公元1142年。

刻成，前有思孝"奉詔"所撰之序。卷首題"利州太子寺講經論沙門德雲集"。《房山雲居寺石經》圖版63、64。

大藏教諸佛菩薩名號集二卷

釋非濁撰。《房山雲居寺石經》之一，非濁續撰，卷末題："上京管內都僧録純慧大師賜紫沙門非濁續""皇統九年三月二十日成造"等款識。

隨願往生集二十卷

釋非濁撰。簡稱《往生集》。《義天録》卷三及元《至元法寶勘同録》著録。後由高麗傳至日本，今佚。

三寶感應要略録三卷

釋非濁撰。《大正藏》卷五十一收入，《遼代佛教》《新漢藏目》均著録，後者與《大正藏》均署"宋非濁集"，皆誤。

釋摩訶衍論通玄鈔四卷

釋志福撰。

釋摩訶衍論通玄科三卷

釋志福撰。

釋摩訶衍論大科一卷

釋志福撰。

以上《義天録》卷三著録。義天編《高麗續藏》收入，後又傳入日本。

釋摩訶衍論贊玄疏五卷

釋法悟撰。

釋摩訶衍論贊玄科三卷

釋法悟撰。

釋摩訶衍論贊玄大科一卷

釋法悟撰。

以上遼道宗敕撰，前有法悟自序及耶律孝傑引文。《義天録》卷三著録，義天編《高麗續藏》收入，後又由高麗傳入日本。

釋摩訶衍論通贊疏十卷

釋守臻撰。

釋摩訶衍論通贊科三卷

釋守臻撰。

釋摩訶衍論通贊大科一卷

釋守臻撰。

以上遼道宗敕撰,《義天錄》卷三著錄,義天編《高麗續藏》收入。此疏卷十及《科》卷下,在應縣木塔中發現。

略示戒相儀

釋守臻撰。應縣佛宮寺木塔發現遼代寫經之一,與思孝《毗奈耶藏近事優婆塞五戒本》合裱為一卷,卷數失載。

大日經義釋演密鈔十卷

釋覺苑撰。

大日經義釋科文五卷

釋覺苑撰。

大日經義釋大科一卷

釋覺苑撰。《演密鈔》呂氏《新漢藏目》著錄。《義天錄》卷一著錄作"《毗盧神變經義釋》十四卷,一行述。《科》五卷,《大科》一卷,《演密鈔》十卷,已上覺苑述"。

華嚴經隨品贊十卷

道宗撰。《遼史》卷二十二《道宗紀》:"咸雍四年二月癸丑,頒行《御製華嚴經贊》。"《義天錄》卷一著錄作"《大華嚴經隨品贊》十卷,御製",義天《圓宗文類》收入全文。

發菩提心戒本二卷

道宗撰。《義天錄》卷一著錄,《房山雲居寺石經》著錄一遼刻《發菩提心戒本》,編者疑此戒本"或即系遼道宗耶律洪基所撰之佚本而略作一卷"。《房山雲居寺石經》圖版57。

華嚴懸談抉擇六卷

釋鮮演撰。日本《續藏經》收入，缺第一卷。《鮮演墓碑》作"花嚴經玄談抉擇記"。《遼海文物學刊》1987年第1期。

仁王護國經融通疏

釋鮮演撰。

唯識論掇奇提異鈔

釋鮮演撰。

摩訶衍論顯正疏

釋鮮演撰。

菩薩戒纂要疏

釋鮮演撰。

菩提心戒

釋鮮演撰。

諸經戒本

釋鮮演撰。

三寶六師外護文十五卷

釋鮮演撰。

以上七種俱載於《鮮演墓碑》，今佚。

華嚴經隨品贊科一卷

釋志實撰。

法華經圓選演義鈔四卷

釋志實撰。《義天錄》卷一著錄，今佚。

八大菩薩曼陀羅經崇聖抄三卷

釋志實撰。

以上《義天錄》卷一著錄，今佚。

梵網經科三卷

釋志實撰。

梵網經會違通理鈔四卷
　　釋志實撰。
　　以上《義天錄》卷二著録,今佚。
般若心經科一卷
　　釋志延撰。《義天錄》卷一著録,今佚。
四分律尼戒略釋科一卷
　　釋志延撰。《義天錄》卷二著録,今佚。
大華嚴經演義集玄紀六卷
　　釋道弼撰。
大華嚴經演義逐難科一卷
　　釋道弼撰。
　　以上《義天錄》卷一著録,今佚。
諸宗止觀三卷
　　釋道弼撰。
諸宗止觀科一卷
　　釋道弼撰。
　　以上《義天錄》卷三著録,今佚。
金剛般若經訣一卷
　　釋保衡撰。《義天錄》卷一著録,今佚。
俱舍論頌疏鈔八卷
　　釋常真述,釋瓊熙校定。《義天錄》卷三著録。朝鮮存有刊本。
妙吉祥平等瑜珈秘密觀身成佛儀軌一卷
　　釋慈賢譯。
妙吉祥平等秘密最上觀門大教王經五卷
　　釋慈賢譯。
妙吉祥平等觀門大教王經略出擴摩儀軌一卷
　　釋慈賢譯。

佛説如意輪蓮花心如來修行觀門儀一卷
　　釋慈賢譯。
金剛摧碎陀羅尼一卷
　　釋慈賢譯。
大隨求陀羅尼一卷
　　釋慈賢譯。
一切如來白傘蓋大佛頂陀羅尼一卷
　　釋慈賢譯。
大悲心陀羅尼一卷
　　釋慈賢譯。
佛頂尊勝陀羅經一卷
　　釋慈賢譯。
梵本般若波羅密多心經一卷
　　釋慈賢譯。
　　以上慈賢譯經著録於中國佛教協會編《房山雲居寺石經》所附"簡目"。張心春《大明三藏目録》、日本《大正藏》、《新漢藏目》皆只收前五種。

集　部

清寧集

道宗撰，耶律良編。《遼史》卷九十六《耶律良傳》："道宗清寧中，奏請編御製詩文，目曰《清寧集》。"《遼史》卷二十一《道宗》一："清寧六年夏五月戊子朔，監修國史耶律白即耶律良。請編次御製詩賦，仍命白爲序。"

述懷詩

耶律韓留撰。《遼史》卷八十九《耶律韓留傳》："重熙四年，詔進《述懷詩》，上嘉嘆。"

耶律庶成詩文

耶律庶成撰。《遼史》卷八十九《耶律庶成傳》："有詩文行於世。"

放懷詩一卷

耶律孟簡撰。《遼史》卷一百四《耶律孟簡傳》："及聞皇太子被害，不勝哀痛，以詩傷之，作《放懷詩》二十首。"

玉石觀音唱和詩一卷

釋智化等撰。此詩爲道宗壽昌五年沙門智化與鄭若愚、韓資讓、趙庭睦等25人唱和所集，全詩26首，首唱者2首，全詩見《全遼文》卷九。

諷諫集

白居易撰，聖宗譯。《契丹國志》卷七《聖宗天輔皇帝》："又親以契丹字譯白居易《諷諫集》，召番臣等讀之。"

閬苑集

耶律隆先撰。《遼史》卷七十二《耶律隆先傳》："平王隆先爲人聰明，博學能詩。有《閬苑集》行於世。"

歲寒集
蕭柳撰，耶律觀音奴編。《遼史》卷八十五《蕭柳傳》："耶律觀音奴集柳所著詩千篇，目曰《歲寒集》。"

寳老集
蕭孝穆撰。《遼史》卷八十七《蕭孝穆傳》："時稱爲'國寳臣'，目所著文曰《寳老集》。"

西亭集
耶律資忠撰。《遼史》卷八十八《耶律資忠傳》："資忠每懷君親，輒有著述，號《西亭集》。"

登瀛集五卷
楊佶撰。《遼史》卷八十九《楊佶傳》："有《登瀛集》行於世。"

重熙小集十卷
楊佶撰。宋《秘書省續編到四庫闕書目》著録。

見志集
秦晋國妃蕭氏著。《秦晋國妃墓志銘》載："妃姓蕭氏……撰《見志集》若干卷行於代。"見《全遼文》卷八。

慶會集
耶律良撰。《遼史》卷九十六《耶律良傳》："上命良詩爲《慶會集》，親製其序。"

六義集十二卷
蕭韓家奴撰。《遼史》卷一百三《蕭韓家奴傳》："有《六義集》十二卷行於世。"

僧了洙文集
釋了洙撰。楊丘文《柳谿玄心寺洙公壁記》："佛之徒曰洙公者，吾友人也，字涣之，姓高氏，世籍燕爲名家。……一日，嗜浮圖所謂禪者之説，迺屬其徒遁林谷以爲瓶盂之游，日灼月漬，不數歲，盡得其術，乃卜居豐陽玄心寺，研探六藝子史之學，掇其微眇，隨所意得，作爲文辭，而綴輯之。"見《全遼文》卷十。

海山文集

釋思孝撰。思孝，俗姓郎，法名海山，遼代名僧。金王寂《遼東行部志》："癸卯，金明昌元年，公元1190年2月19日。是日，得《海山文集》，乃遼司空大師居覺花島海雲寺時所製也。故目其集曰'海山'。"今佚。

綜上所述，遼代人所撰經、史、子、集四部書籍共144種，其中，經部2種，史部23種，子部102種，集部17種。今天國內外能夠見到的遼代著作，約有42種。它們是：經部2種，爲行均的《龍龕手鏡》，希麟的《續一切經音義》；史部1種，爲王鼎的《焚椒錄》；子部38種，爲耶律純的《星命總括》，道㲀的《顯密圓通成佛心要集》《供佛利生儀》，詮明的《法華經會古通今抄》（部分）、《法華經疏科》《上生經疏會古通今鈔》（部分）、《上生經疏隨新抄科文》《成唯識論述記應新抄科文》（部分）、《成唯識論述紀科文》（部分），思孝的《法華經三玄圓贊科》《毗奈耶藏近事優婆塞五戒本》，澄淵的《四分律刪繁補闕行事鈔評集記》，德雲的《大藏教諸佛菩薩名號集》，非濁的《大藏教諸佛菩薩名號集》《三寶感應要略錄》，志福的《釋摩訶衍論通玄鈔》《釋摩訶衍論通玄科》，法悟的《釋摩訶衍論贊玄疏》《釋摩訶衍論贊玄科》《釋摩訶衍論贊玄大科》，守臻的《釋摩訶衍論通玄贊疏》（部分）、《釋摩訶衍論通贊科》《略示戒相儀》，道宗的《華嚴經隨品贊》《發菩提心戒本》，鮮演的《華嚴懸談抉擇》，常真的《俱舍論頌疏鈔》，慈賢翻譯的《妙吉祥平等瑜珈秘密觀身成佛儀軌》《妙吉祥平等秘密最上觀門大教王經》《妙吉祥平等觀門大教王經略出護摩儀軌》《佛說如意花心如來修行觀門儀》

《金剛摧碎陀羅尼》《大隨求陀羅尼》《一切如來白傘蓋大佛頂陀羅尼》《大悲心陀羅尼》《佛頂尊勝陀羅經》《梵本般若波羅密多心經》；集部1種，爲智化等《玉石觀音唱和詩》。從僅此殘存的遼代著述及所能搜集到的遼代著述目錄,已可看出遼代受漢文化影響所創造的,融漢、契丹、佛教及其他民族文化爲一體的遼代文化。相信隨著考古資料及其它資料的新發現,《遼史藝文志》的内容還將不斷增多,人們對遼代著作、遼代文化將有更新的認識。

金史藝文志補

[清] 杭世駿 撰　李兵 整理

底本：國家圖書館藏清抄本《金史補》

經　部

易解
　　同知北京轉運使雷思著。
易叢説十卷
　　禮部尚書趙秉文著。
學易記
　　禮部侍郎馮延登著。元好問撰《墓志》云："平生以《易》爲業，及安置豐州，止以《易》一編自隨，日夕研究，大有所得。既歸，集前人章句爲一書，曰《學易記》，藏於家。"
易説
　　吕豫著。元好問撰《墓志》云："字彦先，懷州修武人，自號南峰山人。"
三十家易解
　　單渢著。《經義考》："李簡曰：'平原人。'"
易學集説
　　王天鐸著。子惲《家傳》："先君諱天鐸，字振之。開興初，用入粟例補滿，授户部主事，自號思淵老人。日以經史自娱，尤嗜《春秋左氏傳》。晚年一洗心於《易》，集歷代諸儒《易》説爲一書，題曰《王氏易篹》。遇朔例一占，玩辭明變，其應如響。"
　　子惲《序》："先君思淵子昔掾民部時，尚書張公正倫日引一叟連榻坐，與之問辨甚款。察之，蓋講《易》經旨也。每參署已，輒抱牘旁侍。張公曰：'汝亦樂聞斯乎？'曰：'唯。'自是日熟所聞，遂潛玩焉，造次顛沛，樂之而不釋也。北渡後，遇玉華王先生，復得窺其門牆而覃思焉。既而有問答理亂之說，玉華子訴然曰：'推是而進，何憂乎不造夫突奧也。然專靜之功，不可以不至，藏往知來，實本於此，吾子其志之。'既而家居，屏遠人事，取歷代諸儒所傳，探微賾妙，日一卦爲業，真積既久，靜見之心，遂大而肆，曰：'吾老矣，非述無以見於後，示子孫以大受也。'乃組節群言，使如出一手，辭約而意貫，諸家之善，蓋無餘蘊矣。嗚呼！《易》之爲書，三聖人憂世而作也。其道有四，互爲之用。然身外無可論之道，道外無可談之理，天理人事，不出乎日用行己之間而已。是書之集，四者具列，要以近人情爲本，使學者切身以求用，易知而不雜，其於《易》道庶彬彬然有煒矣。不肖今亦向髦，先世庭訓，墜洪無緒，大懼夫不學而衰也。乃沉潛是編，冠修述之意於篇首，乃題曰《王氏易學集說》，使後之來者知先君學道立世，其博文約禮，有如此者。小子懼復續所得，以綴於後。蓋先君所未見也，庶幾五十家之說，左右逢原矣。"

周易集說

東明張特立著。見《元史·隱逸傳》。

周易釋略

袁從義著。《經義考》："元好問曰：'從義，字用之，虞卿人，中條山道士。'"

尚書義粹三卷

王若虛著。《經義考》："按是書《天一閣》《萬卷堂目》均載之。"疑即《滹南集》中《尚書辨惑》。

尚書要略

《續文獻通考》："哀宗正大間萬壽節同知集賢院呂造進。"《哀宗本紀》作待制呂造。

周禮辨一篇

翰林學士楊雲翼著。

大金集禮

禮例纂一百二十卷

尚書張行簡著。

中庸説一卷　删集論語、孟子解各十卷

趙秉文著。

中庸集解

襄陰李之純著。

尚書無逸直解

趙秉文進。《引》云："伏觀自古忠之大者，未有若周公者也。以成王年幼，恐其荒怠，作《無逸》一篇，以申勸戒。① 舉殷三賢王及周文王，皆以憂勤得壽考之福，其意欲使祚胤長遠，又欲其君憂勤無逸，頤愛精神，壽考無窮。以至成王，享國長久，刑錯四十年而不用，②至今稱爲賢王之首。此皆周公篤實愛君之力也。其後唐明皇時，宋相獻《無逸圖》，帝列爲屏風，置之左右。穆帝時，崔植又請以《無逸》爲元龜。然則《無逸》一篇，周公之所以啓其君，後世之所以開陳善道，匡其君以盡君道，而即以效臣職者。取法乎是，不費辭説，引而伸之，莫有遏於是，③而後知其道之廣且遠也。至於婉轉曲喻，務盡其心，抑揚詞氣之間，其爲文也至矣。萬世而下，奉爲龜鑑，不亦宜乎？臣某蒙國之厚恩，愧無以圖報於萬一，謹依注疏，乃撰《無逸直解》，因以獻，仰祝無疆。"

---

① "申"，《四部叢刊》影印明抄本《滏水集》（以下簡稱"明抄本《滏水集》"）卷十五同，清文淵閣《四庫全書》本《滏水集》（以下簡稱"四庫本《滏水集》"）卷十五作"伸"。

② "錯"，明抄本《滏水集》卷十五同，四庫本《滏水集》卷十五作"措"，《經義考》卷九十七引作"措"。

③ "遏"，明抄本《滏水集》卷十五作"逸"。

刺刺孟

《續文獻通考》:"金劉章著。"

六經考

《續文獻通考》:"馬定國著。"

史　部

金先朝實録三卷
《續文獻通考》："完顔勗修,皇統元年進。"
金太祖實録
《續通考》："宗弼修,皇統八年進。"
金太宗實録
《續通考》："紇石烈良弼修,天德七年進。"
金睿宗實録
《續通考》："大定十一年尚書左丞紇石烈良弼所進。"
金世宗實録
《續通考》："明昌四年七月國史院所進。"
金章宗實録
《續通考》："興定四年九月國史院所進,王若虛修。"
金宣宗實録
《續通考》："正大五年十一月國史院所進,王若虛修。"
四朝聖訓
《續通考》："承安五年,右補闕楊廷秀請類編太祖、太宗、世宗三朝聖訓,以時觀覽,因詔增熙宗爲四朝。"
大定遺訓
《續通考》："正大四年萬年節同知集賢院史公奕進。"
女直郡望姓氏譜[①]
《續通考》："完顔勗撰。"

[①] "氏",原誤作"名",據百衲本影印元至正刻本《金史》(以下簡稱"《金史》")卷六十六、明萬曆三十年松江府刻本《續文獻通考》(以下簡稱"萬曆本《續文獻通考》")卷一百七十八《經籍考》改。

元勛傳

《續通考》:"韓玉著。"

屏山故人外傳

李之純著。

史記注百卷

《中州集》:"蕭貢著。"

續資治通鑑

《續通考》:"衛紹王大安中詔儒臣楊雲翼等纂修。"

補正水經五篇　南北史志三十卷　晉陽志十二卷　燕王墓辨一卷

皆太常丞蔡珪著。

歷年係事記

張特立著。

子　部

法言微旨一卷　本傳作《揚子發微》，今從《滏水集》。

趙秉文著。《引》云："揚子聖人之徒與？其《法言》《太玄》，漢二百年之書也。漢興，賈誼明申韓，司馬遷好黃老，董仲舒溺災異，劉向鑄黃金，獨揚子得其正傳，非諸子流也。予既整緝《太玄》，舊聞《法言》有宋衷注，亡之，今世傳四注：柳、李二注，才釋一二，①宋、吳二注，頗有牴牾。其《十二注》中數家，大抵祖臨川王氏，無甚發明，又多詆忤而不中其失。獨溫公《集解》，徧採諸本，微辨四家之得失，斷以己意，十得七八矣。其終篇詳辨揚子得聖人之行藏，爲得其正，實百世之通論也，故今斷以《集解》爲定。然《法言》之作，雖擬《論語》，②不同門人問答先後無次，乃揚子自著之書也，不應辭意不相連屬。其命名自序，思過半矣。或先義而後問，或後答以終義，或離章以發微，或終篇以明數。旁鈎遠引，微顯著晦，川屬脉貫，會歸正道。今所謂分章微旨者，非敢有異於先儒也。但使一篇之義，自相連屬，穿鑿之罪，余何敢逃。萬一有得微旨於言辭之表者，或有助於發機云。"

王若虛《序》："《法言》之行於世，尚矣。始注釋者，四家而已，疏略粗淺，無甚可觀。其後益而爲十二，互有所長，視其舊殊勝，而猶未盡也。今礼部尚書趙公素嗜此書，得其機要，因復爲之訓解，參取衆説，析之以己見，號曰《分章微旨》，論高而意新，蓋奇作也。予嘗竊怪子雲之自叙，以爲《法言》《論語》

---

①　"一二"原脱，據明抄本《滏水集》卷十五補。
②　"論語"，原誤作"語論"，據明抄本《滏水集》卷十五乙正。

之體耳，隨問更端，錯雜無次，而獨取篇首二字以爲名而冠之，無乃失其宜耶？及觀公解，則終始貫穿，通爲一義，燦有條理而不亂，乃知子雲之意，初非苟然，但學者未之深考也。昔人以杜預、顏師古爲丘明、孟堅忠臣，今公於子雲之書，辨明是正，厥功多矣。至於進退隱見之際，尤爲反覆而致意，使千載之疑，可以盡釋而無遺恨，兹不亦忠之大者歟？古澤陳氏者將購工板行，以廣其傳。友人張君茂進實贊成之，而屬予爲序。嗚呼！公一代巨儒，德業文章，皆可師法。自少年名滿四海間，平生著述，殆不可勝紀，而晚年益勤，心醉乎義理之學，六經百子，莫不討論，迄今孜孜，筆不停綴。其所以發揮往典而啓迪來者，非特一書而止也。如鄙不肖，曷足爲公重輕，而斯書之傳，豈待予言而後信？雖然，陳氏細民，而能好事如此，其用心固已可喜，且不肖於公，門下士也，辱知爲深，是區區者而敢辭乎？乃書而授之。元光元年九月望日，中議大夫守平涼府判王某序。"

太玄籤贊六卷

趙秉文著。《引》云："《太玄》何爲者也？將以發明大《易》而羽翼之者也。《易》有八物，而五行萬事在其中。《玄》則列之以三才，舉之以五行，①表之以陰陽，推之以律曆，而天下萬事之理，具要其中，爲仁義而作也。卦用八，蓍用七，《玄》則首用九，蓍用六五，彰之也。《易》有道義、象數，②說《易》者，言道義則遺象數，言象數則遺道義。《玄》實兼之，其於聖經不爲無助。昔人譏屋下架屋，不猶愈於章句一偏之學乎？後之言數術者，孰與張平子？以平子不敢輕議《太玄》，而後儒非之，恐幾率易。顧僕何足以知《太玄》。姑以范《注》之小誤，

---

① "舉"，明抄本《滏水集》卷十五作"本"。
② "道義象數"，原誤作"道數象義"，據明抄本《滏水集》卷十五改。

以証本經之不誤。范《注》以九首次九陽家陽畫,①至十首羨之初一,又爲陽家陽畫,②則晝多於夜,禍福殽亂,故其説時有不通,王氏已辨之矣。揲法一扐之後而數其餘,王氏依之,注本作'兩扐',非經誤也。《經》云:'旦筮用經,夕筮用緯。'舊注以旦用一、五、七,夕用三、四、八,日中、夜中用二、六。蘇氏攻之,以爲中夕筮,吉凶雜至,且筮非大吉則大凶,是吉凶雜,終不可得而遇也。揚子大賢,擬聖而作,不應筮法尚誤,此殆歲久失其傳也。及考《玄》數五爲中央,③注土行所在,經緯雜用。且筮有三表:一、二、三一表也,四、五、六一表也,七、八、九一表也。表取其一以爲占,且筮用一與七,皆取其初遇。至於四爲緯,五則經,緯雜無已,則用六矣。一、六、七吉凶雜,與日中、夜中、夕筮同,況粹首一、六、七皆吉,而唫首一、六、七皆凶,亦有時而純吉純凶矣。恐旦筮當用一、六、七,夕筮用三、四、八,日中、夜中用二、五、九。二爲經,九爲緯,五雜用之也。筮有四:星、時、數、辭。注:星,若干一度也;時,謂旦、中、夕也;數,謂首數之奇偶;辭,若九贊之辭也。時若旦筮遇陽家,其數自奇,辭自多吉。是時、數、辭皆同,何以別之?竊意星若二十八宿是也。又有四方之宿,各分配日月五星,數有支干之數,律曆之數,玄算之數,與策數雜用之。此揚子所以知漢二百載而中天,平子所以知漢四百載《玄》其興乎之驗也。其然豈其然乎?《玄》有《文》《告》等十一篇,道義象數之學。宋、陸二《注》及王氏辨之詳矣,兹不復云。獨首贊與晝夜不合,及首贊之辭,與首之名義,亦如六十四卦,與卦義當相合,如同人、睽六爻,皆言同人、睽之類是

---

① "九首",原誤作"几首",據明抄本《滏水集》卷十五改。
② "晝",原誤作"畫",據明抄本《滏水集》卷十五改。
③ "央",四庫本《滏水集》卷十五同,明抄本《滏水集》卷十五作"夾"。

也。而注間有不悟，輒以他義釋之，恐有未安，理當釐正，使贊與首名義相合，庶幾粗明《玄經》之萬一。僕亦未能審於是非，姑録以備遺忘，以爲學《玄》之階耳。俟得前人之注，改而正諸。"

中説類解一卷　《本傳》作《文中子類説》，今從《滏水集》。

趙秉文著。《引》云："文中子，聖人之徒與？孔孟而後，得其正傳，非諸子流也。自唐皮氏、司空氏，始知尊尚。宋司馬公爲之傳，其書大行。大抵唐賢雖見道未至，而有忠厚之氣。至於宋儒多出新意，務抵斥，忠厚之氣衰焉。學聖人之門，豈以勝劣爲心哉？《中説》舊有阮氏注，所得多矣。某今但纂爲三類：一明續經有爲而作；二明問答與聖道不異；三明文中子行事。使學者知聖賢履踐之實，庶有助於萬一云。"

貞觀政要申鑑

趙秉文進。《引》云："《書》曰：'與治同道，罔不興。'孫卿子曰：'欲知上世，審周道，法後王是也。'近世帝王之明者，莫如唐文皇，天縱至德，①文謀武略，高出近古，而又得房玄齡、杜如晦、魏徵、王珪、馬周、虞世南、褚遂良、劉洎爲之輔佐，朝夕論思，日月獻納，無非以畏天愛民，求賢納諫，安不忘危爲戒，故能功業若此巍巍也。其後明皇，初鋭於治，用姚元崇、宋廣平、韓休之徒，致開元三十年之太平。末年罷張九齡，用牛仙客、李林甫、楊國忠，旋至天寶之亂。憲皇剛斷，初用杜黄裳、韋貫之、裴度，削平僭，末年用皇甫鎛，而不克其終。治亂之效，於斯可見。史臣吴兢纂集《貞觀政事》十卷，凡四十篇，爲之鑑戒。起自《君道》，訖於《慎終》，豈無意哉？欽惟聖上聰明仁孝，超皇軼帝，而猶孜孜治道，俯稽前訓，然一日萬幾，豈

―――――――――――

①　"至"，明抄本、四庫本《滏水集》卷十五皆作"聖"。

能徧覽？謹撮其樞要，附以愚見，目之曰'貞觀政要申鑑'。文理鄙拙，無所發明，特於鑑戒申重而已。昔張九齡因明皇千秋節進《金鏡錄》，以申諷諭，臣竊慕之。謹以聖壽萬年節，繕寫獻上，雖爝火之末，不足裨日月之光，區區之誠，獻芹而已。伏望略紆聖覽，不勝幸甚。謹言。"

萬年龜鑑錄①

禮部尚書趙秉文、翰林學士楊雲翼同進。《續文獻通考》作"師安石"，非。

君臣政要

趙秉文、楊雲翼同進。

興亡金鏡錄一百卷

《續文獻通考》："傅慎微纂。慎微字幾先，沙溪人。"

瑤山往鑑

《續文獻通考》："顯宗在東宮時，楊伯雄爲少詹事，集古太子賢不肖爲書。"

道學發源②

傅起等著。趙秉文《引》云："天地間有大順至和之氣，自然之理，根於心，成於性，雖聖人教人，不能與之以其所無。有疾苦必呼父母，此愛之見於性者也；有悖逆愧生於心，此敬之見於性者也。然愚者知愛而不知敬，賢者知之，而不能擴而充之以及天下，非孝之盡也。故夫愛親者，仁之源；敬親者，義之源；文斯二者，禮之源。無所不體之謂誠，無所不盡之謂忠，貫之之謂一，會之之謂忠。及其至也，蟠天地，溥萬物，推而放諸四海而準，其源皆發於此。此吾先聖所以垂教萬世，吾先師子曾子之所傳百世之後，門弟子張氏名九成者所解。

---

① "鑑"，萬曆本《續文獻通考·經籍考》作"鏡"。
② "源"，原誤作"微"，據明抄本、四庫本《滏水集》卷十五改。

九成之解，足以啓發人之善心，由之足以見聖人之蘊。今同省諸生傅起等，將以講明九成之解，傳一而千，傳千而億，聖人之意，庶幾其有傳乎？某聞之喜而不寐。抑聞之致知力行，①猶車之二輪，鳥之雙翼，闕一不可。學者苟曰'吾求所謂知而已'，而於力行則闕焉，非所望於士君子也。間有窮深極遠，②爲異學高論者曰：'此家人語耳，非惟不足以知聖人之道。是猶詫九層之臺，未覆一簣，欺人與自欺也，其可乎？'愚謂雖圓頂黃冠，村夫野婦，猶宜家置一書，渠獨非人子乎？至於載之東、西《銘》，子肇之《聖傳論》，譬之戶有南北東西，由之皆可以至於堂奧。總而類之，名曰《道學發源》，其諸異乎同源而有異流者歟？"

王若虛《後序》："韓愈《原道》曰：'孟軻之死，不得其傳。'其論斬然，君子不以爲過。夫聖人之道，亙萬世而常存者也。軻死而遂無傳焉，何耶？愚者昧之，邪者蠹之，駁而不純者汨之。而真儒莫繼，則雖存而幾乎息矣。秦漢以來，日就微滅。治經者局於章句訓詁之末，而立行者陷於功名利欲之私。至其語道，則又例爲荒忽之空談而不及於世用，髣髴疑似而失其真，支離汗漫而無所統，其弊可勝言哉？故士有讀書萬卷，辨如懸河，而不免爲陋儒。負絕人之奇節，高世之美名，而毫釐之差，反入於惡者，惟其不合於大公至正之道故也。韓愈固知言矣，然其所得，亦未至於深微之地，則信其果無傳已。自宋儒發揚秘奧，使千古之絕學一朝復續，開其致知格物之端，而力明乎天理人欲之辨，始於至粗，極於至精，皆前人之所未見，然後天下釋然知所適從，如權衡指南之可信，其有功於吾道，豈淺淺哉！國家承平既久，特以經術取人，使得參稽

---

① "聞"，原誤作"間"，據明抄本、四庫本《滏水集》卷十五改。
② "遠"，四庫本《滏水集》卷十五同，明抄本《滏水集》卷十五作"達"。

衆論之所長，以求夫義理之眞，而不專於傳疏，其所以開廓之者至矣。而鳴道之說，亦未甚行。三數年來，其傳乃始浸廣，好事者往往聞風而悅之。今省庭諸君尤爲致力，慨然以興起斯文爲已任，且將與未知者共之。此發源之書，所以汲汲於鋟木也，學者嘗試觀之，其必有所見矣。心術既明，趣向既正，由是而之焉。雖至於聖域無難，猶發源不已，則汪洋東注，放諸海而後止。嗚呼！其可量哉？亦任之而已矣。僕嘉諸君樂善之功，爲人之周，而喜爲天下道也。故略書其末云。"

鳴道集解

　李之純著。

　　右儒家。

南華略釋一卷　列子補注一卷

　皆趙秉文著。

老子解　莊子解　楞嚴解　金剛解

　皆李之純著。

金剛般若經注

　《續文獻通考》："張珣著。珣字仲仁，以律學進，尤善內典，自注此經。"

　　右道家釋家。

資暇錄十五卷

　趙秉文著。

續金石遺文跋尾十卷

　蔡珪著。

蔾辨十卷

　王庭筠著。

壬辰雜編

元好問著。

續夷堅志

元好問著。至順三年朱方石巘民瞻《跋》云："《續夷堅志》乃遺山先生當中原陸沈之時，皆耳聞目見之事，非若洪景盧演史寓言也。其勸善戒惡，不爲無補。"

歸潛志十四卷

劉祁著。《序》云："予生八年，去鄉里，從祖父游宦於大河之南。時南京爲行宫，因得從名士大夫問學。不幸弱冠而先子殁，其後進於有司，不得志，將歸隱於太皥之墟。一旦遭值金亡，干戈流落，由魏過齊入燕，凡二千里。甲午歲，復於鄉，蓋年三十二矣。因思向日二十餘年間所見富貴勢權之人，①一時烜赫如火烈者，迨遭喪亂，皆煙消灰滅無餘。而吾雖貧賤一布衣，猶得與妻子輩完歸，是亦不幸之幸也。由是以其所經涉憂患，②與夫被攻劫之苦，奔走之勞，雖飯疏飲水，橐中無寸金，未嘗蒂諸胸臆。獨念昔所與交游，皆一代偉人，今雖物故，其言論談笑，想之猶在目。且其所聞所見，可以勸戒規鑑者，不可使湮没無傳。因暇日記憶，隨得隨書，題曰《歸潛志》。歸潛者，余所居之堂之名也。因名其書，以誌歲月。異時作史，亦或有取焉。"③

北廷録④

王寂著。《大金國志》傳。

---

① "勢權"，清光緒二十一年重刻本《金文最》（以下簡稱《金文最》）卷二十三作"權勢"。
② "以其所"，原誤作"其所之以"，據《金文最》卷二十三改。
③ "取"，原誤作"所"，據《金文最》卷二十三改。
④ 此條爲天頭批注。

閻子秀筆記

閻長言著。《續夷堅志》多引之。

右雜家。

百斛珠□卷①

《七修類稿》："金章宗好謎,選蜀人楊圃祥爲魁,有《百斛珠》刊行。"

右小説家。②

儒門事親十四卷

張從正著。

傷寒纂類四卷　改證活人書二卷　傷寒論三卷　針經一卷

李慶嗣著。

集注難經五卷

紀天錫著。《國史經籍志》作三卷,非。

醫鏡五十篇　傷寒片玉集三卷③

尚藥盧昶著。元好問撰《墓志》："世家霸州文安,今爲大名人,以方伎有名河朔。政和二年,補太醫奉御,被旨校正和劑局方,删補治法。累遷尚藥局使。自幼傳家學,課誦勤讀,老不知倦。岐、黄、雷、扁而下,其書數百家,其説累數百萬言,閎衍浩博,纖悉碎雜,無不通究。而於孫氏《千金》,尤致力焉。故其診治之驗,頗能似之。春秋雖高,神觀精明,望之知爲有道之士。年壽八十有七,自剋死期,留頌坐逝。著《醫鏡》五十篇、《傷寒片玉集》三卷。今其書故在。方伎之外,復

---

① 此條爲浮簽。
② "右"字原脱,據上下文意及本文體例補。
③ 此條爲浮簽。

達治心養性之妙，如云：'人生天地中，一動一息，皆合陰陽自然之數，即非漠然無關涉者，所爲善惡，宜有神明照察之。'又曰：'人爲陽善，人自報之；人爲陰善，鬼神報之。人爲陽惡，人自治之；人爲陰惡，鬼神治之。'又曰：'養氣莫若息心，養身莫若戒慎。'又曰：'冥心一觀，勝負俱捐。'"

右醫家。

五星聚井辨一篇　懸象賦一篇　勾股機要　象數雜説

楊雲翼著。元好問撰《神道碑》，又有《積年雜説》。

右天文家。

節事

《中州集・路冀州仲顯》："家世寒微，其母有賢行，[①]教伯達讀書。國初賦學家有類書名《節事》者，新出，價數十金，母爲伯達買此書。"

右類家。

[①] "有"下，原衍"嚴"字，據《四部叢刊》影印元刊本《中州集》（以下簡稱《中州集》）卷八删。

別　集

飛龍記[①]

　　金章宗詩具載："《飛龍記》中《歸潛志》。"

東山集十卷

　　翰林待制建州吴激彦高著。

南游北歸等詩

　　張斛著。《中州集》："斛字德容，漁陽人。仕宋，爲武陵守。國初理索北歸，官祕書省著作郎。文筆字畫皆有前輩風調，宇文太學甚激賞之。"

漆園集

　　李之翰著。《中州集》："之翰字周卿，濟南人。宣和末擢第。人有勸參童貫，可以徑至館職者，周卿謝絶之。國兵破洺州，縛見元帥，誘之使降，語及君臣之際，辭情慷慨，自分一死，帥憐之，遂被録用。後守寧州，陷田侍郎珏黨籍，除名，徙上京，遇赦復官，終於東平倅。子靈石尉謙，孫德元，今在鄉里。"

蒙城集

　　翰林直學士高士談子文著。

薺堂集

　　翰林學士茌平馬定國子卿著。

嗚嗚集

　　祝簡著。《中州集》："簡字廉夫，單父人。宋末登科，國初倅某州，仕至朝奉郎、太常丞兼直史館。"

[①]　此條爲天頭批注。

霖堂集

朱之才著。《中州集》："之才字師美，洛西三鄉人。宋崇寧間登科，入齊爲諫官，坐直言黜爲泗水令。尋乞閒退，寓居嵩陽，因而家焉。昆弟數人皆有文名。師美自號慶霖居士。子瀾，字巨觀。"

龍南集

楊興宗著。《中州集》："興宗高陵人。宋既渡江，故興宗有《龍南集》。"

泫水集

晁會著。《中州集》："會字公錫，高平人，道院文元公之後。宣和末中武舉，仕爲太子洗馬。天眷二年經義進士。爲人美風儀，氣量宏博。①澤人經靖康之亂，生徒解散，公錫稍誘進之，貧不能就舉者，必厚爲津遣，在官下則分俸以給之。至於李承旨致美昆仲，亦出其門，士論歸焉。歷虞鄉、猗氏、臨晉三縣令，以興平軍節度副使致仕，年七十八終於家。孫國章，字公憲，李承旨外孫，教授鄉里，樂於提誨諸生，經指授者肅然如在官府，進退拱揖皆有可觀，蓋其家法云。"

丞相蔡松年集
太常丞蔡珪集五十五卷
三住老人集

翰林學士浦城施宜生明望著。

玉峰散人集

翰林直學士高平趙可獻之著。

西巖集

劉汲著。《中州集》："汲字伯深，南山翁之子。天德三年進

---

① "氣"，《中州集》卷八作"器"。

士,釋褐慶州軍事判官,入翰林爲供奉,自號西巖老人。"

李之純《叙》:"人心不同如面,其心之聲發而爲言,言中理謂之文,文而有節謂之詩。[①] 然則詩者文之變也,豈有定體哉?故三百篇什無定章,章無定句,句無定字,字無定音,大小長短,險易輕重,惟意所適。雖役夫室妾悲憤感激之語,與聖賢相雜而無愧,亦各言其志也已矣,何後世議論之不公邪?齊梁以降,病以聲律,類俳優然。沈、宋而下,裁其句讀,又俚俗之甚者。自謂靈均以來此秘未睹,此可笑者一也。李義山喜用僻事,下奇字,晚唐人多效之,號西崑體,殊無典雅渾厚之氣,反詈杜少陵爲村夫子,此可笑者二也。黃魯直天資峭拔,擺出翰墨畦逕,以俗爲雅,以故爲新,不犯正位,如參禪著末後句爲具眼。江西諸君子翕然推重,別爲一派,高者雕鐫尖刻,下者模影剽竊。公言韓退之以文爲詩,如教坊雷大使舞,又云學退之不至,即一白樂天耳。此可笑者三也。嗟乎!此説既行,天下寧復有詩耶?比讀劉西巖詩,質而不野,清而不寒,簡而有理,澹而有味。蓋學樂天而酷似之,觀其爲人,必傲世而自重者,頗喜浮屠,遂於性理之説,凡一篇一咏,必有深意,能道退居之樂,皆詩人之自得,不爲後世論議所奪,真豪傑之士也。"

趙秉文《跋西巖歌》云:"公未及五紀致政,臨終不亂,蓋有道者。"

崐崙集

秘書少監文登郭長倩曼卿著。

櫻寧居士集

史館編修亳州劉瞻巖老著。

---

① "謂",《中州集》卷二作"爲"。

山林長語

太子司經東萊劉迎無党著。

東皋集

桑之維著。《中州集》："之維字之才，恩州人。蔡丞相伯堅之子婿也。以樂府著稱。"

曹王劉豫集十卷

錦溪集

杜佺著。《中州集》："佺字真卿，武功人。宋末有詩名於關中，兒時嘗作藥名詩，有'杜仲吾家好弟兄，自然同姓又同名'之句。及以五言百韻上乾州通判馬涓，涓大加賞異。阜昌中登科，蒞官亦有聲。馬嵬太真墓過客多題，其詩甚多。道陵詔錄其詩，得五百餘首，付詞臣第之，真卿詩在高等。舊有《錦溪集》，亂後不復見矣。子師楊，亦能詩，尤工書翰，奉天楊煥然云然。"

户部尚書曹望之集三十卷

雞肋集

姚孝錫著。《中州集》："孝錫字仲純，豐縣人。政和四年登科，調代州兵曹。國朝兵入雁門，州將議以城降，官属怔忪，投死無所。仲純投床大鼾，略不以爲意。帥府就注五臺簿，未幾移疾去，因家五臺，善治生，亭榭場圃，富於游觀，賓客日盈其門。州境歲飢，出家所藏粟萬石振貧乏，多所全濟，鄉人德之。中年之後，以家事付諸子，放浪山水間，詩酒自娛，醉軒其自號也。資禀簡重，喜怒不形於色。① 棄官時年二十九，至八十三乃終，名士大夫爲詩以弔者數十人。先生長於尺牘，所著《雞肋集》，喪亂以來止存律詩五卷而已。"

---

① "形"，原誤作"刑"，據《中州集》卷十改。

寂照居士集

郭用中著。《中州集》："用中字仲正，平陽人。大定七年進士，歷浮山簿、陝州錄事，卒年三十一。有《寂照居士集》，郝子玉、毛牧達、鄭仲康爲之引。"

平水集

毛麾著。《中州集》："麾字牧達，平陽人。大定十六年舉學行，特賜進士出身，授校書郎，入教宮掖，歷太常博士，終於同知沁州軍州事。"

姑汾漫士集

王琢著。《中州集》："琢字器之，平陽人。與毛牧達同時，相友善。天性孝友，爲鄉里所稱。酷嗜讀書，往往手自抄寫。家素貧乏，而能以剛介自持，未嘗有所丐貸。時命不偶，年四十五以病卒，士論惜之。有《姑汾漫士集》行於世，所著中《聖人賦》，今世少有能到者。詩好押强韻，務以馳騁爲工。"

虛舟居士集

河東北路轉運使太原郝俁子玉著。

竹堂集

張公藥著。《中州集》："公藥字元石，宰相安簡公孝純之孫。以文蔭入仕，嘗爲郾城令。子覲，字彥國，仕爲某軍節度副使。孫厚之，字茂弘，承安五年進士。"

史旭詩一卷

《中州集》："旭字景陽，第進士，歷臨真、秀容二縣令。"

游仙野人集

禮部尚書高平李晏致美著。

拙軒集

王寂著。《中州集》："寂字元老，薊州玉田人，系出三槐。父礎，字鎮之，國初名士，仕至歸德府判官。元老天德三年進士，興陵朝以文章政事顯，終於中都路轉運使，壽六十七，諡文肅。三子欽哉、直哉、隣哉，俱爲能吏。"

松堂集
張邦彥著。①《中州集》："邦彥字彥才，張楫牓登科，以當川令致仕。"

張庭玉集
《中州集》："庭玉字子榮，易縣人，能日賦百篇。"

龍山集
劉仲尹著。《中州集》："仲尹字致君，蓋州人，後遷沃州。正隆二年進士，以潞州節度副使召爲都水監承，卒。致君家世豪侈，而能折節讀書，詩學府俱有蘊藉。②有《龍山集》，嘗於其外孫欽叔處見之，參涪翁而得法者也。"
《歸潛志》："仲尹號龍山，遼陽人，李欽叔外祖也。少擢第，終管義軍節度副使。能詩，學江西諸公。"

南榮集
劉迹著。《中州集》："迹，年三十五終於儀真令。工詩能文，有《南榮集》傳東州，今獨余家有之。"

忘言居士集十五卷　見《內閣書目》。
右丞耶律履履道著。

漳川集
右丞邯鄲董師中紹祖著。

太保張行簡集十五卷
《中州集》云"三十卷"。

---

① "張邦彥著……監察御史京兆史肅舜元著"原位於上文"姑汾漫士集……相友善天"之後，據上下文意改正。
② "學"，《中州集》卷二作"榮"。

澹軒遺稿

監察御史京兆史肅舜元著。

户部尚書蕭貢集十卷

遁齋詩集

密州觀察判官弘州王元節子元著。

浚水老人集

王世賞著。《中州集》："世賞字彥功，汴人。與尹無忌、王逸賓、趙文孺相周旋。明昌中保舉才能德行，賜出身，釋褐鞏州教授，終於鹿邑簿。"

渭濱野叟集

景覃著。《中州集》："覃字伯仁，華陰人。年十八，有賦聲。大定初三赴簾試，後以病不就舉。博極群書，有舉問者，立誦數百言不休，又從而講説之。爲人誠實樂易，不修威儀，隱居西陽里，以種樹爲業。落托嗜酒，醉則浩歌，日以爲常。作詩有功，樂府亦可傳。予同年進士王元禮嘗從之學，説伯仁老不廢書，有勸以養目力者，曰：'吾輩非讀書，則無所用心，要當死而後已耳。'晚年於《易》有所得。年七十終於家。自號渭濱野叟，有集傳關中。"

狂愚集二十卷

刑部尚書正平李愈景韓著。

弘道集六卷

左丞徒單鎰著。

竹溪集十卷

翰林承旨奉符党懷英世傑著。

《趙秉文集序》云："故翰林學士承旨党公，天資既高，輔以博學，文章冲粹，如其爲人。當明昌間，高文大册，主盟一世。自公之未第時，已以文名天下。然公自謂入館閣後，接諸公游,始知爲文法,以歐陽公之文爲得其正。信乎,公之文有似乎歐陽公之文也！晚年五言古體,興寄高妙,有陶、謝之風,此亦非可與詩多鬥靡者道也。近歲寇攘,喪亡幾盡,姑哀次遺文,僅成十卷,藏之翰苑云。"

黄山集
禮部郎中東平趙諷文孺著。

洹水集
翰林直學士大名史公奕季宏著。《中州集》云:"兵後失之。"

清漳集
南宮吕中孚信臣著。

蘭泉老人集
華州防禦使蒲城張建吉甫著。《中州集》。
有"從今畫錦蓮峰下,三樂休誇榮啓期"之句,見《中州集》。①

樂善居士集　《歸潛志》作《樂善老人集》,豫王允中撰。②
豫王永成著。

如庵小稿
密國公璹著。
元好問《如庵詩文序》:"公詩五卷,號《如庵小稿》者,汴梁鬻書家有之。樂府云:'夢到鳳凰台上,山圍故國周遭。'又云:'咫尺又還秋,也不成長似雲閑。'識者聞而悲之。予竊謂古今愛作詩者,特晉人之,自放於酒耳。吟咏情性,流連光景,自當爲緩憂之一物,在公則又以之遁世無悶,獨立而不懼者也。使公得時行所學,以文武之材,當顒面正朝之任,長駕遠馭,何必減古人？顧與槁項黄馘之士,争一日之長於筆硯間哉？朝家疏近族,而倚疏屬其敝,乃至於此,可爲浩嘆也。公

---

① 此句原位於"滹南遺老集四十五卷"條天頭,疑爲浮簽錯位,今據文意移至此。
② "允",原誤作"永",據清《武英殿聚珍版叢書》本《歸潛志》卷一改。

薨後廿有六年，此集再刻於大名，門下士河東人元某爲之引。"①

常山集

三司判官真定周昂德卿著。《中州集》："德卿初有《常山集》，喪亂後不復見，從之能記三百餘首，因得傳之。"

禮部尚書楊雲翼集

滏水集二十卷

禮部尚書滏陽趙秉文周臣著。

楊雲翼《序》："學以儒爲正，不純乎儒，非學也；文以理爲主，不根於理，非文也。自魏晋而下，爲學者不究孔孟之旨而溺異端，不本於仁義之説而尚夸辭，君子病諸。今禮部趙公實爲斯文主盟，近日擇其所爲文章，釐爲二十卷，過以見示。予披而讀之，粹然皆仁義之言也。蓋其學一歸諸孔孟，而異端不雜焉，故能至到如此，所謂儒之正、理之主，盡在是矣。天下學者，景附風靡，知所適從，雖狂瀾横流，障而東之，其有功吾道也大矣。余生多幸，得從公游，然聾瞽無與乎視聽，故不足知公。後生可畏，當有如李之尊韓、蘇之景歐者出。余雖老矣，猶幸及見之。"

黄華老人集四十卷

翰林修撰河東王庭筠子端著。

柳溪先生集

劉鐸著。《中州集》："鐸字文仲，冀州棗强人，承安五年進士。元光二年入爲太常博士，正大初改兵部員外郎，以武昌軍節度副使致仕。②癸巳歲病殁於京師。自號柳溪先生。有集傳於家。武成王著作序，言文仲生未能言，已識百餘字，及授

---

① 此段爲天頭批注。
② "致"，原誤作"到"，據《中州集》卷七及上下文意改。

學,穎悟過人。爲人誠實,少許可,不徇流俗,不慕榮利。蓋實錄云。子敏中,字庭幹,亦學詩,今居洛中。"

天倪集

鎮南軍節度副使河中李獻甫欽用著。

橫溪翁集

禮部侍郎吉州馮延登子駿著。

滹南遺老集四十五卷　《內閣書目》:"四十六卷。"

翰林直學士藁城王若虛從之著。

欒城李冶《序》:"滹南先生學博而要,才大而雅,識明而遠,所謂'雖無文王猶興'者也。以爲傳注,六經之蠹也,以之作《六經辨》;《論》《孟》聖賢之志也,以之作《論孟辨》。史所以信萬世,文所以飾治具,詩所以道情性,皆不可後也。各以之爲辨,而又辨歷代君臣之事迹,條分區別,美惡著見如粉墨,然非夫獨立當世,取古今天下之所共與者與諸人,能然乎哉?"

東明王鶚《序》:"先生性聰敏,蚤歲力學,以明經中乙科。自應奉文字,至爲直學士,主文盟幾三十年。出入經傳,手未嘗釋卷。爲文不事雕篆,唯求當理,尤不喜四六。其主名節,區別是非,古人不貸也。壬寅之春,先生歸自范陽,道順天,爲予作數日留。以手書四帙見示曰:'吾平生頗好議論,向所雜著,往往爲人竊去,今記憶止此,子其爲我去取之。'予再拜謝不敏。明年春,先生亡矣。越四年,其子恕見予於燕京,予盡以其書付之。又二年,藁城令董君彥明益以所藏,釐爲四十五卷,與其丞趙君壽卿,倡義募工,將鏤其板,以壽其傳,囑爲引。予爲先生之學之大,本諸天理,質諸人情,不爲孤僻崖異之論。如三老、三宥、五誅、七出之説,前賢不敢議,而先生斷之不疑,學者當於孔孟而下求之,不然,殆爲不知先生也。"

劉中集

《中州集》："中字正夫，漁陽人。屏山《故人外傳》云：'正夫爲人短小精悍，滑稽玩世。'中明昌五年詞賦經義第。詩清便可喜，賦甚得《楚辭》句法，尤長於古文，典雅雄放，有韓柳氣象。教授弟子，王若虛、高法颺、張履、張雲卿皆擢高第，學古文者翕然宗之曰劉先生。以省掾從軍南下，改授應奉翰林文字，爲主帥所重，常預祕謀，書檄露布皆出其手。軍還，授右司都事，將大用矣，會卒。有文集，藏於家。周德卿嘗謂正夫可敬，從之可愛，之純可畏，皆人豪也。"

坡軒集

酈權著。《中州集》："權字元興，安陽人。父瓊，國初有功，仕至武寧軍節度使。元興以門資叙，宦不達。朝廷高其才，明昌初，以著作即召之，未幾卒。"

虛舟居士集

司諫路鐸宣叔著。

屏山集

尚書右司都事弘州李純甫之純著。

《歸潛志》："屏山南渡後，文字多雜禪語葛藤，①或太鄙俚不文，迄今刻石鏤板者甚衆。余先子嘗云：'之純晚年文字半爲葛藤，古來蘇、黃諸公亦語禪，豈至如此？可以爲戒。'又多爲浮屠作碑記傳贊，往往詆訾吾徒。諸僧翕然歸嚮，因集以板之，號《屏山翰墨佛事》，傳至京師，士大夫覽之多慍怒，有欲上章劾之者。先子嘗謂曰：'此書胡不斧其板也？'屏山曰：'是向諸僧所鏤，何預我耶？'後屏山歿，將板其全集，閑閑爲塗剗其傷教數語，然板竟不能起，今爲諸僧刻於木，使傳後

---

① "字"，原誤作"語"，據《歸潛志》卷十改。

世,惜哉!"

西溪老人集

秦略著。《中州集》:"略字簡夫,陵川人。父事軻,有詩名,工作大字。簡夫少舉進士,不中,即以詩爲業。詩尚雕刻,而不欲見斧鑿痕,故頗有自得之趣。悼亡一詩,高出時輩,殆荆公所謂'看似尋常最奇崛,成如容易却艱難'者耶。年六十七卒。臨終留詩云:'軀殼羈栖宅,兒孫邂逅恩。雲山最佳處,隨意著詩魂。'簡夫自號西溪老人,有集行於世。子彥容,爲黄冠師,今在平陽。"

韋齋集

張琚著。《中州集》:"琚字子玉,河中人。父鉉,字鼎臣,大定中第進士,仕至同知定國節度使事。子玉刻意於詩,五言其所長也。"

丹崖集

邢安國著。《中州集》:"安國字仲祥,沁州武鄉人。少日有賦聲,四十歲後即不應科舉,以詩酒自娱。避亂客泌陽十餘年,後北歸,備極艱苦,其見於詩者如此。"

蓬門集

翰林應奉文字渾源劉從益雲卿著。

神川遁士集二十二卷

渾源劉祁京叔著。

東巖集三卷

秀容元德明著。

遺山集四十卷

秀容元好問裕之著。

李冶《序》:"唐開、天間,李邕、李白皆以文章鳴世。邕之所至,阡陌聚觀,以爲異人,衣冠尋訪,門巷填溢;白則王公趨風，列岳結軌，群賢翕習，如鳥歸鳳。是豈懸市相夸、沽聲索價而後得之哉。要必有以漸漬其骨髓，動盪其血氣，藻鄶其襟靈，故天下之人爲之咨嗟淫液，鼓舞踴曜，景附響合，而不能自已也。吾友元君遺山，其二李後身乎？始齔能詩，甫冠時，名已大振。尋登進士上第。興定、正大中，殆與楊、趙齊驅。壬辰北還，老手渾成，又脱去前日畦畛矣。君嘗言'人品實居才學氣識之上'。吾因君言，亦嘗謂天下之事皆有品，繪事、圍棋，技之末也，或一筆之奇，一著之妙，固有終身北面而不能寸進者。彼非志之不篤，習之不專也，直其品不同耳。如君之品，今代幾人？方希刷羽天池，揚光紫微，不幸邁疾而殁。其遺文數百千篇，藏於家，雖有副墨，而洛誦者，率不過得什一二，其所謂大全者，曾莫見焉。是以天下之大夫、士，欿焉若懷宿負而未之償也。① 東平嚴侯弟忠傑，有文如《淇澳》，好善如《干旄》，獨能求得其全篇，②將鋟之梓，且西走書數百里，命余序引。余謂遺山之文之名，有目爭睹，有耳咸聳，庸何序爲？惟君有蓋棺之恨，此其可言者，得以論述之。主上驫居藩邸，挹君盛譽，一見遽以處之太史氏。不數歲，神聖御天，文治蝟興，稽古建官，百度修舉。其於玉堂、東觀、金華、延閣之選，尤所注意者，曷嘗不設燎以待之，而側席以求之哉？向使遺山不死，則登鸞坡、掌綸誥，稱内相久矣。奈何遇千載而心違，際昌辰而身往，此非君遺恨也耶？尚賴柳如京之賢，有慰韓吏部之志。文工命拙，雖抱憾於九原；人亡書存，足騰芳於百世。顧余樸學，未暇題評，言念舊游，聊爲揚摧云爾。"

---

① "宿"，原誤作"索"，據《四部叢刊》影印明弘治本《遺山先生文集》（以下簡稱"《遺山先生文集》"）改。

② "篇"，《遺山先生文集》作"編"。

陳郡徐世隆《序》:"文之爲物,何物也？造物者實畀之,不輕畀人,何哉？蓋天地間靈明英秀之氣,萃聚之多,蘊蓄之久,挺而爲人,則必富於才,敏於學,精於語言,能吐天地萬物之情,極其變而歸之雅。[1] 故爲詩、爲歌、爲賦、爲頌、爲傳記、爲誌銘、爲雜言、爲樂府,兼諸家之長,成一代之典。使斯文正派,如洪河大江,滔滔不斷,以接夫千百世之傳。爲造物者可得而輕畀之哉！竊嘗評金百年以來,得文派之正,而主盟一時者,大定、明昌,則承旨党公；貞祐、正大,則禮部趙公；北渡則遺山先生一人而已。自中州斷喪,文氣奄奄幾絕。起衰救壞,時望在遺山。遺山雖無位柄,亦自知天之所以畀付者爲不輕,故力以斯文爲己任。周流乎齊、魯、燕、趙、晉、魏之間,幾三十年。其迹益窮,[2]其文益富,其声名益大以肆。且性樂易,好獎進後學,春風和氣,隱然眉睫間,未嘗以行輩自尊。故所在士子從之如市。然號爲泛愛,至於品題人物,商訂古今,則絲毫不少貸,必歸之公是而後已。是以學者知所指歸,作爲詩文,皆有法度可觀。文體粹然爲之一變。大較遺山詩祖李、杜,律切精深,而有豪放邁往之氣；文宗韓、歐,正大明達,而無奇纖晦澀之語；樂府則清雄頓挫,閑婉溜亮,[3]體製最備,又能用俗爲雅,變故作新,得前輩不傳之妙,東坡、稼軒而下不論也。嗚呼！遺山今已矣,靈明英秀之氣,散在天壤間,不知幾年幾時,復聚而爲斯人乎？[4] 東平嚴侯弟忠傑,喜與士人游,[5]雅敬遺山,求其完集,刊之以大其傳云。"

---

[1] "歸",原誤作"爲",據《遺山先生文集》改。
[2] "窮",原誤作"穹",據《遺山先生文集》改。
[3] "溜",《遺山先生文集》作"瀏"。
[4] "斯",《遺山先生文集》作"新"。
[5] "喜"字,《遺山先生文集》無。

慎獨老人曹州王鶚識：①"正大中，詔翰林院官各舉所知。時閑閑先生方握文柄，於人材慎許可，首以元子裕之應詔。朝議是之，而天下無異辭。②蓋子之幼也，已得其先大夫東巖君之指授。稍長，博極群書，且多與名士游，故於丱歲嶄然見頭角，肆筆成章，往往膾炙人口。貞祐南遷，文譽日盛崇，③作書自名一家。其於古調樂府為尤長，不惟可以進配古人，而一時學者，罕見其匹。士林英彥，不謀而同目之曰'元子'，尊之也。後雖出知劇縣，入主都司，簿書倥傯之際，不廢吟咏。北渡以來，放懷詩酒，游戲翰墨，片言隻字，得者猶以爲榮。間作《中州集》，旁搜遠引，發揚前輩遺美，其叙事之工，概可見矣。國朝將新一代實錄，附修遼、金二史，而吾子榮膺是選。無何，恩命未下，哀訃遽聞。使雄文鉅筆，不得馳騁於數千百年之間。吁，可悲夫！東平嚴侯弟忠傑，富貴而好禮者也。即其家搆求遺稿，④捐金鳩匠，刻梓以壽其傳，屬余為引。余與子同庚甲，又同在史館者三歷春秋。義深契厚，固不當辭。然仁卿大手，已序於前，顧予荒謬，安敢贅長語於其旁？感念疇昔，姑以平日親所聞見，與夫同志之所常談者，書諸卷末云。"
濟南杜仁傑直《序》："自有書契以來，以文字名世得其全者幾人耳。六經諸子，在所勿論，姑以兩漢而下至六朝及隋、唐、前宋諸人論之，上下數千載間，何物不品題過，何事不論量了？大都幾許不重複字，凡經幾手，左撝右撦，橫安豎置，搓揉亦熟爛盡矣。惟其不相蹈襲，自成一家者爲得耳。噫！後

---

① "慎獨"，底本原漫漶不清，據上下文意補。
② "辭"，底本原漫漶不清，據清文淵閣《四庫全書》本《遺山集》（以下簡稱"《遺山集》"）補。
③ "盛"字，《遺山集》無。
④ "搆"，《遺山集》作"購"。

之秉筆者,亦訒乎其爲言哉。今觀遺山文集,又別是一副天生爐鞴,比古人轉身處,更覺省力。不使奇字,新之又新;不用晦事,①深之又深。但見其巧,不見其拙;但見其易,不見其難。如梓匠輪輿,各輸技能,可謂極天下之工;如肥濃甘脆,疊爲餛飩,可謂併天下之味。從此家跳出,便知籍湜之汙流者多矣。必欲努力追配,當復積學數世,然後再議。曩在河南時,辛敬之先生嘗謂予言:②'吾讀元子詩,正如佛説法云,吾言如蜜,中邊皆甜。'此論頗近之矣。雖倡優馴儈、牛童馬走聞之,莫不以爲此皆吾心上言也。若夫文之所以爲文,亦安用艱辛奇澀爲哉!敢以東坡之後請元子繼,其可乎?不識今之作者以爲如何?或者曰:'五百年後,當有揚子雲復出,子何必喋喋乃爾!'"③

二妙集五卷

河東段克己及弟成己著。

臨川吳澂《序》:"中州遺老,值元興金亡之會,或身没而名存,或身隱而名顯。其詩文傳於今者,竊聞一二矣。有如河東二段先生者,則未之見也。心廣而識超,氣盛而才雄。其蘊諸中者,參衆德之妙;其發諸外者,綜群言之美。夫豈徒從事於枝葉以爲詩爲文者之所能及哉?於時干戈未息,殺氣瀰漫。賢者辟世,④苟得一罅隙地聊可娛生,則怡然自適,以畢餘齡,幾若澹然與世相忘者。然形之於言,間亦不能自禁。若曰'寃血流未盡,白骨如山丘';若曰'四海疲攻戰,何當洗甲兵"。則陶之達、杜之憂,蓋兼有之。其達也天,固無如人何;

---

① "事",原誤作"字",據《遺山先生文集》改。
② "謂",《遺山先生文集》作"爲"。
③ 以上四序,皆爲批注。
④ "辟",清文淵閣《四庫全書》本《二妙集》(以下簡稱《二妙集》)作"僻"。

其憂也人，亦無如天何。是以達之辭著，而憂之意微。後之善觀者，猶可於此而察其衷焉。伯氏諱克己，字復之，人稱遯庵先生。在金以進士貢，金亡餘廿年而卒，終身不仕。仲氏諱成己，字誠之，人稱菊軒先生。在金登進士第，主宜陽簿，年過八袠，至元間乃卒。雖被提舉學校官之命，亦不復仕。遯翁之孫輔由應奉翰林揚歷臺閣，今以天官侍郎知選舉，解后於京師，①出其家藏《二妙集》以示，一覽如覿靖節，三復不置已，②而嘆曰：'斯人也，而丁斯時也；斯時也，而毓斯人也。'昔之耆彥嘗評二翁，謂復之磊落不凡，誠之謹厚化服，③摹寫蓋得其真。予亦云然。"

卷瀾集三卷

曹班著。見《續文獻通考》。元好問《墓志》云。

復軒集

閻詠著。見《續文獻通考》。按《中州集》："閻長言，字子秀，濟南長清人，客居兗州之嶬陽。祖後，行臺南牓。父時升，任忠傑牓。曾、高以來，登科者六世矣。子秀少日慕張忠定之爲人，故名詠。避衛紹王諱改焉。幼孤，養於從祖。能自振厲，好學，工詞賦，間有前人句法。性本豪俊，使酒任氣。及游京師，乃更折節，遂以謹厚見稱。酒酣耳熱，故態稍出，嘗以第一流自負。屏山獨深知之，不以爲過也。平生多奇夢，果魁天下，士論厭服。在翰苑十年，出爲河南府治中。被召，以道梗不得前。卒於亳州。"

耐辱居士集二十卷

禮部尚書永平趙思文庭玉著。

---

① "解后"，《二妙集》作"邂逅"。
② "已"，《二妙集》作"也"。
③ "化服"，《二妙集》作"服化"。

元書藝文志

[清] 曾廉 撰
李兵 整理

底本：清宣統三年層漪堂刻本《元書》卷二十三

藝文志始於班《書》，蓋源於劉歆《七略》，其自六經外諸流，以爲蓋出於古者某官，亦未盡足信也。夫孔子錄上世之書，斷自唐虞。左氏所云"三墳""五典""八索""九丘"，秦漢無聞焉，徒爲劉炫博多金而已。抑帝命伯夷典禮、后夔典樂，其時皆未有成編。夔之教冑子，其稱"詩言志，歌永言，聲依永，律和聲"，則自《詩》以外，即《禮》亦不及焉，而其《詩》亦多其時人所自作，故曰"言志"。元首股肱之辭，其明徵也，故孔子託始焉。其後而三代之書，《商頌》《南》《雅》作矣。《學記》遂以《詩》《書》《禮》《樂》爲學者正業。孔子居洙泗，明帝王之道，以詔後學。惟《周易》爲之傳，魯《春秋》爲之筆削，而六經以名焉。後人謂惟樂無書，不知樂即詩也。孔子言"吾自衛反魯，然後樂正，《雅》《頌》各得其所"，析言之則有樂，統言之則詩也。詩主乎志，發乎聲，而以和人心。故曰"直而溫，寬而栗，剛而無虐，簡而無傲"，言人之性必臻於善而矯其弊，而後足以和也。故古者書籍少而人才多，後世書籍多而人才少，何哉？古之人要以和人心，後之人惟務悅耳目，以逞博辨也。自春秋戰國以來，仲尼沒而微言絶，七十子喪而大義乖，於是作者興而家數繁矣。《漢書》而後，厥有《隋志》。《隋志》自宋、齊、梁、陳，都無記録，故於諸代皆具載焉。然其存者，後亦多零落矣，歐陽修所謂"春風之吹馬耳"者乎。然後世文學之士，率多以著述名家。雖其存亡有幸不幸，而皆其人之心之所存也。元代經生文人，往往而有，朝廷亦采擇其可傳之作，以官錢刊行，亦藝林之美也。近嘉定錢大昕甄録一代之書，作《藝文志》，名爲元，而備詳遼、金、晚宋及諸國，亦仿《隋書》也。余仍而編次之云爾。

金國語易經

趙秉文　易叢說十卷　象數雜說若干卷
雷思　易解若干卷　字西仲，渾源人。
馮延登　學易記　字子駿,吉州人,金國子祭酒。
呂豫　易說　字彥先,修武人。
單渢　三十家易解　平原人。
王天鐸　易學集說
袁從義　周易釋略　字用之,虞鄉人,中條山道士。
張氏易解十卷
張特立　易集說
斡道沖　周易卜筮斷　字宗聖,西夏國相。
趙汝楳　周易輯聞六卷　易雅筮宗一卷
李心傳　丙子學易編一卷
趙以夫　易通六卷　字用甫,資政殿學士。
蔡淵　周易經傳訓解二卷　易象意言一卷　字伯靜,建陽人。
稅與權　周易啓蒙小傳　臨邛人。
李杞　周易詳解十六卷　字子才,眉山人。
董楷　周易傳義附錄十四卷①
林光世　水村易鏡一卷　字逢聖,莆田人,司農少卿。
朱元升　三易備遺十卷　字日華,溫州平陽人,承節郎。
李石方　周易學二卷　字知幾,資陽人,成都轉運判官。
饒宗魯　周易輯說若干卷　易經庸言若干卷
陳煥　易傳宗　字時可,豐城人,入元不仕。

---

① "傳",原誤作"本",據清文淵閣《四庫全書》本《續通志‧藝文略》(以下簡稱"《續通志‧藝文略》")、清乾隆武英殿刻本《四庫全書總目》(以下簡稱"《四庫全書總目》")卷三改。

俞琰① 大易會要一百三十卷 周易集説四十卷 讀易舉要四卷 易圖纂要二卷 周易象辭二卷 經傳考證若干卷 易圖合璧連珠説若干卷② 讀易須知一卷 六十四卦圖若干卷 易古占法一卷 卦爻象占分類一卷

雷思齊 易圖通變五卷③ 易筮通變三卷

周敬孫 易象占

黃超然 周易通義二十卷 周易或問五卷 周易釋蒙五卷 周易發例一卷

胡方平 易學啓蒙通釋二卷 外易四卷 易餘閑記一卷

史蒙卿 易究十卷

丁易東 周易象義十卷 大衍索隱三卷 易傳十一卷

邱富國 周易輯解十卷 易説約五篇 字行可，建安人，宋亡不仕。

胡次焱 易説

熊禾 易説

邱葵 易解義

石一鼇 互言總論十卷

齊夢龍 周易附説卦變圖

程時登 周易啓蒙輯説 字登庸，樂平人。

魏新之 學易蠡測

陳普 周易解注

史公珽 蓬廬學易衍義 象數發揮

劉莊孫 易志十卷

程龍 補程子三分易圖一卷 筮法一卷 字舜俞，婺源人，徽州同知。

---

① "琰"，原避清嘉慶皇帝諱作"炎"，今回改，下同。

② "圖"，原誤作"讀"，據《千頃堂書目》卷一、清《潛研堂全書》本《元史藝文志》（以下簡稱《元史藝文志》）改。

③ "圖"，原誤作"讀"，據《千頃堂書目》卷一、《元史藝文志》改。

鄭滁孫　大易法象通贊七卷　周易記玩若干卷　中天述考一
　　卷　述衍一卷
陳櫟　東埠老人百一易略一卷
劉肅　讀易備忘
薛微之　易解　名元，以字行，華陰人。
郝經　周易外傳八十卷①　太極演二十卷②　太極傳一卷
許衡　讀易私言一卷
胡祗遹　易直解
劉因　易繫辭說
胡一桂　周易本義附錄纂疏十五卷　易學啟蒙翼傳三篇　外
　　篇一篇
黃澤　易學濫觴③　十翼舉要　忘象辨　象略　辨同論
李簡　學易記九卷
方回　讀易析疑
胡炳文　周易本義通釋十卷　周易啟蒙通釋二卷
傅立　易學纂言十八卷
王野翁　見易篇
吳澄　易纂言十卷
吾邱衍　重正卦氣
倪淵　周易集說二十卷　圖說序例一卷
鄧文原　讀易類編
郭鏗　易說
黃鎮成　周易通義十卷
何榮祖　學易記

----

①　"周易"，原誤作"易周"，據《千頃堂書目》卷一、《元史藝文志》乙正。
②　"演"，原誤作"衍"，據《千頃堂書目》卷一、《元史藝文志》改。
③　《元史藝文志》著錄爲一卷。

趙采　周易程朱傳義折衷三十三卷　　字德亮,潼川人。

黃定子　易説　字季安。

汪標　周易經傳通解　字國表,鄱陽人。

程直方　程氏啓蒙翼傳　四聖一心　觀易堂隨筆　字道大,婺源人。

胡震　周易衍義十六卷

黃元①　易傳義大意十卷　　字長儒,汲人。②

劉淵　易學須知　讀易記　字學海,蜀人。

李恕　易音訓二卷　字省中,廬陵人。

范大性　大易輯略

熊棟　易説　字季隆。

吳鄹　周易注十卷　永新人,初名張應珍,後更姓名,秘書少監。

彭絲　庖易　字魯叔,安福人。

王申子　大易緝説③

張清子　周易本義附錄集注十一卷　　字希獻,建安人。④

徐之祥⑤　讀易蠡測　字麒父,德興人。

嚴養晦⑥　先天圖義一卷

吳迂　易學啓蒙　字仲迂,浮梁人。

倪公晦　周易管窺　字孟暘,金華人。

王希旦　易通解　字葵初,德興人。

---

① "黃",《千頃堂書目》卷一、清光緒十七年廣雅書局刻本《補遼金元藝文志》(以下簡稱《補遼金元藝文志》)、《元史藝文志》均作"唐"。

② "字長儒汲人",《補遼金元藝文志》作"字長孺歙縣人",《元史藝文志》作"字長孺歙人"。

③ 《千頃堂書目》卷一、《元史藝文志》均著錄爲十卷。

④ "建",原誤作"達",據《千頃堂書目》卷一、《元史藝文志》改。

⑤ "徐之祥",原誤作"徐子祥",據《元史藝文志》、《經義考》卷四十四改。

⑥ "嚴養晦",原誤作"徐養晦",據《元史藝文志》改。

張延　周易備忘① 　字世昌，藁城人，真定教授。
曹説　易説
劉傳　易説 　字芳伯，鄱陽人。
葉瑞　周易釋疑十卷 　字宗瑞，金谿人。
鮑雲龍　筮草研幾一卷 　字景翔，歙人。
袁桷　易説
任士林　中易 　字叔實，奉化人，安定山長。
董真卿　周易纂注會通十四卷　易傳因革一卷
何中　易類象二卷
胡允　四道發明
余芑舒　讀易偶記 　字德新，德興人。
程珙　易説 　字仲璧，饒州人。
楊剛中　易通微説
李學遜　大易精解
鄭儀孫②　易圖説
彭復初　易學源流
盛象翁　易學直指本源 　字景則，台州人，呂國州判官。③
程㠝　易學啓蒙類編
侯克中　大易通義 　字正卿，真定人。
謝仲直　易三圖十卷
張理　易象圖説内篇三卷　外篇三卷　大易象數鉤深圖一卷④
保八　易原奧義一卷　周易原指六卷　尚占二卷⑤

---

① 《千頃堂書目》卷一、《元史藝文志》均著錄爲十卷。
② "儀"，原避諱作"宜"，今回改。
③ "昌"，原誤作"吕"，據《元史藝文志》改。
④ "一卷"，《元史藝文志》作"三卷"。
⑤ "尚占二卷"，《千頃堂書目》卷一作"周易尚占三卷"。

紇石烈希元　周易集傳二十卷
陳禧　周易略例補釋一卷
熊良輔　周易本義集成十二卷
蕭漢中　讀易考原一卷
潘弼　讀易管見四卷　字良輔。
錢義方　周易圖説二卷
祝堯　大易衍義　字君澤，上饒人，無錫同知。
許天篪　易象圖説　字時翁，吉水人。
陶元幹　易注
惠希孟　周易鉤玄十卷①
魯真　周易注　字起元，開化人。
蔣宗簡　周易集義　字敬之，鄞人。
嚴用父　易説發揮二卷
解蒙　易精藴大義十二卷
解季通　易義
韓信同　易經旁注　字伯循，寧德人。
李公凱　周易句解②　字仲容，宜春人。
衛謙　讀易管窺三十卷　字山甫，華亭人。
吴存　周易傳義折衷　字仲退，鄱陽人。
盧觀　易集圖　字彦達，崑山人。
朱祖義　周易句解十卷　字子由，廬陵人。
胡持　周易集解③
陳應潤　周易爻變義藴四卷

---

　①　"周易"，《千頃堂書目》卷一、《元史藝文志》均作"易象"；"玄"，原避諱作"元"，今回改，下同。
　②　《元史藝文志》著録爲十卷。
　③　"集"，《元史藝文志》作"直"。

石伯元　周易演説
趙良震　易經通旨　字伯起。
王結　易説十卷
贍思　奇偶陰陽消息圖一卷
曾巽申　周易鑑
牟楷　河圖洛書説　字仲裴,黄巖人。
盛德瑞　易辨五卷　字祥父,崑山人。
葉登龍　周易記
黄瑞節　易學啓蒙注四卷　字觀樂,安福人。
朱隱老　易説　字子方,豐城人。
陳謙　周易解詁二卷　河圖二卷①　占法一卷
曾貫　易學變通六卷
繆主一　易經精藴
周聞孫　河圖洛書序説　字以立,吉水人。
秦輔之　易注
鄧錡　大易圖説二十五卷
陳樵　易象數新説
包希魯　易九卦衍義一卷　字魯伯,進賢人。
吳霞舉　易管見六十卷　筮易七卷　號默室,休寧人。
趙然明　意官圖辨五十卷
吳夢炎　補周易集義
孟文龍　易解大全
王愷　易心三卷
黎立武　周易説約一卷　字以常,新喻人。

①　"河圖二卷",《千頃堂書目》《補遼金元藝文志》均作"河圖説一卷",《元史藝文志》作"河圖説二卷或作一卷"。

張志道　易傳三十卷　字潛夫,金壇人。
趙元輔編　大易象數鉤深圖三卷
陳廷言　易義指歸四卷　字君從,寧海人。
劉整　易纂圖一卷　字宋舉,古田人。
劉霖　易本義童子說　字雨蒼,安福人。
陳宏　易童子問①　易象發揮　易孟通旨　古田人。②同知吳江州。
潘迪　周易述解　字牖民,元城人,國子司業。
翟思忠　易傳
張希文　十三卦考一卷　字質夫,瑞州人。
雷杭　周易注解
鄭玉　周易大傳附注　程朱易契
余闕　易説五十卷
梁寅　周易參義十二卷
趙汸　周易文詮四卷
鮑恂　學易舉隅三卷
呂洙　易圖説　字宗魯,永康人。
周之翰　易象管見　易四圖贊
范氏　竹溪易説
趙氏　讀易記
無名氏　大易忘筌③
　右易。

金國語書經
趙秉文　無逸直解

---

① 《千頃堂書目》卷一、《補遼金元藝文志》《元史藝文志》均著録爲一卷。
② "古",《千頃堂書目》卷一、《補遼金元藝文志》《元史藝文志》均作"莆"。
③ 《元史藝文志》、《經義考》卷四十八均著録爲一册。

王若虛　尚書義粹三卷
呂造　尚書要略　同知集賢院。
薛季宣　書古文訓十六卷
楊簡　五誥解四卷
趙善湘　洪範統一卷
傅寅　禹貢說斷四卷　字同叔，義烏人。
陳經　書詳解五十卷　字顯之，安福人，奉議郎。
陳大猷　尚書集傳或問二卷　東陽人，六部等閣。
錢時　融堂書解二十卷　字子是，純安人，史館檢閱。
賀成大　古洪範一卷　字季常。
胡士行　尚書詳解十三卷　廬陵人，臨江教授。
國語尚書節文
金履祥　尚書表注四卷　尚書注十二卷　尚書雜論一卷
陳煥　書傳通
周敬孫　尚書補遺
何逢原　尚書通旨
胡之純　尚書或問
陳普　尚書補微
鄒次陳　書義斷注六卷　字用弱，宜黃人，宋亡不仕。
胡一桂　書說
陳櫟　書解折衷　書集傳纂疏[①]
董鼎　尚書輯錄纂注六卷
胡炳文　書集解
趙孟頫　書今古文集注　洪範圖[②]
吳澄　書纂言四卷

---

① 《補遼金元藝文志》《元史藝文志》均著錄爲六卷。
② 《元史藝文志》著錄爲一卷。

吾邱衍　尚書要略

繆主一　書說

程直方　蔡傳辨疑一卷

劉莊孫　書傳上下篇二十卷

何中　書傳補遺十卷

余芑舒　讀蔡傳疑一卷　書傳解

張仲實　尚書講義

程龍　書傳釋疑

許謙　讀書叢說六卷

俞元爕　尚書集傳十卷　或問二卷　字邦亮，建寧人。

王天與　尚書纂傳四十六卷

王充耘　讀書管見二卷

李天馦　書經疏

王希旦①　尚書通解　書說

韓信同　書經講義

呂椿　尚書直解　字之壽，晉江人。

黃鎮成　尚書通考十卷

陳師凱　書蔡傳旁通六卷②

李公凱　纂集柯山尚書句解三卷

韓性　尚書辨疑一卷

吳迂　書編大旨

周聞孫　尚書一覽

余日強　尚書補注　字伯莊，崑山人。

朱祖義　尚書注解十三卷

---

① "旦"，原誤作"同"，據《元史藝文志》改。

② "六卷"，原誤作"十卷"，據《千頃堂書目》卷一、《補遼金元藝文志》《元史藝文志》《經義考》卷八十六改。

馬道貫　尚書疏義六卷　字德珍，金華人。
胡一中　定正洪範集說一卷　字允大，①諸暨人，紹興錄事。
田澤　洪範洛書辨②　居延人，常德推官。
謝章　洪範衍義
邱迪　尚書辨疑　字彥啟，吳人。
王文澤　尚書制度圖纂三卷　字伯雨，松江人。
齊履謙　書傳詳說一卷
陳樵　洪範傳一卷
吳萊　尚書標說六卷
鄒季友　書蔡傳音釋六卷
邵光祖　尚書集義六卷　字宏道，饒州人。
陳希聖　洪範述
姚良　尚書孔氏傳
張性　尚書補傳　字伯成，金谿人。
　右書。

李簡　詩學備忘二十四卷
何逢原　毛詩通旨
趙德　詩辨說七卷
熊禾　毛詩集疏
陳煥　詩傳微
胡一桂　詩傳附錄纂疏八卷
陳櫟　詩經句解　詩大旨　讀詩記
胡炳文　詩集解

---

① "大"，原誤作"文"，據《千頃堂書目》卷一、《補遼金元藝文志》《元史藝文志》改。
② 《千頃堂書目》卷一、《補遼金元藝文志》《元藝文志》、《經義考》卷九十六均著錄為一卷。

陳深　清全齋讀詩編
雷光霆　詩義指南十七卷　字友光，寧州人。
劉莊孫　詩傳音旨補①
程直方　學詩筆記
程龍　詩傳釋疑
安熙　詩傳精要
吳迂　詩傳衆説
朱近禮　詩疏釋
蔣宗簡　詩答問
周聞孫　學詩舟楫
李恕　毛詩音訓四卷
劉瑾　詩傳通釋二十卷②
許謙　詩集傳名物鈔八卷
梁益　詩傳旁通十五卷　詩緒餘若干卷
羅復　詩集傳音釋二十卷　字中行，廬陵人。
朱公遷　詩傳疏義二十卷
李公凱　毛詩句解二十卷
韓性　詩音釋一卷
曹居貞　詩義發揮
吳簡　詩義　字仲廣，吳江人。
楊舟　詩經發揮　字道濟，吉水人；或曰字梓夫，慈利人，翰林待制。
蘇天爵　讀詩疑問一卷
曾堅　詩疑大鳴錄　字子白，臨川人。
貢師泰　詩補注二十卷

---

① 《元史藝文志》著錄爲二十卷。
② "詩傳"，原誤作"毛詩"，據《千頃堂書目》卷一、《補遼金元藝文志》《元史藝文志》《經義考》卷一百十一改。

秦玉　詩經纂例　字德卿，崑山人。
焦悦　詩講疑
顏達　詩經講説
夏泰亨　詩經音考　字叔通，會稽人，翰林編修。
盧觀　詩集説
楊燧　詩傳名物類考　字元度，餘姚人。
周鼎　詩經辨正　字仲恒，廬陵人。
方道叡　詩記　字以愚，①逢辰孫，杭州判官。
朱倬　詩疑問七卷
包希魯　詩小序解一卷
劉玉汝　詩纘緒十八卷　字成之，廬陵人。
梁寅　詩演義十五卷
　右詩。

趙秉文　中庸説一卷
李純甫　中庸集解一卷
饒魯　中庸大學纂述一卷　庸學十一圖一卷
金履祥　大學章句疏義一卷　大學指義一卷
黎立武　中庸指歸一卷　中庸分章一卷　大學發微一卷　大學本旨一卷
熊禾　大學廣義二卷
邱葵　周禮全書六卷　周禮定本三卷
蒙古字大學衍義節文
馬端臨②　大學章句疏義一卷　大學指義一卷

———

① "愚"，原誤作"思"，據《元史藝文志》、《經義考》卷一百十一改。
② 此條與前金履祥條同，疑誤。

張翬　喪服總類　釋奠儀注①
許衡　中庸說
蕭䔉　三禮記四卷
舒岳祥　深衣圖說②
朱隱老　禮說
臧夢解　周官考三卷
敖繼公　儀禮集說十三卷③
戴良齊　禮辨　字彥肅，台州人。
陳櫟　禮記集義詳解十卷　深衣說一卷　中庸口義一卷
陳普　學庸指要
黃澤　二禮祭祀述略　禮經復古正言　殷周諸侯禘祫考　周廟太廟單祭合食說④
黃鎮成　中庸章旨⑤
陳灝　禮記集說十卷
胡炳文　大學指掌圖一卷
陳深　考工記句詁一卷　周禮訓雋十卷　周禮訓注十八卷
繆主一　禮記通考
程時登⑥　禮記補注　深衣翼⑦　大學本末圖說⑧　中庸中和說
程龍　禮記辨證

---

① "儀"，原避清宣統皇帝諱，或缺筆，或改作"宜"，今回改，下同。
② 《經義考》卷一百五十著錄爲一卷。
③ "十三卷"，《千頃堂書目》卷二、《補遼金元藝文志》《元史藝文志》均作"十七卷"。
④ "食"，原誤作"祭"，據《元史藝文志》、《經義考》卷一百九十六改。
⑤ 《千頃堂書目》卷二、《補遼金元藝文志》《元史藝文志》、《經義考》卷一百五十三均著錄爲二卷。
⑥ "程"，原誤作"陳"，據《補遼金元藝文志》《元史藝文志》改。
⑦ 《元史藝文志》著錄爲一卷。
⑧ 《元史藝文志》著錄爲一卷。

潘迪　庸學述解

程逢午　中庸講義三卷　字信叔，休寧人，海寧教授。

王申子　周禮正義

毛應龍①　周官集傳二十四卷　周官或問五卷

韓性　禮記說四卷

吳澄　周禮經傳十卷　儀禮逸篇八篇　傳十篇　禮記纂言三十六卷　三禮考注六十八卷

趙居信　禮經葬制

顧諒　儀禮注八卷　字季友，吳江人。

葉起　喪禮會記　字振卿，永嘉人。

戴右玉　治親書

彭絲　禮記集說四十九卷

陳伯春　禮記解　字耀卿，晉江人。

呂椿　禮記解

周尚之　禮記集義　上猶縣尹。

王夢松　禮記解　字曼卿，青田人。

張宏圖　大禮記　字巨濟，福清人。

葉遇春　禮記覺言八卷

汪汝懋　禮學幼範七卷　深衣圖考三卷　字以敬，嚴陵人，定海縣尹。

劉莊孫　周官集傳二十卷　深衣考一卷

李思正　中庸圖說一卷　中庸輯釋一卷

劉惟思　中庸簡明傳一卷

夏侯文卿　中庸管見

牟楷　深衣刊誤②

王奎文　中庸發明一卷

―――――――

①　"應"，原誤作"襄"，據《元史藝文志》改。

②　《經義考》卷一百五十著錄爲一卷。

齊履謙　中庸章句續解①　大學四傳小注一卷
薛微之②　中庸注
魯真　中庸解一卷
練魯　中庸説一卷
李師道　大學明解一卷
王文焕　大學發明一卷　字子敬,括蒼人。
吳灝③　大學講義一卷　字義夫,休寧人。
李朝佐　大學治平龜鑑
程仲文　大學釋旨一卷
黄文傑　大學中庸雙説　字顯明,上猶人,安遠教授。
錢天祐　大學經傳直解
潘迪　庸學直解
葉瑞　庸學提要六卷
林起宗　大學中庸圖
袁明善　大學中庸目錄
倪公晦　學庸約説
鄭奕夫　中庸大學章旨
景星　大學中庸集説啓蒙二卷
秦玉　大學中庸標説
韓信同　三禮旁注
湯彌昌　周禮解義　字師言,吳人,瑞安判官。
惠希孟　雜禮纂要五卷
龔端禮　五禮圖解一卷④

---

① 《千頃堂書目》卷二、《補遼金元藝文志》《元史藝文志》均著録爲一卷。
② "薛微之",《元史藝文志》作"薛子晦"。
③ "灝",《元史藝文志》作"浩"。
④ "禮",《補遼金元藝文志》《元史藝文志》均作"服"。

吳霞舉　文公喪禮考異
周成大　服制考①
陳友仁　周禮集説十二卷　字君復，湖州人。
吕洙　大學辨疑一卷
吕溥　大學疑問一卷　字公甫，永嘉人。
吳當　周禮纂言
曾貫　庸學標旨
楊維禎　禮經約
趙友桂　夏小正解
史季敷　夏小正經傳考三卷
馮翼翁　士禮考正
汪克寬　經禮補逸九卷
張才卿　葬祭會要②
程榮登③　翼禮
蕭韓家奴　遼禮書三卷
楊雲翼　校大金禮儀
張行簡　禮例纂一百二十卷　會同朝獻禘祫喪葬録
張暐　大金集禮四十卷
至元州縣社稷通禮
廟學典禮六卷
李好文　太常集禮五十一卷　成均志三十卷
脱脱木　太常續集禮十五册
王守誠　續編太常集禮三十一册④

① "服制考"，《元史藝文志》作"服制考詳"。
② 《千頃堂書目》卷二、《補遼金元藝文志》《元史藝文志》均著録爲一卷。
③ "登"字原脱，據《千頃堂書目》卷二、《補遼金元藝文志》《元史藝文志》補。
④ "禮"字原脱，據《千頃堂書目》卷二、《元史藝文志》補。

太常至正集禮二十册
太常禮儀沿革一卷
申屠致遠　釋奠通禮三卷
袁桷　郊祀十議一卷
曾巽申　鹵簿圖五卷書五卷　郊祀禮樂圖五卷書三十卷　崇文鹵簿志十卷　致美集成三卷
趙孟頫　祭器圖式十卷
黄以謙　通祀輯略三卷
黄元暉　通祀輯略續集一卷
何元壽　大德編輯釋奠圖八卷
趙鳳儀　釋奠樂器圖一卷
范可仁　釋奠通載九卷　通祀纂要二卷
吳夢賢　釋奠儀圖一卷
張希文　丁祭考一卷
任拭①　三皇祭禮一卷
周之翰　朝儀備録五卷　朝儀紀原三卷　字子宣,大都人,冠州知州。
　右禮。

程時登　律吕新書贅述
俞琰　絃歌毛詩譜一卷　琴譜四十篇　九歌譜
余載　皇元中和樂經二卷　皇元九成樂譜一卷②
劉瑾　律吕成書二卷
彭絲　黄鐘律說八篇
吾邱衍　十二月樂舞譜

---

① "拭",《元史藝文志》作"栻"。
② "皇元九成樂譜",《元史藝文志》作"皇元韶舞九成樂譜"。

魯鐵柱① 琴譜八卷　字明善,畏吾人。
鄭瀛　琴譜二卷
苗彥實　琴譜
熊朋來　瑟譜六卷
　右樂。

洪咨夔　春秋説三十卷
趙鵬飛　春秋經筌十六卷　字仁明,綿州人。
張洽　春秋集注十一卷
李石　左氏君子例一卷　詩如例一卷　詩補遺一卷
吕大圭　春秋或問二十卷　春秋五論一卷　字圭叔,南安人,知興化軍,爲蒲壽庚所害。
家鉉翁　春秋詳説三十卷
朱申　春秋左傳句解三十五卷
李琪　春秋王霸列國世紀編三卷　字開伯,吳人,國子司業。
杜瑛　春秋地理原委十卷
周敬孫　春秋類例
謝翺　春秋左傳續辨
吳思齊　左傳闕疑
徐文鳳　春秋捷徑②
熊禾　春秋通解
邱葵　春秋通義
程龍　春秋辨疑
俞皋　春秋集傳釋義大成十卷③

————————
①　"魯"字,《元史藝文志》無。
②　《元史藝文志》、《經義考》卷一百九十一均著録爲十卷。
③　"十卷",《千頃堂書目》卷二、《補遼金元藝文志》《元史藝文志》均作"十二卷"。

許瑾　春秋經傳十卷
李昶　春秋左氏遺意①
郝經　春秋外傳八十一卷
臧夢解　春秋發微一卷
吾邱衍　春秋説
安熙　春秋左傳綱目②
敬鉉　春秋備忘四十卷　明三傳例八卷
黄澤　春秋三傳義例考　筆削本旨春秋師説三卷
陳深清　全齋讀春秋編十二卷
程直方　春秋諸傳考正　春秋旁通
王申子　春秋類傳
劉莊孫　春秋本義二十卷
彭絲　春秋辨疑
季立道　春秋貫串　字成甫，處州人，臨安山長。
劉淵　春秋例義　春秋續傳記　左氏紀事本末
陳櫟　三傳節注
熊復　春秋會傳　字庶可，南昌人。
徐安道　左傳事類
胡炳文　春秋集解　指掌圖
張鑑　春秋綱常
葉正道　左氏窺斑
吳化龍　左氏蒙求
俞漢　春秋傳三十卷　字仲雲，諸暨人。
牟楷　春秋建正辨③

----

① 《千頃堂書目》卷二、《補遼金元藝文志》《元史藝文志》均著録爲二十卷。
② "傳"，《元史藝文志》作"氏"。
③ 《經義考》卷二百十著録爲一卷。

單庚金　春秋三傳集說分紀五十卷　春秋傳說集略十二卷　字君範,山陰人。

陳則通　春秋提綱十卷

呂椿　春秋精義

郭鏗　春秋傳論十卷

劉彭壽　春秋正經句解　春秋澤存

吳迂　左傳義例　左傳分紀　春秋紀聞

李應龍　春秋纂例　字玉林,光澤人。

尹用和　春秋通旨

黃琢　春秋舉要　字玉潤,吉水人。

蔣宗簡　春秋三傳要義

潘迪　春秋述解

許謙　春秋溫故管闚　春秋三傳義疏

吳澄　春秋纂言十二卷　總例一卷

黃景昌　春秋公穀舉傳論

周正如　傳考二卷　字明遠,浦江人。

張君立　春秋集義①

楊如山　春秋旨要十卷　字少游,嘉定人。

吳師道　春秋胡傳補說

程端學　春秋本義三十卷　三傳辨疑二十卷　春秋或問十卷　綱領一卷

袁桷　春秋說

齊履謙　春秋諸國統記六卷　目錄一卷

虞槃　非非國語

敬儼　續屏山杜氏春秋遺說八卷

王相　春秋主意十卷　字吾素,吉水人,翰林修撰。

① "義",《元史藝文志》作"議"。

黃清老　春秋經旨　字子肅,邵武人,翰林編修、湖廣儒學提舉。

吳暾　麟經賦一卷　字朝陽,純安人,鎮平縣尹。

俞師魯　春秋説　字唯道,婺源人。

鄭枃　春秋解義　字子經,福州人。

林泉生　春秋論斷　字清源,永福人,翰林直學士,諡文敏。

劉聞　春秋通旨

方道叡　春秋集傳十卷

戚崇僧　春秋纂例原旨三卷

馮翼翁　春秋集解　春秋大義　字子羽,永新人,撫州總管。

鄧淳翁①　春秋集傳

蘇壽元　春秋經世　春秋大旨　字伯鸞,福安人。

王惟賢　春秋旨要十二卷　字思齊,鄞人。

萬思恭　春秋百問六卷

汪汝懋　春秋大義一百卷

梅致　春秋編類二十卷

曾震②　春秋五傳　字樵南,廬陵人。

鍾律　春秋案斷補遺　字伯紀,汴人。

潘著　聖筆全經　字澤民,嘉興人。

吳儀　春秋稗傳　春秋類編　春秋五傳論辨　字明善,金谿人。

王莊　春秋釋疑

曹元博　左氏叙事本末③　以字行,上海人。

魏德剛　春秋左氏傳類編

陳植　春秋玉鑰匙④

---

① "淳",原避清同治皇帝諱作"純",今回改,下同。
② "曾",原誤作"魯",據《元史藝文志》、《經義考》卷一百九十五改。
③ "左氏叙事本末",《元史藝文志》作"左氏本末"。
④ 《元史藝文志》、《經義考》卷一百九十七均著錄爲一卷。

魯真　春秋案斷
蔡深　春秋纂十卷　字淵仲,樂平人,徽州教授。
張著　春秋礜括三卷
趙孟何　春秋法度編　字漢弼,鄞人。
趙惟賢　春秋集傳
張在　四傳歸經　字文在,真定人,濮州教授。
王元杰　春秋讞義十二卷　字子英,吳江人。
張樞　三傳歸一義三十卷①
鄭玉　春秋經傳闕疑四十五卷
李廉　春秋諸傳會通二十四卷
陳大倫　春秋手鏡
汪克寬　春秋胡傳附錄纂疏三十卷
楊維禎　春秋定是錄十二卷　左氏君子議　春秋胡傳補正　春秋透天關②
趙汸　春秋集傳十五卷　春秋屬辭十五卷　春秋左氏傳補注十卷　春秋師說三卷　春秋金鎖匙一卷
魯淵　春秋節傳
　右春秋。

金國語論語
斡道沖　論語小義二十卷
趙秉文　删集論語解十卷
王若虛　論語辨惑五卷
王鶚　論語集義一卷

---

① "三傳歸一義",《千頃堂書目》卷二、《補遼金元藝文志》《元史藝文志》均作"春秋三傳歸一義"。

② 《千頃堂書目》卷二、《元史藝文志》均著錄爲十二卷。

金履祥　論語集注考證十卷
陳櫟　論語訓蒙口義
劉莊孫　論語章旨
單庚金　增集論語説約
林起宗　論語圖
郭好德　論語義
陳苑　論語正義二十卷
齊履謙　論語言仁通旨二卷
歐陽溥　魯論口義四卷
劉豈蟠　論語句解十二卷
任士林　論語指要
吳簡　論語提要
沈易　論語旁訓　字翼之，松江人。
俞杰　論語訓蒙　字仁仲，麗水人，處州教授。
葉由庚　論語纂遺　字成父，義烏人。
鄭奕夫　論語本意
石洞紀聞十七卷
　　右論語。

金國語孝經
圖象孝經
蒙古字孝經
張翬　孝經口義一卷
許衡　孝經直説一卷
余芑舒　孝經刊誤一卷
江直方　孝經外傳二十二卷
程鉅道　孝經衍義

白賁　孝經傳
錢天祐　孝經直解
吳澄　孝經定本一卷
林起宗　孝經圖解一卷　字伯始，內邱人。
貫雲石　直解孝經一卷
楊少愚　續孝經衍義
董鼎　孝經大義一卷
李孝光　孝經圖説一卷
沈易　孝經旁訓一卷
朱申　孝經句解一卷
許衎　孝經注一卷
陳樵　孝經新説
釣滄子　孝經管見一卷
　右孝經。

金國語孟子
趙秉文　删集孟子解十卷
王若虛　孟子辨惑一卷
劉章　刺刺孟一卷
金履祥　孟子集注考證七卷
李昶　孟子權衡遺説五卷
許衡　孟子標題
陳普　孟子纂圖
吳迂　孟子集注附錄　讀孟子法一卷　孟子年譜一卷　孟子冢記一卷
夏侯文卿　原孟
林起宗　孟子圖

吳萊　孟子弟子列傳二卷

孟子通解十四卷

孟子衍義十四卷

孟子思問録一卷

孟子旁解七卷

　　右孟子。

僧行均　龍龕手鑑四卷

女真字母

韓孝彦　五音篇十五卷

韓道昭　改併五音集韻十五卷　字伯暉，真定人。

大定重校類篇十五册　艸韻十册

鄭昌時　韻類節事　字仲康，洪洞人，汾州教授。

戴侗　六書故三十二卷①　字仲達，永嘉人，宋軍器少監。

蒙古字訓

韃靼字母

朱宗文　蒙古字韻二卷　字彦章，信安人。

胡炳文　爾雅韻語

陳櫟　爾雅翼節本

洪焱祖　爾雅翼音釋三十二卷　字彦實，徽州人，休寧縣尹。

包希魯　説文解字補義十二卷

吳叡　説文續釋　字孟思，濮陽人。

吾邱衍　説文續解　學古編　鐘鼎韻一卷　續古篆韻一卷　周秦刻石釋音一卷　石鼓詛楚文音釋一卷

戚崇僧　復古編一卷②

---

① "三十二卷"，《補遼金元藝文志》《元史藝文志》均作"三十三卷"。

② "復古編"，《元史藝文志》作"後復古編"。

劉致　復古糾謬編
泰不華　重類復古編十卷
吳均　增修復古編四卷
楊桓　六書統二十卷　六書泝源十三卷①　書學正韻三十六卷
杜本　六書通編十卷　華夏同音若干卷
何中　六書綱領一卷　補六書故三十二卷　叶韻補疑一卷
吳正道　六書原　六書通正　六書淵源圖　偏旁辯誤　六書存古韻譜②
倪鏜　六書類釋三十卷
許謙　假借論一卷
舒天民　六藝綱目二卷　字執風，鄞人。
鄭杓　衍極二卷
李文仲　字鑑五卷
張子敬　經史字源
樓有成　學童識字　字玉汝，義烏人。
柳貫　字系二卷
劉鑑　經史正音切韻指南一卷
陳仁子　韻史三百卷　字同俌，茶陵人。
楊信父　鐘鼎篆韻五卷　名鉤，以字行，臨江人。
陳元吉　韻海
魏溫甫　正字韻綱四卷
李世英　類韻三十卷
黃公紹　熊忠　古今韻會舉要三十卷　公紹字直翁，忠字子中，皆昭武人。
陰時夫　韻府群玉二十卷　名幼遇，奉新人。弟中夫復春編注。

① "泝"，原誤作"沂"，據《元史藝文志》改。
② "六書存古韻譜"，《元史藝文志》作"六書存古辨誤韻譜"。

錢全袞　韻府群玉撥遺十卷　字慶餘，華亭人。

嚴毅　押韻淵海二十卷　字子仁，建安人。

盛興　韻書群玉　字敬之，吳江人。

蔣子晦　韻原六十卷

李士濂　免疑字韻四卷

竹川上人　集韻

邵光祖　韻書六卷

周伯琦　六書正訛五卷　說文字原一卷

潘迪　考定石鼓文音訓一卷

鮑完澤　朵目　貫珠集　聯珠集　選玉集　字信卿，杭州人。

右小學。

馬定國　六經考

王若虛　五經辨惑二卷　四書辨惑一卷

岳珂　九經三傳沿革例□卷

姚樞等　五經要語

張翬　經說　四經歸極①

熊禾　四書標題

杜瑛　語孟旁通八卷

鄭樸翁　四書指要二十卷

龔霆松②　四書朱陸會同注釋二十九卷　舉要一卷

俞琰　經傳考注

黃仲元　四如講稿六卷　字善甫，莆田人，國子典簿。宋亡，更名淵，字天叟，教授鄉里以終。

牟應龍　九經音考

---

① 《千頃堂書目》卷三、《補遼金元藝文志》《元史藝文志》均著錄爲一冊。

② "霆"，原誤作"庭"，據《元史藝文志》改。

胡一桂　四書提綱
胡炳文　四書通三十四卷　　五經會意　四書辨疑若干卷
劉因　四書集義精要三十卷
陳普　四書句解鈐鍵①
許謙　四書叢説二十卷
熊朋來　五經説七卷
陳櫟　四書發明三十八卷　　四書考異十卷
黃澤　六經辨釋補注　　翼經罪言　經學復古樞要
趙孟玉　九經音釋九卷
歐陽長孺　九經治要十卷
雷光霆　九經輯義五十卷
陳天祥　四書選注二十六卷②　　四書辨疑十五卷
吳師道　三經雜説八卷
孟夢恂　四書辨疑
贍思　五經思問　四書闕疑
李恕　五經旁注六卷　　字省中，廬陵人。
何異孫　十一經問答五卷③
王希旦　五經日記
周聞孫　五經纂要
蕭志仁　經解佩觿錄十卷　　字無惡，廬陵人。
趙德　四書箋義纂要十二卷　　紀遺一卷
詹道傳　四書纂箋二十八卷
張存中　四書通證六卷　　字德庸，新安人。

---

① "鈐"，原誤作"鈴"，據《經義考》卷二百五十三改。
② "選"字原脱，據《元史藝文志》補。
③ "答"，《千頃堂書目》卷三、《補遼金元藝文志》《元史藝文志》均作"對"。

王充耘　四書疑義貫通八卷①
林處恭　四書指掌圖
汪九成　四書類編二十四卷　字又善，新安人。
程復心　四書章圖二十二卷　四書章圖纂括總要發義二卷　字子建，②婺源人，徽州教授。
余國輔　經傳考異
馬瑩　五經大義　四書答疑　字仲珍，建德人。
吳仲迂　經傳發明
宋元翁　五經約說
曾巽申　經解正訛
張淳　四書拾遺
陸正　七經補注　字行正，海鹽人。
鄭君老　五經解疑　字邦壽，長溪人。
王所　五經類編二十五卷　字喻叔，黃巖人。
戚崇僧　四書儀對二卷
蕭鎰　四書待問八卷　字南金，臨江人。
桂本　五經統會　四書通義
杜本　四經表義
歐陽佹　五經旨要　四書釋疑
安熙　四書精要考異
景星　四書集說
陳樵　經解　四書本旨
汪逢辰　七經要義　字虞卿，歙人。
楊方叔③　五經辨　吉水人。

---

① "疑義"，《千頃堂書目》卷三、《補遼金元藝文志》《元史藝文志》均作"經疑"。
② "建"，《元史藝文志》作"見"。
③ "楊方叔"，《元史藝文志》作"楊叔方"。

張淳　四書拾遺　字子素,南樂人。
郭鏜　四書述
趙居信　經說
劉霖　四書纂釋
蕭元益　四書衍義①　字楚材,安仁人。
石鵬　四書家訓　字雲卿。
何安子　四書說　字定夫。
薛延年　四書引證　字壽之,平水人。
陳紹大　四書辨疑　字成甫,黃巖人。
牟楷　九書辨疑　四書疑義
劉彭壽　四書提要
周良佐　四書人名考
唐懷德　六經問答　字思誠,金華人。
陳剛　五經問難　四書通辨　字子潛,溫州平陽人。
虞槃　經說
林處恭　四書指掌圖　臨海人。
解觀　四書大義　吉水人。
邵大椿　四書講義　字春叟,壽昌人,晦庵山長。
包希魯　點四書凡例　字魯伯,進賢人。
吳存　四書語錄
薛大猷　四書講義　湯陰人。②
黃清老　四書一貫四十卷
王桂　四書訓詁　字仲芳,東陽人,麗水主簿。
何文淵　四書文字引證九卷
陳尚德　四書集解　寧德人。

① "衍",《元史藝文志》作"演"。
② "湯",原誤作"陽",據《元史藝文志》改。

祝堯　四書明辨

涂撋生　四書斷疑　字自昭，宜黃人，濂溪山長。

蔣子晦　四書箋惑　字若晦，東陽人。

吳大成　四書圖　字浩然，瑞安人，永嘉縣丞。

傅定保　四書講稿

馮華　四書直解　字君重，閩人，劍南教授。

李巖　經筵講稿四十九卷

葉夢鼇　經史音要

倪鐙①　詩書集要三冊　易春秋筆記

熊本　經問四十卷

倪士毅　四書輯釋三十六卷

史伯璿　四書管窺八卷

韓信同　四書標注

馬豫　四書輯義六卷

朱公遷　四書通旨六卷　四書約說四卷

袁俊翁　四書疑節十二卷

曾貫　四書類辨

邊昌　四書節義　字伯盛，吳人。

黃寬　四書附纂

楊維禎　五經鈐鍵②　四書一貫錄

潘迪　六經發明

董彝　四書經疑問對八卷

　右群經。

蕭貢　史記注一百卷　字真卿，咸陽人，戶部尚書。

---

① "鐙"，原誤作"堂"，據《千頃堂書目》卷三、《補遼金元藝文志》《元史藝文志》改。

② "鈐"，原誤作"鈴"，據《千頃堂書目》卷三、《元史藝文志》改。

呂思誠　兩漢通紀

蘇天爵　兩漢詔令

王希聖　續漢春秋

郝經　續後漢書九十卷

張樞　續後漢書七十三卷　刊定三國志六十五卷①

趙居信　蜀漢本末三卷

張延東　晋書二卷　藁城人，真定教授。

謝翺　南史補帝紀贊一卷　唐書補傳一卷

蔡珪　補南北史志六十卷②

金國語新唐書

遼譯五代史

蕭永祺　遼史七十五卷

陳大任　遼史

完顏亮迭　中興事迹

遥輦克汗至重熙以來事迹二十卷

大遼古今録

大遼事迹

耶律儼　皇朝實録七十卷

室昉　統和實録二十卷

遼史百一十六卷

大金德運圖説

范拱　初政録十五篇③

金先朝實録三卷

---

①　"六十五卷"，原誤作"五十六卷"，據清乾隆武英殿刻本《元史》（以下簡稱《元史》）卷一百九十九、《元史藝文志》改。

②　"志"字原脱，據《元史藝文志》補。

③　"篇"，原誤作"卷"，據《元史藝文志》改。

太祖實録二十卷

太宗實録

大金弔伐録①

楊廷秀　四朝聖訓

熙宗實録

睿宗實録

世宗實録

大定遺訓

顯宗實録

章宗實録

衛王事迹

宣宗實録

張師顔　南遷録一卷

贍思　金哀宗紀

王鶚　汝南遺事四卷

楊奐　天興近鑑②

北風揚沙録

天興墨淚

金史一百三十五卷

宋季三朝政要六卷

宋史四百九十六卷

張樞　宋季遺事

劉一清　錢塘遺事③

咸純遺事

---

①　《元史藝文志》著録爲四卷。
②　《千頃堂書目》卷五、《補遼金元藝文志》《元史藝文志》均著録爲三卷。
③　"遺",《補遼金元藝文志》《元史藝文志》均作"逸"。

陳仲微　廣益二王本末一卷
秦玉　宋三朝摘要
鄧光薦　德祐日記　塡海録　續宋書
周才　宋史略十六卷
聖武開天記
太宗平金始末
元祕史十卷　續祕史二卷
平金録
平宋録
諸國臣服傳
伯顏　平宋録
太祖實録
太宗實録
定宗實録
睿宗實録
憲宗實録
世祖實録一百一十卷①　事目四十五卷　聖訓六卷
順宗實録②
成宗實録五十六卷　事目七卷③　制誥録七卷
武宗實録五十卷　事目七卷　制誥録三卷
仁宗實録六十卷　事目十七卷　制誥録十三卷
英宗實録四十卷　事目八卷　制誥録二卷
泰定實録
明宗實録

---

① "一百一十卷"，《元史藝文志》作"二百一十卷"。
② 《元史藝文志》著録爲一卷。
③ "七卷"，《元史藝文志》作"十卷"。

文宗實録

寧宗實録

權衡　庚申外史二卷

史口　至正遺編四卷

大元聖政國朝典章六十卷

經世大典八百八十卷

吾邱衍　晉史乘一卷　楚史檮杌一卷

王邇東　周四王譜

吳師道　戰國策校注十卷

徐天祜　吳越春秋音注十卷

陳翼子　唐史厄言三十卷

戚光　音釋陸游南唐書一卷

　　右史。

楊雲翼等　續資治通鑑

相威　譯語資治通鑑

金履祥　通鑑前編十八卷

胡三省　音注資治通鑑二百九十四卷　釋文辨誤十二卷

郝經　通鑑書法

尹起莘　通鑑綱目發明五十九卷

劉友益　通鑑綱目書法五十九卷

何中　通鑑綱目測海三卷

王幼學　通鑑綱目集覽[①]　字行卿，望江人。

徐昭文　通鑑綱目考證五十九卷　字季章，上虞人。

金居敬　通鑑綱目凡例考異

[①]　《元史藝文志》著録爲五十九卷。

吳迁　重定綱目
徐詵　續通鑑要言二十卷
曹仲野①　通鑑日纂二十四卷
馮翼翁　通鑑小錄　通鑑考索　通鑑類要
董蕃　通鑑音釋質疑　字子衍，宜興人，釣臺山長。
潘榮　通鑑總論一卷
汪從善　通鑑地理志二十卷　字國良，杭州新城人，邵武總管。
張特立　歷年係事記
胡一桂　歷代編年
察罕　帝王紀年纂要一卷
蘇天爵　遼金紀年
　　右通鑑。

胡一桂　十七史纂古今通要十七卷
楊奐　正統書六十卷　正統八例序
姚燧　國統離合表
王約　史論三十卷
陳櫟　歷代通略四卷
陸以道　宋鑑提綱　無錫人，翰林待制。
楊如山　讀史記三卷
秦輔之　史斷
余瑾　史補斷
許謙　觀史治忽幾微
戚崇僧　歷代指掌圖二卷
黃繼善　史學提要一卷

————

①　"曹"，原誤作"西"，據《千頃堂書目》卷四、《補遼金元藝文志》《元史藝文志》改。

倪堯　史學提綱

夏希賢　金史提要編　廣信人，昭文館大學士。

鄭滁孫　直說通略十三卷

鄭鎮孫　歷代史譜二卷

張明卿　世運略八卷　字子晦，天台人。

倪士毅　歷代帝王傳授圖說

馮翼翁　正統五德類要三十四卷

陳剛　歷代帝王正閏圖說

柴望　丙丁龜鑑五卷

舒岳祥　三史纂言

呂溥　史論

俞漢①　史評八十卷

雷光霆　史辨三十卷

韓信同　史類纂

趙居信　史評

謝端　正統論辨一卷②

錢天祐　敘古頌二卷

朱震亨　宋論一卷

李好文　歷代帝王故事百六篇

虞廷碩　歷代制誥五卷

楊維楨　史義拾遺二卷

曾先之　十九代史略十八卷

董鼎　汪亨　史纂通要後集三卷

吳簡　史學提綱

宋□　紀史奇迹十五卷

---

① "俞"，原誤作"余"，據《千頃堂書目》卷五、《補遼金元藝文志》《元史藝文志》改。

② "辨"，原誤作"辯"，據《千頃堂書目》卷五、《補遼金元藝文志》《元史藝文志》改。

羅伯網　王子讓　史略考
　　右諸史。

遼譯貞觀政要
趙秉文　貞觀政要申鑑　百里指南
楊雲翼　趙秉文　龜鑑萬年錄①　君臣政要
傅慎微　興亡金鑑錄一百卷　泰州人,禮部尚書。
楊伯雄　瑤山往鑑　槀城人,右補闕。
士民須知
蒙古字忠經
蒙古字貞觀政要
戈直　集注貞觀政要十卷
孟夢恟　漢唐會要
陳櫟　六典撮要
王惲　守成事鑑十五篇　承華事略六卷　相鑑五十卷
馬祖常　列后金鑑　千秋紀略
塔失不花　承華事略
李泂　輔治篇
李好文　大寶錄　大寶龜鑑
程時登　臣鑑圖
徐宗度　皇王大訓②
朱嗣榮　政鑑
戴焔　歷代人臣正邪龜鑑二百卷
許熙載　經濟錄四卷

---

① 《元史藝文志》著錄爲二十篇。
② "王",原誤作"玉",據《元史藝文志》改。

張巨濟　萬年龜鑑録十卷①
贍思　帝王心法
許師敬　皇圖大訓
朵兒直班　治原通訓②
張明卿　政事書一卷
趙天麟　太平金鏡策八卷
鄭介夫　太平策
卜天璋　中興濟治策二十篇
吳明　定本萬言策
艾本固　太平十策
郭慶傳　經邦軌轍十卷
汪逢辰　太平要覽
彭天錫　政刑類要一卷　字仁仲，湖州人。
葉留　爲政善惡報應事類十卷
秦輔之　資政格言一册
程珙　九疇策疏
省部政典舉要一册
成憲綱要五册
諭民政要一册
六條政類
會要格例六册
張立道　平蜀總論
大定治績二卷③
馬端臨　文獻通考三百四十八卷

---

① "鑑"字原脱，據《元史藝文志》補。
② 《千頃堂書目》卷九、《補遼金元藝文志》《元史藝文志》均著録爲四卷。
③ 《元史藝文志》著録爲二卷一百八十餘條。

揭傒斯　奎章政要
袁誠夫　征賦定考
徐泰亨　吏學大綱十卷　海運紀原七卷　餘杭人。
陳椿　熬波圖一卷
贍思　河防通議二卷
任仁發　水利書十卷　松江人,都水少監。
歐陽原功等　太平經國二百二十卷①　至正河防記一卷
拯荒事略一卷
王喜　治河圖略一卷
韓準　水利通編
曹慶孫②　水利論說
張光大　救荒活民書八卷　歷代錢譜一卷
武祺　寶鈔通考③
王士點　禁扁五卷
內府宮殿制作一卷
國初國信使交通書
蘇霖　有官龜鑑十九卷
梁琮　官吏須用十六卷
官民準用七卷
徐天瑞　吏學指南一卷④　字君祥,吳人。
玉璽傳聞一卷
徐中立　平徭六策
孫鎮　歷代登科記　字安常,絳州人。

---

① "二百二十卷",《元史藝文志》作"二百十二卷"。
② "孫"字原脫,據《元史藝文志》補。
③ 《元史藝文志》著錄爲八卷。
④ "一卷",《千頃堂書目》卷十、《補遼金元藝文志》《元史藝文志》均作"八卷"。

徐勉之　科名總錄
元統元年進士題名錄一卷
陳剛　歷代官制説
金國官制一卷
王士點　商企翁　祕書志十一卷①
趙世延　風憲宏綱二十册
敬儼　國朝憲章十五卷
趙承禧　憲臺通紀一卷
潘迪　憲臺通紀二十三卷
唐惟明　憲臺通紀續集一卷
索元岱　南臺備紀二十九卷
劉孟琛　南臺備要二卷
王惲　玉堂嘉話八卷　中堂事紀三卷　烏臺筆補十卷
高謙　吏部格例一百八十卷
曾德裕　考功歷式二卷
六曹法十二卷
資政備覽三卷
任栻　太常沿革二卷
王鼎　焚椒錄一卷
七賢傳
鄭當時　節義事實
列女傳圖像
戴羽　武侯通傳三卷
楊元　忠史一卷
翟思忠　魏鄭公諫續錄二卷

---

① "祕書志",《元史藝文志》作"祕書監志"。

辛文房　唐才子傳十卷
羅有開　唐義士傳一卷
吳武子　東坡事迹
陸友①　米海岳遺事一卷
吳夢炎　朱文公傳②
黃奇孫　三朝言行録
昭忠録
汪逢辰　忠孝録
陳顯曾　昭先録
劉岳申　文丞相傳一卷
龔開　文天祥傳③　陸秀夫傳
謝翱　浦陽先民傳一卷
舒彬　廣信文獻録　字文質，永豐人。
胡憼　東陽人物表
彭士奇　廬陵九賢事實録
元永貞　東平王世家三卷
汪壽昌　隴右王汪氏世家勛德録
蘇天爵　國朝名臣事略十五卷　治世龜鑑一卷
贍思　西域異人傳
吳師道　敬鄉前後録二十三卷
黃一清　節孝録
張翥　忠義録三卷
鄭濤　旌義編二卷　字仲舒，浦江人，太常博士。
徐顯　稗史集傳

---

①　"友"，原誤作"有"，據《千頃堂書目》卷十、《元史藝文志》改。
②　《千頃堂書目》卷十、《補遼金元藝文志》《元史藝文志》均著録爲二卷。
③　《元史藝文志》著録爲一卷。

陳氏崇孝集一卷
楊三傑　明倫傳五十卷　字曼卿,蜀人。
張明卿　尚左編①
葉由庚　瘦叟自誌一卷
保越錄一卷
海道經一卷
海隄錄一卷
運使復齋郭公言行錄
永豐尹辜君政績一卷
真定東和善政錄
　　右論記。

蕭貢　五聲姓譜②
金重修玉牒
女真郡望姓氏譜
女真字百家姓
蒙古字母百家姓一卷
十祖系錄
陳櫟　姓氏源流一卷
希姓略
楊譓　姓氏通辨
排韻增廣事類氏族大全③
梁益　史傳姓氏纂
程時登　孔子世系圖三卷

---

① 《元史藝文志》著錄爲五卷。
② 《元史藝文志》著錄爲五卷。
③ 《補遼金元藝文志》《元史藝文志》均著錄爲十卷。

吴迂　孔子世家考異二卷①
施澤之　孔氏實錄十二卷②
孔克己　孔子世家一卷③
孔元祚　孔氏續錄五册
孔澤　孔聖圖譜三卷
張壐　闕里通載
孔濤　闕里譜系一卷　字世平,衢州人。
程復心　孔子論語年譜一卷　孟子年譜一卷
張榀　曲江張公年譜一卷
張師曾　梅宛陵年譜④
豫章羅氏族譜
盧龍趙氏族譜
俞慶　俞氏家乘十卷
黄溍　義烏黄氏族譜圖
柳穆　浦江柳氏宗譜
覃氏世系譜
棗城董氏世譜
晏氏家譜
雒陽楊氏族譜
羅氏族譜
兩伍張氏家乘
吴海　吴氏族譜

---

① "孔子世家考異二卷",《補遼金元藝文志》著錄同,《千頃堂書目》卷三、《元史藝文志》均作"孔子家世考異二卷"。
② "氏",原誤作"子",據《千頃堂書目》卷三、《補遼金元藝文志》《元史藝文志》改。
③ "子",《元史藝文志》作"氏"。
④ 《元史藝文志》著錄爲一卷。

程峴　程氏族譜三十卷　字和卿，休寧人。
汪嗣昌　汪氏勛德錄
汪松壽　汪氏淵源錄十卷
蔡珪　續歐陽公集錄金石遺文六十卷　金石遺文跋尾十卷　古器類編三十卷
共山書院藏書目錄
上都分學書目
陸氏藏書目錄
　右譜錄。

金女真字家語
女真字揚子
女真字文中子
趙秉文　揚子發微一卷①　太玄箋贊六卷　文中子類説一卷
王廣謀　孔子家語句解三卷
李純仁編　顔子五卷
趙復　傳道圖　伊洛發揮　朱子門人師友圖　希賢錄
張𡐛　引轂訓蒙
許衡　小學大義　四箴説　語錄　又　魯齋先生心法一卷
王應麟　困學紀聞二十卷
劉因　小學四書語錄
蕭𣂏　小學標題駁論
許謙　自省編　日聞雜記②
孟夢恂　性理本旨
吳澄　學基學統二篇

----

① "揚"，《元史藝文志》作"楊"。
② "記"，《元史藝文志》作"説"。

柳貫　近思錄廣輯三卷
張養灝①　經筵餘旨一卷
李好文　端本堂經訓要義十一卷
史伯璿　管窺外編五卷
吳仲迂　先儒法言　先儒粹言　字可翁,番陽人。
趙居信　理學正宗一卷
蔣子晦　學則二十卷
劉君賢　學問類編　字文定,泰和人。
曾巽申　心性論　理氣辨
馮翼翁　性理群書　五子旨要　古書正僞錄
陸正　正學編
胡炳文　性理通　純正蒙求三卷
程端禮　讀書分年日程三卷
林起宗　志學指南圖　心學淵源圖　小學題辭
陳剛　性理會元二集四十六卷
張復　性理遺書十四卷　字伯陽,建安人。
時榮　洙泗源流八卷
蕭元益　洙泗大成集　字楚材,安化人。
黃鎮成　性理發微四卷
王文煥　道學發明　一名子敬,字叔恭,松陽人。
張明卿　存養錄十二卷
王德新　學則二篇
俞長孺　心學淵源
陳樵　太極圖解　通書解　聖賢大意　性理大明　答客問　石室新語

---

① "灝",《千頃堂書目》卷十一、《補遼金元藝文志》《元史藝文志》均作"浩"。

程時登　太極圖說一卷　西銘補注一卷
呂洙　太極圖說一卷
劉霖　太極圖解
鄭諡　太極圖集義窮神　字彥淵，金華人。
何中　通書問一卷
朱本　太極圖解　通書解　皇極經世解
張懷遠編　周子書四卷
鄭原善　補正蒙解
熊禾　小學句解　文公要語
黃瑞節　朱子成書十卷
熊朋來　小學標注
熊良輔　小學入門
韓準　小學書闕疑　字公衡，沛人，南臺侍御史。
李成己　小學書纂疏　字友仁，陝西人。
蔣捷　小學詳斷　字勝欲，宜興人。
蔣延年　小學纂圖六冊
熊大年　養正群書一卷　蒙養大訓十二卷
周公恕　近思錄分類解十四卷
耶律楚材　皇極經世義
祝泌　皇極經世觀物篇解六十二卷
方回　皇極經世考
齊履謙　皇極經世書入式一卷　外篇微旨一卷
杜瑛　皇極引用八卷　皇疑事四卷　極學十卷
朱隱老　注皇極經世書十八卷　正蒙說
薛微之　聖賢心學編　皇極經世圖說
邱葵　經世書聲音既濟圖
安熙　續皇極經世書

徐驤　皇極經世發微　字伯驤,婺源人。
鄭松　皇極經世書續　一名復,字時立,樂安人。
蔡仁　皇極經世衍數一百五十四卷　字和仲,饒州人。
邱富國　經世補遺三卷
何榮祖　觀物外篇
何霞舉　太玄潛虛圖十卷
桂本　三極一貫圖　道統銘
鄭以忠　宮學正要二卷
曹涇　服膺録　字清甫,歙人。
史若佐　景行録一卷
茅知微　至性書
胡一桂　人倫事鑑
吳海　厚本録
惠希孟　家範五卷
鄭文融　浦江鄭氏家範三卷
吳宗元　吳氏宗教一卷①
女真字黃氏女書
徐伯益　訓女蒙求②
丁儼　金閨彝訓③　字主敬,新建人。
許熙載　女教六卷④　字獻臣,⑤彰德人,有壬父。
　　右儒。

---

① 《元史藝文志》著録爲一篇。
② 《續通志・藝文略》、清文淵閣《四庫全書》本《續文獻通考・經籍考》(以下簡稱"四庫本《續文獻通考・經籍考》")均著録爲一卷。
③ 《補遼金元藝文志》《元史藝文志》均著録爲八卷。
④ "教"下原衍"書"字,據《千頃堂書目》卷十一、《補遼金元藝文志》《元史藝文志》删。
⑤ "獻",《千頃堂書目》卷十一、《補遼金元藝文志》《元史藝文志》均作"敬"。

陳景沂　全芳備祖　天台人。
至元農桑輯要書七卷
魯鐵柱　農桑衣食撮要二卷
羅文振　農桑撮要七卷
王禎　農書二十二卷　字伯善，東平人，豐城縣尹。
汪汝懋　山居四要①　字以敬，浮梁人，國史編修。
陸泳　田家五行一卷　字伯翔，松江人。
農桑雜令
苗好謙　栽桑圖說　司農丞。
　右農。

女真字太公書
女真字伍子胥書
女真字孫臏書
張守愚　平遼議三卷
秦輔之　武事要覽
趙孟頫　禽經一卷
吳澄　校正八陣圖
程時登　八陣圖通釋
俞在明　用武提要二十篇
　右兵。

鄭汝翼　永徽法經②
梁琮　唐律類要六卷
王元亮　唐律疏義釋文三十卷　唐律纂例圖　字長卿，汴梁人。

---

① 《千頃堂書目》卷十二、《補遼金元藝文志》《元史藝文志》均著錄為四卷。
② 《元史藝文志》著錄為三十卷。

吳萊　唐律刪要三十卷

金國刑統

泰和律義三十卷

泰和新定律令敕條格式五十二卷

承安律義

皇統制條

大定重修制條十二卷

李祐之　刪注刑統賦

至元新格

大元通制八十八卷①

至正條格二十三卷

贍思　審聽要訣

刑統一覽五册

趙惟賢　刑統

徐泰亨　折獄比事　字和甫，餘杭人。

王與　無冤錄二卷

金玉新書二十七卷

　右刑。

王庭筠　叢辯十卷②

王若虛　經史辯惑四十卷③

趙秉文　資暇錄十五卷

蕭貢　公論二十卷

張行簡　清臺記　皇華戒嚴記　爲善記

---

① 《元史藝文志》著錄爲八十八卷二千五百三十九條。

② "辯"，《元史藝文志》作"辨"。

③ "辯"，《補遼金元藝文志》《元史藝文志》均作"辨"。

李純甫　鳴道集説一卷
韓琥①　澗泉日記三卷　字仲止,上饒人。
岳珂　愧郯録十五卷
劉祁　處言四十三篇
李冶　敬齋古今黈四十卷　群書叢削十二卷　泛説四十卷
方鳳　野服考一卷
周密　齊東野語二十卷　癸辛雜志前集一卷　後集一卷　續集二卷　別集二卷　澄懷録二卷　續澄懷録三卷　灝然齋視聽抄②　灝然齋意鈔　灝然齋雅談
俞琰　幽明辨惑一卷　書齋夜話四卷
車若水　脚氣集二卷
仇遠　稗史一卷
白珽　湛淵靜語二卷
方回　虛谷閒鈔一卷　續古今考三十七卷
陳櫟　勤有堂隨録一卷
吾邱衍　閒居録一卷
俞德鄰　佩韋齋輯聞四卷
史弼　省己録一卷
蔣子正　山房隨筆一卷
張都　燕居叢談□卷
雷光霆　史子辨義三十卷
汪自明　禮義林三十卷
馬端臨　義根守墨三卷
包希魯　諸子纂言
凌緯　董子雜言

① "琥",《續通志·藝文略》、四庫本《續文獻通考·經籍考》均作"淲"。
② "灝",《元史藝文志》作"浩"。下"灝然齋意鈔""灝然齋雅談"之"灝"同。

張光祖　言行龜鑑八卷
莫惟賢　廣莫子　字景行,錢唐人。
吳亮　忍書一卷
貢奎　上元新錄　聽雪齋記
鮮于樞　困學齋雜錄一卷
季仁壽　春谷讀書記二百卷
杜本　十原
葉氏　愛日齋叢鈔十卷
熊本　讀書記二十五卷
楊漢英　明哲要覽九十卷
方宜孫　經史說五卷
張延　要言一卷
李翀　日聞錄一卷
劉壎　隱居通義三十一卷　字起潛,南豐人,延平教授。
陳世隆　北軒筆記一卷
郭翼　履雪齋筆記一卷
鄭杓　覽古編
孟夢恂　筆海雜錄五十卷
黃叔英　戇庵暇筆三卷　字彥實,慈溪人。
曾巽申　過聞錄二卷
伊世珍　瑯嬛記三卷
宋无　寒齋冷話
蘇天爵　春風亭筆記二卷
顧逢　船窗夜話一卷　負暄雜錄一卷　字君際,吳人。
何中　搘頤錄十卷
張樞　林下竊議一卷
秦玉　齋居雜錄

陸友　研北雜志二卷
陳汝霖　休休居士雜錄
盛如梓　庶齋老學叢談三卷　衢州人，①官崇明判。
方用　茗谷叢説
程龍　弄環餘記②
虞集　就日錄一卷
李材　解醒語一卷
夏頤　東園友聞二卷
清略錄六卷
廣客談一卷
黃溍　日損齋筆記一卷
吳福孫　清容軒手鈔　字子善，杭州人。
熊太古　冀越集記二卷　朋來孫，江西郎中。
陳世崇　隨隱漫錄五卷
孔齊　至正直記四卷③　字行素，溧陽人。
楊瑀　山居新語四卷
鄭元祐　遂昌雜錄一卷
謝應芳　辨惑編四卷
姚桐壽　樂郊私語一卷　字樂年，桐廬人，餘干教授。
羅志仁　姑蘇筆記　字壽可，新喻人。
陳樵　負暄野錄二卷
錢全袞　芝蘭室雜鈔
汪從善　生意齋筆錄三十五卷　讀書記十卷　中朝紀聞
唐元　見聞錄二十卷

---

① "衢"，《元史藝文志》作"揚"。
② "記"，《元史藝文志》作"説"。
③ "記"，原誤作"説"，據《元史藝文志》改。

東南紀聞三卷
郭霄鳳　江湖紀聞十六卷
林坤①　誠齋雜記二十卷
　右雜家。

楊圃祥　百斛珠
元好問　續夷堅志四卷
吳元復　續夷堅志二十卷　　字山漁，番陽人。
鍾嗣成　錄鬼簿二卷　　字繼先，汴梁人。
關漢卿　鬼董五卷
異聞總錄四卷
喬吉　青樓集一卷　　字夢符，太原人。
曹繼善　安遠堂酒令一卷
朱士凱　揆敘萬類
張小山等　包羅天地
伊世珍　瑯環記三卷
沈鷹元　緝柳編三卷
常陽妻龍輔　女紅餘志二卷
邵文伯　灝然翁手鈔五色綫三卷②
　右小說。

楊雲翼　懸象賦一篇　五星聚井一篇
岳熙載　天文精義賦三卷　天文祥異賦一卷　天文主管釋義
　三卷　注李淳風天文類要四卷　　字壽之，湯陰人，金司天大夫。
張翼　天象傳

----

① "林坤"，《元史藝文志》著錄爲"周達觀"。
② "灝"，《補遼金元藝文志》《元史藝文志》均作"浩"。

郝經　玉衡真觀①　變異事應
杜叔通　天地囊括圖説
　　右天文。

遼譯通曆
金大明曆十卷
趙知微　重修大明曆
張行簡　改定太一新曆
耶律履　乙未元曆
楊雲翼　句股機要　象數雜説
耶律楚材　西征庚午元曆二卷
郭守敬等　授時曆經三卷　推步七卷　立成二卷　轉神一卷　又　上中下三曆注式十二卷　時候箋注二卷　修改源流一卷　儀象法式二卷　二至晷影考二十五卷②　五星細行考五卷　新測無名諸星一卷　月雜考一卷　授時曆法撮要
李謙　授時曆議三卷
齊履謙　二至晷影考二卷　授時曆經串演撰八法一卷
札馬魯丁　萬年曆　西域人。
孟夢恂　七政疑解
程時登　閏法贅語
趙友欽　革象新書③
李冶　測圓海鏡十二卷　益古演段三十卷④

------

①　"玉衡真觀",《千頃堂書目》卷九、《補遼金元藝文志》《元史藝文志》均著録爲"玉衡貞觀十二卷"。
②　"二十五卷",《元史藝文志》作"二十卷"。
③　《補遼金元藝文志》著録爲二卷,《元史藝文志》著録爲五卷。
④　"益古演段三十卷",《千頃堂書目》卷三、《補遼金元藝文志》《元史藝文志》均著録爲"益古衍段三卷"。

彭絲　算經圖釋九卷
朱世傑　四元玉鑑二卷
　　右曆算。

王白　百中歌　冀州人,興國軍節度使。①
耶律純　星命總括三卷
張謙　新校地理新書十五卷
丞相兀欽注　青烏子葬經一卷
張行簡　人倫大統賦一卷
太乙統宗寶鑑二十卷
太乙星書二十卷
張居中②　六壬袪惑鈐
程直方　續元二集三卷
祝泌　六壬大占　壬易會元　祝氏祕鈐五卷
徐施二先生　玄理消息賦注一卷
回回課書一册
耶律楚材　五星祕語一卷　先知大數一卷
李欽夫　子平三命淵源注一卷
神谷子　圖注解千里馬三命三卷
王氏範圍要訣一卷
陸森　玉靈聚義五卷　總錄二卷　字茂林,平江人,陰陽教諭。
王宏道　三元正經二卷
吳澄　刪定葬書
鄭謐　注釋葬書一卷③

①　"軍"字原脱,據《元史藝文志》補。
②　"中",原誤作"正",據《元史藝文志》改。
③　"注釋",《元史藝文志》作"釋注"。

吳海　葬書四卷
朱震亨　風水問答
余禎　地理十準
劉秉忠　平砂玉尺經六卷　後集四卷　玉尺新鏡二卷
焦榮　選葬編錄三卷
李道純　周易尚占三卷
馬貴　周易雜占一卷
季克家　戎事類占二十一卷　字肖翁,富州人。
王焘　易卦海底眼
　右五行。

蔡珪　晉陽志十二卷　補正水經三卷　燕王墓辯一卷①
呂貞幹　碣石志　字周卿,大興人。
王寂　遼東行部誌一卷　鴨江行部誌一卷
暢訥　地理指掌圖
聖朝混一方輿勝覽②
大一統志七百五十五卷
大一統志一千卷
郡邑指掌十册
蕭斛　九州志
郝衡　大元混一輿地要覽七卷
朱思本　輿地圖二卷　字本初,臨川人。
汪從善　地理考異六卷
滕賓　萬邦一覽集
皇元建都記

---

① "辯",《元史藝文志》作"辨"。
② 《元史藝文志》著錄爲三卷。

楊奐　汴故宮記一卷　紫陽東游記一卷
陳隨應　南渡行宮記
吳萊　古職方錄八卷　松陽志略若干卷　甬東山水古迹記一卷　南海古迹記一卷
謝翶　睦州山水人物古迹記一卷　浙東西游錄九卷
方回　建德府節要圖經
潛說友　臨安志四卷
韓性　紹興志八卷
熊自得　析津志典　字夢祥，豐城人，崇文監丞。
王惲　汲郡志十五卷
于欽　齊乘六卷　字思客，益都人，兵部侍郎。
宋某　東郡志十六卷
徐碩　至元嘉禾志三十二卷　嘉興教授。
相臺續志十卷
舒津　奉化志十卷
張鉉　金陵新志十五卷　字用鼎，陝西人，學古山長。
戚光　集慶路續志　太平路圖志十册
劉恭　松江志八卷
錢全袞　續松江志十六卷
俞希魯　鎮江府志
王仁輔　無錫志二十八卷　字文友，羣昌人。
秦輔之　練川志
馮復京　昌國州圖志七卷
楊譓　崑山郡志
袁桷　延祐四明志二十卷
王元恭　四明續志十二卷　字居敬，真定人，慶元總管。
迺賢　河朔訪古記十六卷

黄溍　義烏志七卷

贍思　鎮陽風土記　續東陽志①　西國圖經

章嘉　天台郡志　平陽州志

戴璧　東陽志

陳安可　永康志

梁載　處州路志十册

温州路志十册

洪焱祖　續新安志十卷

汪元相　祁門志

汪幼鳳　星源續志

趙迎山　續豫章志十三卷

劉有慶　潘斗元　續豫章職方乘十四卷

吴存　鄱陽續志

李士會　樂平廣記②　字有元，樂平人。

李彝　南豐郡志三册

李肖翁　豐水續志六卷　字克家，富州人。

費著　成都志

峽州路夷陵志三册

陳士元　武陽志略③

元統赤城志④

李好文　長安志圖三卷

黄鄰　諸暨志十二卷

陳子肇　重修上虞志

---

① 《元史藝文志》著録爲六卷。
② 《千頃堂書目》卷八、《補遼金元藝文志》《元史藝文志》均著録爲三十卷。
③ 《千頃堂書目》卷八、《補遼金元藝文志》《元史藝文志》均著録爲一卷。
④ 《元史藝文志》著録爲"楊敬德修"。

許汝霖　嵊志十八卷
黃奇孫　南明志
楊升雲　瑞陽志
致和三山續志
吳鑑　清源續志二十卷　字明之,閩人。
嚴士真　崇陽志
耶律楚材　西游錄
長春真人西游記二卷
劉郁　西使記一卷
郝經　行人志
張德輝　邊埃紀行
鄧牧　大滌洞天圖記三卷
周密　武林舊事十二卷
蔡微　瓊海方輿志　字希元,瓊山人。
南雄路志一册
張立道　雲南風土記　六詔通說　安南錄
郝天挺　雲南實錄五卷
李京　雲南志略四卷　字景山,河間人。
張道宗　紀古滇說集一卷
潘昂霄　河源志　字景梁,濟南人,集賢侍讀學士,諡文簡。
李處一　西嶽華山志一卷
劉大彬　茅山志三十三卷　錢塘人,茅山道士。
楊少愚　九華外史
天台山志一卷
曾堅　四明洞天丹山圖咏集一卷
陳性定　仙都志一卷
元明善　龍虎山志三卷

李孝光　雁山十記一卷
盛熙明　補陀洛迦山考
張雨　茅山志十五卷
王約　高麗志四卷
李志剛　耽羅志略三卷
周達觀　真臘風土記一卷　溫州人。
周致中　異域志三卷
汪焕章　島夷志略一卷　字大淵，江西人。
文子方　安南行記　禮部郎中，安南副使。
元貞使交錄
吳自牧　夢粱錄二十卷
郭天錫　客杭日記一卷　名畀，以字行，丹徒人。
古杭夢游錄一卷
李有　古杭雜記四卷
宣伯聚　浙江候潮圖說[①]
陸友　吳中舊事一卷
高德基　平江紀事一卷
凌緯　唐山紀事
費著　歲華紀麗譜一卷　華陽人，重慶總管。
黎崱　廬山游記三卷　安南志略二十卷
馬哥波羅　東亞錄
　右地理。

遼譯方脈書
直魯古　脈訣　針灸書

---

① "候潮"，《元史藝文志》作"潮候"。

成無己　注傷寒論十卷　傷寒明理論三卷　論方一卷
劉完素　傷寒直格三卷　後集一卷　續集一卷　別集一卷
　　運氣要旨論一卷　精要宣明論一卷　治病心印一卷　河間
　　劉先生十八劑一卷　素問要旨八卷　原病式二卷　宣明
　　論十五卷　傷寒標本心法類萃二卷　傷寒直格論方三卷
　　傷寒醫鑑一卷
張從正　汗下吐法治病撮要一卷　傷寒心鏡一卷　祕錄奇方
　　二卷　儒門事親十五卷　張氏經驗方二卷　直言治病百法
　　二卷　十形三療三卷　雜記一卷
李慶嗣　傷寒纂類四卷　改證活人書二卷　傷寒論三卷　鍼
　　經一卷　醫學啓元
紀天錫　集注難經五卷　_{字齊卿，泰安人。}
張元素　注叔和脈訣十卷　潔古本草二卷　潔古老人醫學啓
　　源三卷　病機氣宜保命集三卷　_{一名《活法機要》。}
趙大中　風科集驗名方二十八卷　_{趙素訂補。}
太醫院新編本草
張存惠　重修經史證類本草三十卷　_{字魏卿，平陽人。}
李杲　辨惑論三卷　蘭室祕藏六卷　脾胃論三卷　東垣試效
　　方九卷　內外傷寒辨三卷　用藥法象一卷　傷寒會要　醫
　　學發明九卷
王好古　醫壘元戎十二卷　此事難知二卷　湯液本草三卷
　　湯液大法四卷　陰證略例一卷　癍論萃英一卷　錢氏補遺
　　一卷
竇默　銅人鍼經密語一卷　標幽賦二卷　指迷賦　瘡瘍經驗
　　全書十二卷
羅知悌　心印紺珠一卷　_{字子敬，號太無。}
羅天益　衛生寶鑑二十四卷　內經類編試效方九卷　_{字謙甫，藁}

城人。

劉純　傷寒治例一卷

楊士瀛　傷寒類書活人總括七卷

潘濤　醫家繩墨

鄧文彪　醫書集成三十口卷　字謙伯,金谿人。

危永吉　醫說一卷　字德祥,金谿人。

高彭　醫書十事

王國瑞　扁鵲神應鍼灸玉龍經一卷

錢全袞　海上方

汪從善　博愛堂家藏方論

吳以寧　去病簡要二十七卷　字寧之,歙人。

戴起宗　脈訣刊誤三卷

王仁整　增注醫鏡密語一卷　號鏡潭,蘭溪人。

鄭焱　運氣新書　字景文,蜀人。

李鵬飛　三元參贊延壽書五卷

王珪　泰定養生主論十六卷

申屠致遠　集驗方二十卷

朱震亨　丹溪醫案一卷　丹溪纂要八卷　丹溪治法語錄三卷　丹溪手鏡二卷　格致餘論一卷　丹溪心法附餘二十四卷　丹溪治痘要法一卷　活幼便覽二卷　局方發揮一卷　傷寒辨疑　本草衍義補遺　金匱鉤玄三卷　平治薈萃方三卷　傷寒摘疑一卷　外科精要新論

趙良　醫學宗旨　金匱衍義

尚從善　本草元命苞九卷　傷寒紀玄妙用集十卷

李睎范注[①]　難經四卷　脈髓一卷

---

① "李睎范",原誤作"李范希",據《元史藝文志》改。

胡仕可　本草歌括八卷
危亦林　世醫得效方二十卷
薩德彌實　瑞竹堂經驗方十五卷
齊得之　外科精義二卷
曾世榮　活幼新書二卷
承天仁惠局藥方
黃大明　保嬰玉鑑四卷　傷寒總要三卷　脈法三卷　集驗良方六卷　亦姓游,字東之,臨川人。
朱撝　心印紺珠經二卷
程汝清　醫學圖說
葛應雷　醫學會同二十卷　字震父,平江人。
王氏小兒形證方二卷
袁坤厚　難經本旨
謝縉孫　難經說
陳瑞孫　難經辯疑
鮑同仁　通玄指要賦二卷　經驗鍼法一卷　字用良,歙人。
何若愚　流注指微論三卷　指微賦一卷
鄒鉉　壽親養老新書四卷
熊景元　傷寒生意　字仲光,崇仁人。
李中南　錫類鈴方二十二卷
陸仲達　千金聖惠方
堯允恭　德安堂方一百卷
馮道元　全嬰簡易方十卷
孫允賢　醫方大成十卷
艾元英　如宜方二卷
吳恕　傷寒活人指掌圖三卷　號蒙齋,錢唐人。
項昕　後脾胃論

呂復　內經或問　靈樞經脈箋　五色胗奇眩　切脈樞要二卷　運氣圖釋　養生雜言　脈緒脈系圖　難經附說　四時燮理方　長沙傷寒十釋　松風齋雜著

杜思敬　濟生拔萃方十九卷

徐彥純　玉機微義五十卷　本草發揮四卷　字用誠,山陰

倪維德　元機啓微二卷　校訂東垣試效方

王履　百病鉤玄二十卷　醫韻統一百卷　醫經泝洄集一卷　傷寒立法考

滑壽　難經本義二卷　十四經絡發揮二卷　素問注鈔三卷　傷寒論鈔二卷　診家樞要一卷　醫家引彀一卷　五臟補瀉心要一卷　滑氏脈訣一卷　醫韻一卷　痔瘻篇

葛乾孫　醫學啓蒙　經絡十二論　十藥神書一卷

吳海　自試方

黃存誠　診脈樞機

姚良玫　古鍼灸圖經一卷

忽先生　金蘭循經取穴圖解一卷　名公泰,字吉甫。

道士殷震　簡驗方

璃瑤道人　八法神鍼二卷

端必瓦　成就同生要一卷　因得囉菩提手印道要一卷　大手印無字要一卷

忽思慧　飲膳正要三卷

賈銘　飲食須知八卷

雲林堂　飲食製度集一卷

韓奕　易牙遺意二卷　字公望,平江人,入明不仕。

馬經通元方論六卷

安驥集八卷

治牛馬駝騾等經三卷①

　右醫方。

金國語老子

趙秉文　南華略説一卷　列子補注一卷

李純甫　老子解　莊子解

時雍　道德經全解六卷

李霖　道德經取善集十二卷

寇才質　道德經四子古道集解十卷

劉處玄　陰符經注一卷

唐淳　陰符經注二卷

雷思齊　老子本義　莊子旨義

俞琰　陰符經解一卷

李衎　老子解二卷

劉莊孫　老子發微

褚伯秀　莊子義海纂微一百六卷

劉惟永　老子集義大旨三卷　集義十七卷

王珪　道德經注　還原奧旨　字君璋,常熟人。

李道純　道德會元二卷　字元素,臨濠人。

吳澄　道德經注四卷　南華內篇訂正二卷

呂與之　老子講義

陳岳　老子注　字甫申,天台人。

趙學士　老子集解四卷　全解二卷

張慶之　老子注　字子善,吳人。

贍思　老莊精義②

---

① "牛馬",《千頃堂書目》卷九、《補遼金元藝文志》《元史藝文志》均作"馬牛"。

② "義",《元史藝文志》作"詣"。

何南卿　南華注十三卷

杜道堅　道德經原旨四卷　原旨發揮二卷　關尹子闡玄三卷　文子纘義十二卷　武康道士。

鄧錡　道德經三解四卷

林至堅　老子注二卷

趙素　陰符經集解三十卷

　　右道。

非濁　往生集二十卷

李純甫　楞嚴外解　金剛經別解　鳴道集説五卷

必蘭納識里譯　楞嚴經　大乘莊嚴寳度經　乾陀般若經　大涅槃經　稱讚大乘功德經　不思議禪觀經

耶律楚材　辯邪論①

萬松老人評唱天童覺和尚頌古從容庵錄②　萬松老人評唱天童拈古請益後錄　萬松老人釋氏新聞　萬壽語錄

鄭思肖　釋氏施食心法一卷　太極祭煉一卷

普濟　五燈會元二十卷　字大川，靈隱僧。

祥邁　至元辨僞錄五卷

妙聲　九皋錄

清珙　石室語錄③　常熟僧。

念常　佛祖通載二十二卷　嘉興祥符寺僧。

覺岸　釋氏稽古略四卷　字靈洲，湖州僧。

至元法寶勘同總錄十卷

善良　十門指要約説三卷　指要餘論一卷　教觀撮要四卷

―――――――

①　"辯"，《元史藝文志》作"辨"。

②　"庵"，原誤作"蓋"，據《元史藝文志》改。

③　《元史藝文志》著錄爲一卷。

百丈清規八卷

本巖禪師語錄

一元釋氏護教編

元長語錄　字無明，號千巖，賜號佛慧圓明廣照無邊普利大禪師，烏口伏龍山聖壽寺僧。

雲壑　心燈錄

林泉老人　空谷傳聲錄三卷　虛堂習聽錄三卷

僧祖明　四會語錄　徑山僧。

大圭　紫雲開士傳

曇噩　唐宋高僧傳

續釋氏通鑑十五卷

妙果禪師語錄　名水盛，字竺源，西湖僧。

海印　肇論注

真覺　慧燈集

惟則　楞嚴經會解十卷　楞嚴擲丸一卷　天台四教儀要正　字天如，永新人。

明本　中峰和尚廣錄三十卷

一花五葉集四卷①

庵事須知一卷

劉謐　靜齋學士三教平心論二卷

清筏　宗門統要續集十二卷

普度　蓮宗寶鑑十卷　字優曇，廬山東林寺僧。

普會　禪宗頌古連珠通集四十卷

心泰　佛法金湯編十卷

大訢　松雪普鑑二卷

海弜　古梅禪師語錄二卷　廬州僧。

---

①　"一花五葉"，原誤作"一葉五花"，據《千頃堂書目》卷十六、《補遼金元藝文志》《元史藝文志》改。

恕中和尚語錄六卷
元叟端禪師語錄八卷
雪村聚語錄　金壇人。
盛勤　源宗集　嘉興資善寺僧。
志磐　佛祖統紀五十四卷
神僧傳九卷
禪林類聚二十卷
　　右釋。

金萬壽　道藏經目錄十卷
王嘉　全經集十三卷　重陽教化集三卷　分梨十化集二卷
　　金關玉鎖訣一卷　重陽授丹陽二十四訣一卷
馬鈺　金丹口訣一卷　神光燦一卷　洞玄金玉集十卷
王處一　雲文集四卷
大微仙君功過格一卷
道藏經七千八百餘帙
道藏缺經目錄二卷
耶律楚材編　玄風慶會錄一卷
丘處機　大丹直指二卷　青天歌一卷　鳴道集語錄一卷
王志謹　磐山語錄一卷　東明人，號棲雲真人。
林轅　谷神篇二卷
戴起宗　悟真篇注疏八卷
俞琰　參同契發揮三卷　釋疑一卷　易外別傳一卷　席上腐
　　談二卷　玄學正宗二卷　爐火監戒錄一卷
吾邱衍　道書援神契一卷　極元造化集
董漢醇　群仙要語二卷　仙學摘粹二卷
陳沖素　內丹三要一卷

陳虛白　規中指南一卷
趙道一　歷代真仙體道通鑑前集六十卷　後集四卷
薛季昭　度人上品妙經注三卷
李道純　太上老君常清靜經注一卷　護命經注一卷　大通經注一卷　洞古經注一卷　中和集六卷　三天易髓一卷　全真集元祕要一卷
徐道齡　北斗本命延生經注五卷
陳致虛　參同契分章注三卷　悟真篇三注五卷　度人經注三卷　金丹大要十六卷　金丹大要圖一卷　金丹大要仙派一卷　列仙志一卷　字觀吾，自號上陽子。
重陽立教十五論一卷　全真坐鉢捷法一卷
陸道和　全真清規一卷　自號清玄子。
樗櫟道人編　金蓮正宗記五卷
劉志玄　金蓮正宗仙源像傳一卷
李道謙　七真年譜一卷　甘水仙源錄十卷　終南山祖廷仙真內傳三卷①
金月巖編　紙舟先生全真直指一卷　抱一含三祕訣一卷
趙友欽　仙佛同源十卷　金丹正理　盟天錄
張雨　玄品錄五卷　碧巖懸會錄二卷　外史出家集二卷②
鄭源　非非懸解篇　浦陽人。
劉道明　武當福地總真集三卷
清微仙譜一卷
清和真人③　北游語錄四卷
丹陽真人語錄一卷

---

① "廷"，《元史藝文志》作"庭"。
② "家"，《元史藝文志》作"世"。
③ "和"，《元史藝文志》作"河"。

瑩蟾子語録六卷

蔡栖雲　洞玄法書宗派圖一卷　臨湘人。

　右神仙。

遼道宗皇帝　清寧集

平王隆先　閬苑集

蕭柳　歲寒集

蕭孝穆　竇老集

蕭韓家奴　六義集十二卷

耶律良　慶會集

耶律資忠[①]　西亭集

耶律孟簡　放懷詩一卷

耶律庶成詩文

楊佶　登瀛集

金豫王永成　樂善居士文集

密國公璹　如庵小稿六卷

蔡松年集

蔡珪文集五十五卷

吳激　東山集十卷

馬定國　薺堂集

趙可　玉峰散人集

趙渢　黃山集

王庭筠文集四十卷

劉從益　蓬門先生集

李純甫　內外稿

---

① "忠"，原誤作"中"，據《元史藝文志》改。

王若虛　慵夫集　滹南遺老集四十五卷
王元節　遁齋詩集
元德明　東巖集三卷
宇文虛中文集
高士談　蒙城集
李愈　狂愚集二十卷
徒單鎰　宏道集六卷
耶律履集十五卷
楊雲翼文集　左氏、莊、列賦各一篇
趙秉文　滏水集三十卷
李獻甫　天倪集
張行簡文集十五卷
張公藥　竹堂集
史旭詩一卷
王寂　拙軒集六卷　北遷錄　字元老，玉田人，中都轉運使，諡文肅。
劉仲尹　龍山集　字致君，蓋州人。
劉迎　山林長語　字無黨，東萊人，太子司經。
周昂　常山集　字德卿，真定人。
劉中文集　字正夫，漁陽人，左司都事。
酈權　坡軒集　字元興，安陽人，著作郎。
史肅　澹軒遺稿　字舜元，京兆人。
蕭貢文集十卷
馮延登　橫溪翁集　字子駿，吉州人，禮部侍郎。
毛麾　平水老人詩集十卷　字牧達，平陽人，太常博士。
王琢　姑汾漫士集　字器之，平陽人。
景覃集　字伯仁，華陰人。
劉鐸集　字文仲，棗強人，兵部員外郎。

秦略集　字簡夫,陵川人。

張琚　韋齋集　字子玉,河中人。

杜佺　錦溪集　字真卿,武功人。

李之翰　漆園集　字周卿,濟南人。

楊興宗　龍南集　高陵人。

晁會　泫水集　字公錫,高平人。

郭用中　寂照居士集　字仲正,平陽人。

張邦彥　松堂集　字彥才,平陽人。

王世賞　浚水老人集　字彥功,汴人。

桑之維　東皋集　字之才,恩州人。

許悅詩集　字子遷,應門人。

劉豫集十卷

劉迹　南榮集　東平人。

董師中　漳川集　字紹祖,邯鄲人。

郭長倩　崑崙集①　字曼卿,文登人,秘書少監。

張建　蘭泉老人集　字吉甫,蒲城人。

党懷英　竹谿集十卷

鄭子聃詩文二千餘篇

呂中孚　清漳集　字信臣,南宮人。

張斛　南游詩　北歸詩　字德容,漁陽人,著作郎。

祝簡　嗚嗚集　字廉夫,單父人,太常丞。

朱之才　霖堂集　字師美,洛西人。

施宜生集　字明望,蒲城人,②翰林學士。

劉汲　西巖集　字伯深,翰林應奉。

劉瞻集　字巖老,亳州人。

---

① "崙",《元史藝文志》作"萮"。

② "蒲",《元史藝文志》作"浦"。

郝俁　虚舟居士集　字子玉,太原人,河東北路轉運使。

史公奕①　洹水集　字季宏,大名人,直學士。

李仲略　丹源徒釣集

王敏夫集

曹珏　卷瀾集二卷　字子玉,滏陽人。

曹户部詩集三十卷　曹望之,字景蕭,宣德人。

路鐸　虚舟居士集

張庭玉詩集　字子榮,易人。

姚孝錫　雞肋集　字仲純,豐人。

趙元　愚軒集　字宜之,定襄人。

侯大中詩集　號損齋,公安人。

馬鈺　漸悟集②

郝大通　太古集四卷

岳珂　玉楮集八卷

劉宰　漫塘文集三十六卷

陳文蔚　克齋集十七卷　字才卿,上饒人。

徐照　芳蘭軒集　字靈暉,永嘉人。

徐璣　二薇亭集　字靈淵,永嘉人。

翁卷　西巖集　字靈舒,永嘉人。

趙師秀　清苑齋集　字靈秀,永嘉人,高安推官。

薛師石　瓜廬詩　字景石,永嘉人。

程珌　洺水集

魏了翁　鶴山全集一百卷

真德秀　西山文集五十六卷

---

①　"奕",原誤作"弈",據《千頃堂書目》卷二十九、《補遼金元藝文志》《元史藝文志》改。

②　《元史藝文志》著録爲二卷。

周文璞　方泉集四卷　字晋仙,陽穀人。
趙汝鐩　野谷詩稿六卷　字明翁,袁州人,鎮江管権。
洪夔咨　平齋文集三十二卷
袁甫　蒙齋集四十卷
杜範　清獻集二十八卷①
吳泳　鶴林集四十卷
許應龍　東澗集十四卷
劉學箕　方是閒居士小稿二卷　字習之,崇文人。
華岳　翠微南征録　字子西,貴池人。
戴栩　浣川集十八卷　字文子,永嘉人,秘書郎。
陳元晋　漁墅類稿八卷　字明甫,崇仁人,邕營安撫使。
程公許　滄洲塵缶編
鄭清之　安晚堂詩集
陳耆卿　筼窗集　字壽老,臨海人,國子司業。
吳子良　荊溪集　字明甫,臨海人,太府少卿。
戴復古　石屏集　石屏詞　字式之,天台人。
汪莘　方壺存稿八卷　字叔耕,休寧人。
方大琮　鐵庵集三十七卷　字德潤,莆田人,知隆興,諡忠惠。
吳潛　履齋遺集四卷
王邁　臞軒集二十卷
戴昺　東野農歌集　字景明,天台人。
包恢　敝帚稿略八卷
徐鹿卿　泉谷文集□卷
詹初　流塘集二十一卷　字以元,休寧人,太學録。
嚴羽　滄浪集二卷　字儀卿,邵武人。

---

① 《千頃堂書目》卷二十九著録爲三十卷。

蘇泂　泠然齋集二十卷　字召叟，山陰人。
李曾伯　可齋雜稿三十四卷　續稿八卷　續稿後十二卷
劉克莊　後村集五十卷　字潛夫，莆田人，龍圖直學士，謚文定。
韓淲　澗泉集
李昴英①　文溪存稿二十卷　字俊明，番禺人，吏部侍郎，謚忠簡。
張侃　拙軒集六卷　字直夫，湖州人，上虞丞。
高斯得　恥堂存稿八卷
方岳　秋崖集②　字巨山，歙人，知袁州。
施樞　芸隱橫舟稿一卷　芸隱倦游稿一卷　字知言，丹徒人。
樂雷發　雪磯叢稿五卷　字聲遠，寧遠人。
宋伯仁　西塍集　字器之，湖州人。
許棐　梅屋集五卷　字忱夫，海鹽人。
歐陽守道　巽齋文集二十七卷
姚勉　雪坡文集五十卷　字述之，高安人，校書郎。
陳著　本堂集　字子微，鄞人，臨安通判。
湯漢　東澗集③
周弼　端平集④　字伯弜，汶陽人。
吳錫疇　蘭皋集三卷　字元倫，休寧人。
耶律楚材　湛然居士集三十五卷　又　十四卷
李俊民　莊靖先生遺集十卷
元好問　遺山集四十卷　詩集二十卷　樂府二卷
楊宏道　小山集□卷
李冶　敬齋文集四十卷

---

① "英"，原誤作"發"，據《續通志·藝文略》、四庫本《續文獻通考·經籍考》改。
② 《續通志·藝文略》、四庫本《續文獻通考·經籍考》均著錄爲四十卷。
③ 《四庫全書總目》卷一百七十四著錄爲一卷。
④ 《四庫全書總目》卷一百六十四著錄爲十二卷。

杜瑛　中山文集十卷
楊奐　還山集六十卷　紫陽集八十卷
馬廷鸞　碧梧玩芳集二十四卷
牟巘　陵陽集二十四卷
王應麟　深寧集百卷
劉祁　神川遁士集二十卷
康曄　澹軒文集
王鶚　應物集四十卷
王磐　鹿庵集
郝經　陵川文集三十九卷附錄一卷　一王雅二百五十篇　皇朝古賦一卷
魏初　青崖集十卷
劉秉忠文集十卷　詩集二十二卷　藏春集六卷　藏春詞一卷
許衡　魯齋遺書六卷　重輯魯齋遺書十四卷　文正公大全集三十卷
姚樞　雪齋集
楊果　西庵集
楊恭懿　潛齋集
徐世隆　瀛洲集一百卷
高鳴　河東文集五十卷
何希之　雞肋集
劉黻　蒙川遺稿四卷　字聲伯，樂清人，吏部尚書，諡忠肅。
文天祥文集三十九卷　集杜詩四卷
謝枋得　疊山集六十四卷
謝翱　晞髮集九卷[①]　雜文二十卷　宋鐃歌鼓吹曲一卷

---

① "九卷"，《元史藝文志》作"五卷"。

周密　蠟屐集一卷　弁山詩集五卷　絶妙好辭七卷　蘋洲漁笛譜一卷

舒岳祥　閬風集十二卷

方逢辰　蛟峰文集八卷　外集四卷

王炎午　吾汶稿十卷

鄭思肖　謬愚集一卷　文集一卷

林景熙　霽山集十卷

趙孟僴　湖山汙漫集

汪元量　湖山類稿十三卷　汪水雲詩四卷

趙必璩　覆瓿集六卷

何夢桂　潛山文集十一卷

家鉉翁　則堂集①

金履祥　仁山集六卷

張鄂　導江文集

熊禾　勿軒集八卷

鄒次陳　遺安集十八卷

胡三省　竹素園稿一百卷

毛直方　聊復軒稿二十卷　冶靈稿四卷

方鳳　存雅堂集五卷

王鎡　月洞吟一卷　字介翁,括蒼人,縣尉,宋亡不仕。

趙孟堅　彝齋文編四卷

劉辰翁　須谿集一百卷　記鈔八卷

汪炎昶詩五卷

柴望　秋堂集三卷　涼州鼓吹一卷

汪夢斗　北游集一卷

---

① 《續通志·藝文略》、四庫本《續文獻通考·經籍考》均著錄爲六卷。

何逢原　玉華集
黄公紹　在軒集一卷
鄧牧　伯牙琴一卷
真山民集一卷
劉壎　水雲村稿二十卷　補史十忠詩一卷
仇遠　金淵集六卷　山村遺集一卷
白珽　湛淵文集二十卷　詩集二十卷
戴表元　剡源文集三十卷
史公玨　蓬廬居士集
李進　磵谷居愧稿①
敖繼公文集二十卷
劉因　丁亥集五卷　靜修文集三十卷　樵庵詞一卷
滕安上　東庵集十六卷
史蒙卿　果齋文集四十卷
王昌世　靜學稿二十卷　字昭南，鄞人。
方回　虛谷集　桐江續集三十七卷②
蒲壽宬　心泉學詩稿六卷
吾邱衍　竹素山房詩集③
鄭滁孫文集
俞琰　林屋山人稿一卷
董嗣杲　廬山集五卷　英溪集一卷　西湖百咏二卷
方夔　富山遺稿四十卷④　字時佐，純安人，宋亡不出。
于石　紫巖詩選三卷

---

① "稿"，原誤作"集"，據《元史藝文志》改。
② "三十七卷"，《元史藝文志》同，《千頃堂書目》卷二十九作"五十卷"。
③ 《元史藝文志》著錄爲三卷。
④ "四十卷"，《續通志·藝文略》、四庫本《續文獻通考·經籍考》均作"十卷"。

陳巖　九華詩集一卷①
黃庚　月屋漫稿一卷　字星父,天台人。
衛宗武　秋聲集十卷
黃仲元　四如先生集五卷
潘音　待清軒集
胡次焱　梅巖文集十卷
俞德鄰　佩韋齋文集十六卷　字宗大,永嘉人,咸純進士,宋亡不仕。
吴龍翰　古梅吟稿六卷　字式賢,歙人,編校國史,宋亡不仕。
劉莊孫　芳潤稿五十卷　和陶詩一卷
信苴福　征行集
耶律鑄　雙溪醉隱集②　雙溪醉隱樂府③
陳祜　節齋集
張宏範　淮陽集一卷　詩餘一卷
王惲　秋澗大全集一百卷
閻復　靜軒集五十卷　内外制集
王旭　蘭軒集十六卷
李之紹　果齋文集
高文簡公文集七卷
焦養直　彛齋存稿
許謙　白雲先生集四卷　古詩一卷
趙文　青山集三十卷
胡長孺　瓦缶集　南昌集　寧海漫草　顔樂齋稿　石塘文集五十卷

---

①　"一卷",《千頃堂書目》卷二十九、《補遼金元藝文志》《元史藝文志》均作"四卷"。
②　《元史藝文志》著録爲八卷。
③　《千頃堂書目》卷二、《補遼金元藝文志》《元史藝文志》均著録爲十一册。

胡祗遹　紫山先生大全集六十七卷
尤玘　歸閒堂集
程鉅夫　雪樓集三十卷
趙孟頫　松雪齋集十卷　別集一卷　續集一卷
何中　知非堂稿六卷　知非外稿十六卷　太虛集十六卷
陸文圭　牆東類稿二十卷
劉詵　桂隱文集四卷　詩集四卷
蕭𣂏　勤齋文集十五卷
同恕　榘庵先生文集三十卷
張立道　效古集
張伯淳　養蒙先生集
韓諤　五雲書屋稿六卷　字致用,紹興人,性兄,建寧錄事。
韓性　五雲漫稿十二卷
陳思濟　秋岡先生集
申屠致遠　忍齋行稿四十卷
商琥　彝齋文集十卷
陳櫟　定宇集十六卷　別集一卷
胡炳文　雲峰集二十卷
任士林　松鄉文集十卷
楊漢英　桃溪內外集六十二卷
宋𧷤　秬山集十卷
黃叔英文集二十卷
姚雲文　江村近稿二十卷①
武伯威詩集　宣德人,汾西縣尹。
姚燧　牧庵文集五十卷

---

① "二十卷",《千頃堂書目》卷二十九,《補遼金元藝文志》《元史藝文志》均作"十三卷"。

盧摯　疏齋文集
鄧文原　內制集　素履齋稿　巴西集
貢奎　雲林集六卷　附錄一卷
燕公楠　五峰集
曾德裕　小軒初稿
袁易　靜春堂集　靜春詞一卷
馬潤　樵隱集
安熙　默庵集五卷
元淮　金囦集一卷　字國泉，崇仁人，溧陽總管。
吳師道　禮部集二十卷
盧亘　待制詩集一卷
熊朋來　豫章集三十卷
宇文公諒　折桂集　觀光集　辟水集　以齋行稿　玉堂漫稿　越中行稿
梁學士詩集　曾。
陳孚　觀光稿一卷　交州稿一卷　玉堂稿一卷　附錄一卷
馮子振　受命寶賦一卷
陳益稷　安南集
何得之詩一卷
鮮于樞　困學齋集
宋无　翠寒集六卷　啽囈集一卷　蠫迆集　鯨背吟一卷①
潘昂霄　蒼崖類稿漫稿
王弈　玉斗山人集三卷　梅巖雜咏七卷　東行斐稿三卷　字伯敬，玉山人。
何榮祖　大畜十集　載道集

---

① 此書作者《千頃堂書目》卷二十九、《補遼金元藝文志》《元史藝文志》均著錄爲"朱名世"。

吴澄　支言集一百卷　文正集一百二卷　私录二卷
王约　潜邱稿三十卷
郭昂　野斋集
黄镇成　秋声集四卷
席郁文集　字士文，元城人，监察御史。
赵淇　太初纪梦集
陈仁子　牧莱脞语十二卷　二稿八卷
秦起宗　御史奏议一卷
陈允平　西麓诗稿一卷　蜩鸣稿一册
朱晞颜　瓢泉吟稿五卷　字景渊，长兴人，瑞州监税。
郭鐄　梅西先生集
范晞文　药庄废稿　字景文，钱塘人，江浙提学。
王义山　稼村类稿三十卷　字元高，丰城人，江西儒学提举。
艾性夫　剩语二卷　字天谓，抚州人，江浙儒学提举。
张观光　屏岩小稿一卷　字直夫，东畼人。
杨公远　野趣有声画一卷①　字叔明，歙人。
龚璛　存悔斋稿一卷　补遗一卷
尹廷高　玉井樵唱三卷　字仲明，遂昌人。
王都中　本斋诗集三卷
袁士元　书林外集七卷
李孟　秋谷集
刘敏中　中庵集二十五卷
曹伯启　汉泉漫稿十卷　续稿三卷
徐毅　奏议五卷　诗文三卷
耶律希亮　愫轩集三十卷

---

① "一卷"，《补辽金元艺文志》《元史艺文志》均作"二卷"。

程端禮　畏齋集十卷
程端學　積齋集五卷
熊本　舊雨集五十卷
曾巽申　明時類稿　超然集二卷
陳深　寧極先生詩四卷　東游小稿
李鳳　西林集
龍仁夫文集
劉岳申　中齋集十五卷　字高仲，吉水人，泰和判官。
陳普　石堂先生遺集二十二卷
貫雲石　酸齋文集
武恪　水雲集
張養灝①　歸田類稿二十四卷附錄一卷　雲莊集四十卷　雲莊休居自適小樂府一卷　年譜一卷
蘇天爵詩稿七卷　滋溪文稿三十卷　松廳章疏五卷
虞集　道園學古錄五十卷　道園類稿　道園遺稿六卷　續稿三卷　翰林珠玉六卷　道園樂府一卷
馬祖常　石田先生文集一十五卷　章疏一卷
元明善　清河集三十九卷
曹元用　超然集三十三卷
敬儼詩文集
孛术魯翀　菊潭集六十卷
袁桷　清容居士集五十卷　致亭集三十七卷
王士熙　江亭集
宋本　至治集四十卷
宋褧　燕石集十五卷　附錄一卷

---

① "灝"，《元史藝文志》作"浩"。

楊剛中　霜月齋集四十卷
范梈詩集七卷
楊載詩集八卷　集古詩二卷
揭傒斯　文安公集五十卷　揭文一卷　詩三卷　文粹一卷　文續錄二卷　秋宜集
黃溍　日損齋稿三十三卷　文獻公集四十三卷
吳萊文集六十卷　淵穎集十二卷
柳貫文集二十卷　別集二十卷
王沂　伊濱集二十四卷
歐陽原功　圭齋文集十五卷　附錄一卷
陳旅　安雅堂集十四卷①
趙偕　寶峰先生文集
孟待制文集　名昉，字天暐，西域人。
李材詩一卷
梁益　三山稿
李思衍　兩山稿　字克昌，番陽人。
曹鑑文集
薩都剌　雁門集八卷　集外詩一卷
雷機　龍津　龍山　鄭川　環中　黃鶴磯　梅易齋　碧玉環七稿
虞槃文集
李存　俟庵集三十卷
傅汝礪文集十一卷附錄一卷　詩集八卷
丁復　檜亭集九卷
劉將孫　養吾齋集三十二卷

---

①　"集"字原脱，據《元史藝文志》補。

徐明善　芳谷集二卷
陳宜甫　秋巖詩二卷
周權　此山集四卷
周才　吳塘集
衛培　過耳集十卷　字寧深,崑山人。
李季高　蓉月集
盧觀　草翠軒文稿　樂府聲調集
王珪　山居幽興集
黃錫孫　縠山集
虞薦發　薇山文集二十卷
袁袞　臥雪齋文集
劉麟瑞　昭忠逸咏五卷
張範　蓬窗集　益齋、旅齋二集
劉曜　淵泉集二卷　字宗起,安成人。
沈夢麟　花溪集①　字昭原,湖州人。
王毅　木訥齋文集五卷　字剛叔,龍泉人。
華幼武　黃楊集三卷　補遺一卷　字彥清,無錫人。
馬麟　醉漁集　草堂集　字公振,崑山人。
劉清叟　立雪詩稿一卷
陸厚　古漁唱
劉岳　東厓小稿　字公泰,吳人。
蒲道源　閒居叢稿二十六卷　字德之,興元人,陝西儒學提舉。
湯彌昌　碧山類稿　湘江櫂歌
俞遠　豆亭集　字之近,江陰人。
強珇　嘉樹堂集　字彥栗,嘉定人。

---

① 《千頃堂書目》卷十七、《四庫全書總目》卷一百六十八均著錄爲三卷。

趙箕翁　覆瓿集
洪德章　軒渠集　字巖虎,莆田人。
侯克中　艮齋詩集一十四卷
郭豫亨　梅花字字香二卷
黃玠　弁山小隱吟錄二卷　字伯成,慈谿人。
陳植　慎獨叟遺稿　字叔方,深子。
陳時登　述稿三十卷
秦輔之　忠孝百咏
湯炳龍　北村集
史伯璿　牖巖遺稿
羅志仁　薊門行倦游集
王泰亨　康莊文集　平陽人,平章政事。
朱德潤　存復齋集十卷　字澤民,崑山人。
張之翰　西巖集二十卷　字周卿,邯鄲人,松江知府。
周應極　拙齋集二十卷　字南翁,鄱陽人。
陳泰　所安遺集一卷　字志同,茶陵人,龍泉主簿。
吳炳　待制集一卷
洪焱祖　杏庭摘稿一卷
周南瑞　江西老圃集
李京　鳩巢漫稿
郭天錫　快雪齋集
揭佑民　盱里子集　廣昌人,邵武經歷。
唐元　筠軒集五十卷
贍思文集三十卷
迺賢　金臺集二卷
方道叡　愚泉詩集十卷
王結　文忠文集十五卷

張起巖　華峰漫稿　華峰類稿　金陵集
李泂文集四十卷
干文傳　仁里漫稿
黃清老　樵水集
朱文霆　葵山文集　字原道,莆田人,泉州總管。
李洧孫①　霽峰文集二十卷　字甫山,寧海人,黃巖判官。
程珣　柳軒退稿十卷　字晉輔,眉州人。
馬瑩　歲遷集四十卷　雜文十二卷　字仲珍,建德人。
吳福孫　樂善齋集
吳暾　青城集二十卷
支渭興　龍溪詩集　長寧人,四川參政。
王士元　拙庵集　平陽人,崇文少監。
吳存　月溪詩集　字仲退,鄱陽人,本縣主簿。
安思承　竹齋詩集　磁州人,山東廉訪使,謚貞肅。
林泉生　觀瀾集一卷　覺是先生文集二十卷
王儀文集　鄧州人,西臺御史。
熊西父　瞿梧集
陳廷言　貽笑集二卷　江湖詩品二卷　集賢侍講。
周文孫　鼇溪文集三卷　字以立,吉水人。
李庸詩集五卷　宮詞一卷　字仲常,東陽人,杭州錄事。
李序　綱緼集　字仲修,東陽人。
程養全　白粥稿　字子正,德興人,鉛山判官。
陳景仁　愛山詩稿
楊益　隨齋詩集②　字友直,洛陽人,撫州總管。
吳善　翰林應制集　太常謚議　江浙儒學提舉。

---

①　"洧",原誤作"侑",據《元史藝文志》改。
②　"集",原誤作"稿",據《元史藝文志》改。

孫澈　淡軒詩

曹慶孫　副墨　東山高蹈集　　字繼善,華亭人,純安教諭。

羅公升　滄州詩集一卷　　字時翁,永豐人。

王壎　雲中稿　雲屋稿

韓信同　遺書二卷

曹仲野　詩文講義二卷　　新安人。

楊顯夫　水北山房集　　南昌人。

林善同　泉山文集二卷　　泉州人。

龔道源　雲山夜話集　　字士元,新建人。

吳景南　南窗吟稿四卷

柴潛道　秋巖小稿

壺戣　樵雲集　　字怡樂,烏程人。

徐夢吉　琴餘雜言

陳顯曾　思雨軒稿

鄧舜裳　鄧林樵唱

王安民　管斑集

蕭居仁　石潭漁唱

唐懷德　存齋雜稿

方樸　方壺集二卷

吳鎮　梅花道人遺墨

葉廣　居自得齋集

方澄孫[①]　烏山小稿

劉霖　雲章集

劉應登　耘廬集

---

① "孫",原誤作"心",據《千頃堂書目》卷二十九、《補遼金元藝文志》《元史藝文志》改。

王天覺　覺軒集①

王文澤　自立齋集十卷

陳方　谷陽集

孟栻　不二心稿

楊如山　淮海集十卷

俞希魯　聽雨軒集二十二卷

高皓孫　屠龍集十卷　字商叟，丹徒人。

顧觀　容齋集二卷　字利賓，金壇人，星子縣尉。

汪巽元　退密老人詩八卷

林希元　長林集②　台州人，上虞尹。

黃叔美詩一卷　名河清，盱江人。

梁隆吉詩集　楝。

陳深源　片雲小稿一卷

郭鎬　遺安集一十一卷

張植　瀘濱集五卷

馬玉麟　東皋先生詩集五卷　字伯祥，海陵人。

張昌　寓道集十卷

方誼　虎林高隱集五卷　附錄一卷　錢塘人。

徐師賢　上饒集　吳興集　姑孰集　北游錄　共十卷

鄭覺民　求我齋稿三十三卷　字以道，鄞人，處州教授。

鄭芳叔　蒙隱集③　字德仲，鄞人。

張慶之　海峰文編三卷　續胡曾咏史詩　字子善，吳人。

劉應龜　山南先生集二十卷　字元益，義烏人。

胡渭　雞肋集　字景呂，諸暨人。

---

①　《元史藝文志》著錄爲十卷。
②　"集"，《元史藝文志》作"稿"。
③　"集"，《元史藝文志》作"稿"，且著錄爲十三卷。

蕭國寶　輝山存稿一卷

文子方集　矩，長沙人，太常禮儀院判官。

李在明　甬山集十卷

翁森　一瓢稿　字秀卿，仙居人。

劉邊　自家意思集四卷　字近道，建安人。

黃異　節庵集三十卷①　字民同，都昌人。

卞南仲　溪居集　江行集　字應午，長興人，溧陽判官。

洪震老　觀光集一卷　字復翁，淳安人。

鄭洪　素軒詩一卷　字君舉，永嘉人。

范霖　歲寒小稿一卷

金至善　菊逸集　字伯明，崑山人。

王鵬　緱山集

張淵　心遠堂集　吳江人。

洪淵　環中集十卷　豐城人。

馮翼翁文集二十卷

葉森　瓦釜鳴集三卷　字景瞻，錢塘人。

俞漢　象川集十卷　字仲雲，諸暨人。

邱世良　梯雲集六卷　字子正，錢唐人，慶元治中。

汪可孫　雲窗法語一卷　績溪人。

師餘　縷裂集一卷　字學翁，眉州人。

陳鐸　壯游集八卷　字子振，吳人。

鄭東起　自然機籟

朱隱老　灃峰精舍文集　字子方，豐城人。

王仁輔文稿十卷

張敏　月山集九卷　富平人，陝西郎中。

---

① "節庵集"，《千頃堂書目》卷二十九、《補遼金元藝文志》同，《元史藝文志》作"節庵詩集"。

蔣易　鶴田集二十卷

何景福　鐵牛翁詩集一卷　字介夫，淳安人。

徐夢　高菊存稿一卷　字明叟，淳安人，衡州教授。

柯舉　竹圃夢語二卷①

瞿孝禎　月蕉稿　字逢祥，常熟人。

李瓚　弋陽山樵稿

宋沂　春咏亭集　字子與，清江人，常山縣尹。

蔣宗簡文集十卷

許嗣得　靜齋集　字繼可，天台人。

陳柏　雲嶠集　字新甫，泗州人。

曹文晦　新山集　字輝伯，天台人。

王炎澤　南棱類稿二十卷　字威重，②義烏人，石峽山長。

曾嚴卿　南明齋稿三十卷　字務光，金谿人。

葉謹翁　四勿齋稿　曲全集　字審言，金華人，瑞安同知。

葉應咸　棲閑集③　字心可，麗水人。

聞人夢吉詩集二卷　字應之，婺源人，慶元知事。

盧克治　琴川集　錢唐集　字仲敬，開州人，漢陽知府。

林全　小孤山人集二卷　字子貞，福州人。

丁儼　小溪集四十卷　又　小溪寓興十卷

張延文集十卷　讀通鑑詩二卷

陳天錫　鳴琴集　字載之，福寧人。

楊舟　雞肋集　字梓夫，慈利人，翰林待制。

趙若　澗邊集二十卷　字順之，崇安人。

---

① "語"，原誤作"話"，據《千頃堂書目》卷二十九、《補遼金元藝文志》《元史藝文志》改。

② "重"，《元史藝文志》作"仲"。

③ 《元史藝文志》著錄爲二卷。

劉聞　容窗集十卷①　太史集六卷

許有壬　至正集一百卷　圭塘小稿三十卷　別稿二卷　外稿一卷　續稿一卷

呂思誠文集

王守誠文集

杜本　清江碧嶂集②

楊少愚　秋浦集

楊士宏　鑑池春草集③　字伯謙，襄城人。

司允德　西游漫稿　字執中，東平人。

朱鳳　樵唱集

王茂實　清溪山房詩集

朱望樂　吾愚詩集　字幼望，樂安人。

陳子犖　思剡集　字象賢，奉化人。

易南友　梅南詩集

李希說　山中小稿

嚴士真　江漢百咏　桃溪百咏一卷　字正卿，崇陽人。

蕭士贇　冰崖詩集　字粹可，贛州人。

蕭士則　大山集　蕭泰來　小山集　兄弟，新喻人。

祝大明　樵隱集

林茂濬　白雲稿

徐基　玲瓏窗吟稿

歐陽齊吾　環山詩稿

汪宗臣　紫巖集四卷　字公輔，婺源人。

---

① "容"，原誤作"客"，據《元史藝文志》改。

② 《元史藝文志》著錄爲一卷。

③ "春"，原誤作"秋"，據《千頃堂書目》卷二十九、《補遼金元藝文志》《元史藝文志》改。

程樞　雲樓野稿
洪希文　續軒渠集十卷　字汝質,莆田人。
汪澤民　巢深集①　燕山稿　宛陵稿
李孝光　五峰文集二十卷
柯九思集一卷
岑安卿　栲栳山人集三卷
倪士毅　道川集
烏古孫良楨　約齋詩文　奏議
成遵文集　奏議塞責稿
僧嘉訥　崿山詩集　字元卿,廣東宣慰都元帥。
雅琥詩　字正卿,也里可溫人,福建鹽司同知。
胡助　純白齋類稿二十卷　附錄二卷　字古愚,東陽人。
方瀾遺稿一卷　字叔淵,莆田人。
張仲深詩集六卷
陳鑑　午溪集②
吳景奎　药房樵唱三卷　附錄二卷　字文可,蘭溪人,興化學錄。
薛漢詩集　字宗海,永嘉人。
潘伯修　江檻集　字省中,黃巖人。
甘允從詩　立,陳留人。
王禎　農務詩一卷　字君舉,高郵人。
余瑾　丹崖夜嘯　玉露吟
張天永　雪篷行稿　溝亭集　字長年,高郵人。
王餘慶　惺惺道人遺稿
丁泯③　滄洲集

---

① "集",《元史藝文志》作"稿"。
② 《補遼金元藝文志》《元史藝文志》均著錄爲十卷。
③ "泯",《元史藝文志》作"岷"。

虞志道　雲陽集
汪漢卿　養灝集二十卷①　字景辰,黟人,國子監丞。
謝俊民②　玉泉集
凌巖　古木風瓢集　字山英,華亭人。
衛仁近　敬聚齋稿　字剛叔,華亭人。
陸鵬南　九峰清氣集
程直方　前村吟
江永之　雷鐘小稿
唐本道　九曲韻語
王厚孫　遂初稿③
項曡　山中言志前後續集共八卷　字彥高,龍泉人。
趙德光　松雲樵唱四卷　桃源舊稿二卷　字子明,龍泉人。
包希魯文集十四卷
邱迪　雲麓文稿
盛彧　歸吳岡稿　字季文,常熟人。
曹貞　十洲三島詩　字元度,常熟人。
王元杰　貞白英華集　水雲清嘯集
任詔　槃園集
盛興　滴露齋稿
張端　溝南漫存集④　字希尹,江陰人,江浙行院都事。
姚文奐　野航亭稿　字子章,崑山人。
邵亨貞　野處集四卷
梅萉　臞庵集⑤

---

① "灝",《千頃堂書目》卷二十九、《補遼金元藝文志》《元史藝文志》均作"浩"。
② "民",原誤作"臣",據《元史藝文志》改。
③ 《千頃堂書目》卷二十九、《補遼金元藝文志》《元史藝文志》均著錄爲三十卷。
④ "集",《元史藝文志》作"稿"。
⑤ "集",《元史藝文志》作"稿"。

余日强　淵默叟集
沈右　清輝樓稿
盛應發　嘯古集
馮華文集三卷　詩五卷
楊俊民　潯川文集
何體仁　空谷樵音
楊大雅　大隱集
王洪　毅齋存稿
吳復　雲樵集
夏正餘留稿
時少章　所性稿
王霆　玉溪集
黃宏　穀城稿
林溫　栗齋文集
林逢龍　草堂集
管師復　白雲翁集
徐蘭　自鳴集　鳴陽集
金寔　覺非集
方有開詩文集十二卷①
胡朝穎　靜軒集
吳人龍　鳳山集
李闢　北源先生文集
陳自新　起興集
鄭以道　行餘全集
陳信惠　中齋文集　字孚中，晋江人，惠安縣尹。

---

① "十二卷"，《元史藝文志》作"十一卷"。

蕭雷龍　芳州文集　秘書著作佐郎。

季仁壽　春谷文集

章正則　觀海集

林廣　三溪集

陳巖　九華詩集四卷　鳳髓集　號清隱,青陽人。①

耿介　應言稿

葉瑞遺文四十卷

鄭朽　次夾漈餘聲樂府

劉有定詩集八卷　泮宮嘆一卷

應恂　純朴翁稿　字子孚,永康人。

黎省之詩一卷　安南人。

王德輝先生文集十卷　名朝,莆田人。

謝宗可　詠物詩一卷

許恕　北郭集六卷　補遺一卷

陳秀民　寄情集　字庶子,溫州人。

何淑　蠖閣集八卷　字伯善,臨川人。

曾仲啓集十卷

王元明　達意集十卷

汪文燡　居朝錄　明農稿

劉仁本　羽庭集十卷　字德元,天台人,浙江左右司郎中。

李士瞻　經籍文集六卷

夏疇　北村集

江霝　陶陶翁文集

汪斌　雲坡樵唱集

汪德馨　菊坡集

---

① "青",原誤作"清",據《元史藝文志》改。

汪德鈞　東湖遺稿
范致大　金罘集
牛處士詩集一卷
許應祁　松軒文集
金原舉　雲谷集
葛聞孫　環翠山房集
陳玉峰　黃山詩集
汪文龍　友雲集
汪珍　南山詩集
楊景中　鳳山集
王華　怡軒文集
任暉　東白文集
沈騰　雙清稿
謝震　望雲稿
汪逢辰　鳴球集
曹涇　詩文韻儷稿五卷
程彌壽　仁山遺稿
錢選　習嬾齋集
薛同孫　甬東野人語四卷
薛燾　學箕集三卷
薛明道　瑞室稿七卷
徐本原　思剡集
孔克烈　雁山樵唱詩集　字顯夫，溫州平陽人。
周潤祖　紫巖集①
鄭奕夫②　衍桂堂集

---

① "集"，《元史藝文志》作"稿"。
② "奕"，原誤作"弈"，據《元史藝文志》改。

孫庚　雪磯集　字居仁，慈谿人。

陳觀　竅蚓集　嵩里集　字國秀，奉化人。

孫元蒙　映雪齋稿　字正甫，鄞人。

劉希賢　瓶窩類稿

彭克紹　學餘稿

夏洪參　邯鄲步

高德進　紀夢集十卷

李仲淵　宗雅集

佘東卿　秦淮櫂歌

孔肅夫　自然亭詩

孔子升　潔庵集十二卷

高賓叔　鄭璞集

葛元喆文集十卷①

朱夏　鳴陽集

趙雍　仲穆遺稿

張樞　敝帚編

杜本彝文集四十卷　安陽人，集賢大學士。

張翥　蛻庵集四卷　蛻庵樂府三卷

沙剌班　學齋吟稿囗卷

成廷珪　居竹軒集四卷

胡天游　傲軒吟稿一卷

甘復　山窗餘集二卷

黃公望　大癡道人集

詹從樸　奎光集

黃竑　留皮稿

---

①　"喆"，原誤作"嘉"，據《元史藝文志》改。

劉鍔　中鵠集　汲清集
歐陽弇　鳳山集
劉執中　鳴皋集
龍雲從　魚軒集　字子高,廬陵人。
黃堅　遁世遺音一卷　字子貞,豐城人。
朱嗣榮　燹餘集　字文昌,金谿人。
胡山立　清嘯前後集
鄭士亨　東游集
熊太古　燹餘集　熙真集
劉君賢　昌雩集① 　改姓袁,字文定,雩都人。
吕不用　得月稿六卷
陳宜孫　弗齋集
汪松壽　姚江集
陳樵　鹿皮子集四卷
貢師泰　玩齋集十卷　拾遺一卷
程文　黟南生集三十八卷　蚊雷小稿四卷　師意集
盧琦　圭峰集二卷
楊允孚　灤京雜咏一卷
耶先忽都詩集十卷②
劉鶚　惟實集四卷　外集一卷
郭翼　林外野言二卷　字羲仲,崑山人。
徐舫　瑶林集　滄江集
鄭玉　師山文集八卷　餘力稿五卷
李祁　雲陽集十卷

---

①《元史藝文志》著録爲六卷。
②"耶先忽都",《千頃堂書目》卷二十九、《補遼金元藝文志》《元史藝文志》均作"也先忽都"。

錢惟善　江月松風集十二卷

周霆震　石初集十卷

丁鶴年　海巢集一卷　哀思集一卷　方外集一卷　續集一卷

吳皋　吾吾類稿三卷

張憲　玉笥集①

舒遠　莊窗遺稿一卷②

張光祖　唱和集

葉景南　樵雲獨唱六卷

呂誠　來鶴亭集一卷　補遺一卷　番禺稿一卷　既白軒稿一卷　竹洲歸田稿一卷

周巽　性情集六卷

胡行簡　樗隱集六卷

程從龍　梅花詩　字登雲，嘉魚人。

董養性　高閑雲集

沈貞　茶山集一卷　字元吉，長興人。

曹志　拱和集　字伯康，金華人。

陸友　把菊軒稿

朱良實　松陵續集　漁唱稿

陳樸　味道編　雲軒集

陸仁　乾乾居士集　字良貴，崑山人。

周文英　庭芳集

王立中　息齋、寓齋、穛隱三集二十卷③　字彥強，遂寧人，松江知府。④

顧輝　守齋類稿三十卷　字德輝，鄞人。

---

① 《千頃堂書目》卷二十九、《元史藝文志》均著録爲十卷。
② "莊窗"，《元史藝文志》作"北莊"。
③ "穛"，原誤作"樺"，據《元史藝文志》改。
④ "江"，原誤作"州"，據《元史藝文志》改。

韓奕山人集

李繼本　一山文集九卷

泰不華　顧北集

余闕　青陽山房集六卷　附錄二卷

劉耕孫　平野先生集

黃殷士詩一卷　㝷。

楊居　愛齋稿

王彥高集十卷

陳尚簡　靜庵詩集

華璹　閒養詩集①

吳叡　雲濤萃稿②

楊維楨　東維子集三十卷附錄一卷　鐵崖樂府十卷　樂府補六卷　復古詩集六卷　麗則遺音四卷

倪瓚　清閟閣集十二卷

顧瑛　玉山璞稿一卷

鄭元祐　僑吳集十二卷

郯韶　雲臺集

金涓　青村遺稿一卷

舒頔　貞素齋集八卷　附錄一卷

謝應芳　龜巢集十七卷

趙友桂　南泉稿

王儀　菟庵文集

朱南强　黿醮稿

馮勉　土苴集

李琛　確軒集

----

① "閒養"，《元史藝文志》作"養閒"。

② "萃"，原誤作"翠"，據《元史藝文志》改。

陳可齋集二十卷

羅庭震　武當紀勝集一卷

王禮　麟原文集二十四卷

魯貞　桐山老農文集四卷

郭鈺　靜思集十卷

陳高　不繫舟漁集十二卷

張昱　可閑老人集四卷

王逢　梧溪集七卷

戴良　九靈山房集三十卷

朱希晦　雲松巢集三卷

吳主一詩草　<small>志淳。</small>

黎仲基　瓜園集十卷

楊翮　佩玉齋類稿十卷

吳簡　守約齋集　月潭詩集

周伯琦　近光集三卷　扈從詩一卷

吳當　學言詩稿六卷

吳訥　萬户詩集五卷

貢性之　南湖集七卷

王翰　友石山人遺稿一卷①

吳海　聞過齋集八卷

吳會　書山遺集三十卷　<small>字慶伯，金谿人，入明不仕。</small>

梁寅　石門集七卷

宋禧　庸庵集十四卷　<small>字無逸，餘姚人，繁昌教諭。</small>

鄧雅　玉笥集②　<small>字伯言。三人皆明初被召，放還。</small>

----

①　"人"，原誤作"房"，據《千頃堂書目》卷二十九、《補遼金元藝文志》《元史藝文志》改。

②　《補遼金元藝文志》著錄爲十卷。

張玉娘　蘭雪集
鄭允端　肅雝集一卷　字正淑,平江人,施伯仁妻。
丘處機　長春子稿　磻溪集六卷
尹志平　葆光集三卷
姬志真　雲山集十卷
吳全節　看雲集二十六卷
馬臻　霞外集十卷
雷思齊詩文二十卷　和陶詩三卷　空山漫稿
譚處端　水雲集三卷
孫德彧　希聲集
吳元初　玄玄贅語　龍虎山道士。
張雨　句曲外史集三卷　補遺三卷　集外詩一卷
查居廣　學詩初稿一卷　臨川道士。
朱本初　貞一稿　字廣居,臨川道士。
楊至質　勿齋集　閣皂山道士。
薛元曦　上清集　字元卿,龍虎山道士。
于立　會稽外史集
黃石翁　松瀑稿　字可玉,廬山道士。
席應真　金薤稿
王先生草堂集　號白雲子。
鄭守仁　蒙泉集　黃巖人。
釋溥光　雪庵長語　字元輝,大同人。
文珣　潛山集　杭州僧。
居簡　北磵集十卷　字敬叟,淨慈光孝寺僧。
道璨　柳塘外集四卷　字無文,薦福寺僧。
釋英　白雲集三卷　字存實,錢塘人。
善性　谷響集一卷　字無住,吳人。

圓至　牧潛集七卷
契嵩　鐔津集二十二卷　字仲靈,靈隱寺僧。
大訢　蒲室集十五卷
克新　雪廬稿一卷
正則　溪香集
大圭　夢觀集五卷　字恒白,晋江人。
法住　幻庵詩一卷
祖柏　不繫舟集　字子庭,四明人。
明本　懷淨土詩一卷　梅花百咏一卷
行端　寒拾里人稿　字景元,徑山僧。
僧益　山居詩一卷　字楠堂,奉化僧。
有貞　平山詩集
清珙　石屋山居詩二卷
惟則　師子林別錄　字天如,吳郡僧。
至仁　澹居稿
景洙　翠屏集　番陽僧。
實存　白雲集　錢唐人。
祖銘　古鼎外集
元長和智覺　擬寒山詩一卷
廷俊　泊川文集五卷　字用章,樂平人。
允中　雲麓文稿
餘澤　長春集　雨花別集　字天泉,天竺寺僧。
宗衍　碧山堂集　字道源,嘉興僧。
無照　臥雲集
梵琦①　楚石集

---

① "梵",原誤作"楚",據《元史藝文志》改。

右集。

真德秀　文章正宗
陳思　兩宋名賢小集
陳起　江湖集
元好問　唐詩鼓吹①　中州集②　中州樂府③
房祺　河汾諸老詩集八卷
郝經　原古錄　唐宋近體詩選④
吳渭　月泉吟社一卷
謝翱　天地間集五卷
劉辰翁　古今詩統六卷
毛直方　詩宗群玉府三十卷
金履祥　濂洛風雅七卷
熊禾　詩選正宗
裴良輔　十二先生詩宗集韻二十卷　字師聖。
鄭滁孫　義陽詩派
方回　文選顏謝鮑詩評四卷　瀛奎律髓四十九卷⑤
仇遠　批評唐百家詩選
陳謙　西漢文類
陳仁子　文選補遺四十卷
黄景昌　古詩考錄

----

①　《千頃堂書目》卷三十二、《補遼金元藝文志》《元史藝文志》均著錄爲十卷。
②　《千頃堂書目》卷三十二、《補遼金元藝文志》《元史藝文志》均著錄爲十卷。
③　《補遼金元藝文志》《元史藝文志》均著錄爲一卷。
④　"宋"，原誤作"詩"，據《元史藝文志》改。
⑤　"奎"，原誤作"海"，據《千頃堂書目》卷三十一、《補遼金元藝文志》《元史藝文志》改。

周南瑞　天下同文集五十卷①

王玠　唐詩選

楊士宏　唐音十四卷　字伯謙，襄城人。

周弼　三體唐詩四卷　又　二十卷

馬瑩　選唐人五百家詩五卷　宋南渡諸家詩一卷

吳福孫　古文韻選

吳宏道　中州啓牘四卷　字仁卿，蒲陰人。

趙景良　忠義集七卷　字秉善，南豐人。

古文集成七十八卷

名公書判清明集十七卷

古今大成詩選正宗二十卷

傅習、孫存吾編集　元詩前集六卷　後集六卷　習字說卿，清江人。
　　存吾字如山，廬陵人。

曾應奎　元詩類選四卷

蔣易　皇元風雅三十卷　字師文，建陽人。

宋裦　皇元風雅八卷

蘇天爵　國朝文類七十卷

陳士元　武陽耆舊詩宗一卷

梁有　文海英瀾二百卷

柳貫　金石竹帛遺文十卷

吳萊　樂府類編一百卷

楚漢正聲二卷

李康　桐江詩派

方道叡　唐律體格一册

孫元理②　元音十二卷

————

① "集"字，《千頃堂書目》卷三十一、《補遼金元藝文志》《元史藝文志》均無。

② "元"，《千頃堂書目》卷三十一、《元史藝文志》均作"原"。

賴良　大雅集八卷　字善卿,天台人。
劉履　風雅翼十二卷　字坦之,上虞人,入明不仕。
鄭元善　三衢文會一卷
徐達左　金蘭集三卷　字良夫,吳人。
黃應和　華川文派錄六卷
東甌遺芳集
揭傒斯　吳氏天爵堂類編十卷
左克明　古樂府十卷
繆思恭等　至正庚辛唱和集①
周砥　馬治　荊南唱和集一卷
許有壬　圭塘欸乃集三卷
汪澤民　宛陵群英集十二卷
鄭太和　麟溪集十卷
楊維楨等　西湖竹枝詞一卷
顧瑛　玉山名勝集八卷　外集一卷　草堂雅集十三卷　玉山紀游一卷②
王禮　長留天地間集
高德進　自得齋類編
韓翃　魏國家集十二卷　類編名人詩文八卷　尺牘一卷
段克己　成己　二妙集八卷
菊莊樂府一卷
遁齋樂府一卷
柴氏四隱集三卷
繡川二妙集　傅雅,字景文;陳堯道,字景傳。俱義烏人。
蘇臺四妙集　高常、陳瀧、湯仲友、顧逢。

---

① 《元史藝文志》著錄爲一卷。
② 《元史藝文志》著錄編者爲"袁華"。

徐氏雙桂集　伯樞衍,無錫人。
鄭氏聯璧集　東、采,溫州人。
元音遺響十卷　元遺民胡布、張達、劉紹詩。
薛氏聯芳集　蘭英、蕙英,吳人。
送張吳縣經官嘉興詩一卷①　送張府判詩一卷　良常草堂圖詩一卷
贈王慶端賜雕玉杖詩三卷
先天觀詩一卷
浦江縣宰廉阿　甘棠集一卷
運使復齋郭公敏行錄一卷
丘處機等　勞山仙迹詩一卷
呂虛彛　瀛海紀言十七卷　字與之,奉化道士。
張雨　師友錄②
釋壽寧　靜安八詠詩集③　上海靜安寺僧。
　　右總集。

鄭當時　群書會要
泰和編類陳言文字二十卷
祝穆　事文類聚前集六十卷　後集五十卷　續集二十八卷　別集三十二卷
錦繡萬花谷前集四十卷　後集四十卷　續集四十卷
劉應李　翰墨大全一百二十五卷　字希泌,建陽人,宋主簿。
潘自牧　記纂淵海一百卷　字牧之,金華人,知龍游縣。
王應麟　玉海二百卷　詞學指南四卷

---

① "送張吳縣經官嘉興詩",《元史藝文志》作"送張吳縣之官嘉定詩"。
② "錄",《元史藝文志》作"集"。
③ 《元史藝文志》著錄爲一卷。

林駧　源流至論前集十卷　後集十卷　續集十卷　字德頌,寧德人。
黃履翁　源流至論別集十卷　字吉父。
章如愚　山堂考索二百十二卷　字俊卿,金華人,知貴州。
楊伯巖　六帖補二十卷
謝維新　古今合璧事類備要前集六十九卷　後集八十一卷　續集五十六卷　別集九十四卷　外集六十六卷　字去咎,建安人。
周剛善　六藝類要六卷
潘迪　格物類編
舒天民　六藝綱目四卷
高恥傳　群書鉤玄十二卷
張諒　經史事類書澤三十卷
錢繢　萬寶事山二十卷　萬寶書山三十八卷
凌緯　事偶韻語
俞希魯　竹素鉤玄三十卷
吳輔　丹墀獨對十卷
虞韶　小學日記故事十卷
白珽　經子類訓二十卷　集翠裘二十卷
居家必用事類十卷
唐懷德　破萬總錄一千卷　鉤玄集若干卷
陳世隆　藝圃蒐奇二十冊
富大用　古今事文類聚新集三十六卷　外集十五卷　字時可,南江人。
祝淵　事文類聚遺集十五卷
劉莊孫　楚辭補旨音釋
王繪　注太白詩
孫鎮　注東坡樂府
元好問　杜詩學一卷　東坡詩雅二卷

劉辰翁　評點杜工部詩二十卷　精選陸放翁詩八卷
蔡夢弼　草堂詩箋　草堂詩話
申屠致遠　杜詩纂例十卷
傅若川　杜詩類編三卷
曾巽申　韻編杜詩十卷　補注元遺山詩十卷
虞集　文選心訣一卷　杜律訓解二卷
范梈　選李翰林詩四卷　杜子美詩六卷　詩林要語一卷
蔡正孫　詩林廣記前集十卷①　後集十卷②
吳師道　注絳守居園池記一卷　禮部詩話一卷
胡炳文　注朱子感興詩一卷
俞浙　杜詩舉隅　韓文舉隅　字季淵，會稽人。
劉應登　杜詩句解
黃鍾　杜詩注釋
劉霖　杜詩類注
楊齊賢　蕭士贇　分韻補注李白詩二十五卷
王沂　陶集注③
杜本　谷音④
徐舫　唐詩通考
釋圓至　唐詩說二十一卷
詹若麟　注陶淵明集十卷
唐仲英　陸宣公文集精華二卷⑤
陳秀民　東坡文談錄一卷　東坡詩話三卷　慶元人。
羅椅　放翁詩選十卷

---

① 原不著卷數，據《千頃堂書目》卷三十二、《補遼金元藝文志》補。
② 原不著卷數，據《千頃堂書目》卷三十二、《補遼金元藝文志》補。
③ 《元史藝文志》著錄為三卷。
④ 《千頃堂書目》卷三十二、《補遼金元藝文志》《元史藝文志》均著錄為二卷。
⑤ "精"，《千頃堂書目》卷三十二、《補遼金元藝文志》《元史藝文志》均作"菁"。

釋慶閒　注范成大田園雜興詩一卷　字無逸,吳人。

魏道明　鼎新詩話

范晞文　對牀夜話五卷　字景文,錢塘人。

真德秀　文章軌範

吳子良　荆溪林下偶談

王構　修詞鑑衡二卷

潘昂霄　金石例十卷

盧摯　文章宗旨

陳繹曾　文説一卷　文筌八卷　古文矜式二卷　翰林要訣　字伯敷,處州人,國子助教。

李塗　古今文章精義二卷

程時登①　文章原委　古詩訂義　感興詩講義

馮翼翁　古文要旨八卷

虞廷碩　古賦準繩十卷

祝堯　古賦辨體八卷　外集二卷

魏慶之　詩人玉屑　字醇甫,建安人。

傅汝礪　詩法源流三卷

俞遠　學詩管見一卷

徐駿　詩文軌範二卷

高若虎　渤海詩話　字仲容,安福人。

陳德固　唐溪詩話

韋安居　梅磵詩話②

曹涇　雜作管見

品第法書名畫記五百五十卷

李肯堂　西溪法帖

---

① "程",原誤作"陳",據《元史藝文志》改。

② 《元史藝文志》著錄爲三卷。

李溥光　雪庵字要①

袁裒　書學纂要

蘇霖　書法鉤玄②

劉惟志　字學新書七卷

唐懷德　書學指南

繆貞　書學明辨

吳氏法書類要二十五卷

盛熙明　法書考八卷

朱珪　名迹録六卷

華光和尚　梅譜一卷

李衎　竹譜十卷

劉美之　續竹譜一卷

黃公望　寫山水訣一卷

饒自然　山水家法一卷　字太虛,自號玉笥山人。

王繹　寫像祕訣采繪法一卷　字思善,錢塘人。

湯垕　畫鑑一卷

莊肅　畫繼餘譜

夏文彦　圖繪寶鑑五卷③

周密　雲煙過眼録四卷

湯允謨　雲煙過眼續録一卷

張雯　書畫補逸

趙孟頫　印史二卷

申屠致遠　集古印章二卷

陸友　印史　墨史二卷　硯史

---

① 《元史藝文志》著録爲一卷。
② 《千頃堂書目》卷三、《補遼金元藝文志》《元史藝文志》均著録爲四卷。
③ "繪",原誤作"會",據《元史藝文志》改。

吳福孫　古印史一卷
吳叡　集古印譜
嚴德甫　玄玄集
通玄集
清遠集
清樂集
幽玄集
機深集
增廣通遠集
忘憂集
楊維楨　除紅譜一卷
梓人遺制八卷
陳翼子　重修考古圖十卷
朱德潤　古玉圖一卷
陳敬　香譜四卷
費著　蜀錦譜一卷　蜀箋譜一卷
白樸　天籟集二卷　字仁甫，真定人，金亡不仕。
黃機　竹齋詩餘一卷　字幾仲，東陽人。
高觀國　竹屋癡語一卷
史達祖　梅溪詞一卷
曾慥　樂府雅詞四卷
黃升　散花庵詞一卷　花庵詞選二十卷　字叔暘。
張炎　山中白雲詞八卷　樂府指迷二卷
蔣捷　竹山詞一卷　字勝欲，宜興人，宋亡不仕。
朱淑真　斷腸詞一卷
南北九宮譜十卷
南北宮詞十八卷

關漢卿　北曲六十本
丹邱子　太和正音譜十二卷
周德清　中原音韻一卷　號挺齋,高安人。
葉宋英　自度曲譜
楊朝瑛　朝野新聲太平樂府九卷
趙粹夫　陽春白雪集
仙音妙選
曲海
樂府混成集一百五冊
中州元氣十冊
百一選曲
樂府群珠
樂府群玉
天機餘錦
天機碎錦
片玉珠璣
群英詩餘
詞學蹄筌
詞話總龜
詞品
傅仲淵　笙鶴清音
王沂孫　碧山樂府一卷　又　花外集二卷　又　樂府補題一卷
陳允平　日湖漁唱二卷
馮華　樂府一卷
彭致中　鳴鶴餘音
沈禧　竹莊詞一卷　字廷錫,湖州人。

張野　古山樂府① 　字野夫，邯鄲人。
喬吉　惺惺老人樂府②
張可久　小山小令二卷
汪元亨　小隱餘旨一卷
雲林清賞一卷
無名氏　自然集一卷
鳳林書院詞選二卷
陳良弼　花草類編十二卷
陸輔之　詞旨一卷

　　右諸藝。

　　論曰：元國人不好儒術，而作爲文章，其書滿家，何文翰之彬彬也？《易》火在天上曰"大有"，帝王之文明也。天下有火曰"同人"，士君子之藻飾也。同而異與異而同，一也。士敦氣誼而無門户，則文興於下矣。自邪説昌而論著雜，一時之風氣遂釀爲浸天之巨禍，則其興也，不如其已也。故"白賁無咎"，此之謂也。

————————

① 《元史藝文志》著録爲二卷。
② 《元史藝文志》著録爲一卷。

元史藝文志補注

何佑森 著
李兵 整理

底本：《儒學與思想——何佑森先生學術論文集（上冊）》，臺大出版中心，2009年4月

整理者按：此書原以表格形式呈現，表格上欄爲錢大昕《元史藝文志》，下欄爲何佑森之補注。下欄何氏補注中，亦先列錢《志》，再作補注，如此錢《志》則重複出現。今刪除何氏補注中所列《元史藝文志》原文，僅保留補注内容（何氏所列與錢《志》有異處例外），並前加"【補注】"。

序　言

一九五五年春天,錢師賓四囑我讀元儒的傳記和元明人的集子。是年夏,當我開始撰寫《元代學術之地理分布》和《元代學術年表》的時候,看出錢大昕的《補元史藝文志》(以下簡稱錢《志》)和元人文集上的記載有若干出入的地方。後來我在《潛研堂全書》中讀到:

予補撰《藝文志》,所見元明諸家文集、志乘小說,無慮數百種;而於焦氏《經籍志》、黃氏《千頃堂書目》、倪氏《補金元藝文》、陸氏《續經籍考》、朱氏《經義考》采獲頗多。(錢大昕《十駕齋養新錄》卷十四)

於是我循著錢氏所依據的這些目錄書,逐一地先作一番校勘的工作,試探一下錢《志》是否有值得補訂的價值。

到一九五六年春,初步的校勘完了以後,我看出:

一、錢《志》的經部抄撮朱氏《經義考》而成,有時卻忽略了某些著者的字號、時代和地名。

二、倪氏顯然從黃氏《千頃堂書目》中摘出"宋元史藝文志補",寫成《遼金元藝文志》一書,其中舛誤屢見,錢氏不察,竟依據了這第二手的材料。

三、我從《疑年錄》中看出:元代的學術以宋末元初和元末明初最爲重要,而錢氏遺漏了不少這兩個時期中大儒們的著作。如梁寅的《周易參義》,據《通志堂經解》所引自序在後至元六年,梁寅雖然是元末明初時人,但據這部書的著成時代,和錢氏錄元明初年著作的體例,應列入《元史·藝文志》才是。

四、有時同一人的著作也搜集得不夠完備。如錢《志》著錄了劉因的《易繫辭説》，而不著錄《太極圖後記》等書；又只收史部而不收經部的，如吳師道的《敬鄉前後錄》見於史部，經部獨闕《讀易雜記》。

五、錢《志》和其他目錄書，彼此間的記載有全然不相吻合的，是否已經過錢氏的訂正，或者竟是錢氏的訛誤，孰是孰非，使後人難下斷語。如錢《志》易類"蕭漢中《讀易考原》一卷"，《經義考》作三卷，《千頃堂書目》和《補遼金元藝文志》均作四卷等是。

六、鍾嗣成《錄鬼簿》中收錄了很多元曲的作品，而錢氏一律割棄，對元代藝文來説，這不能不説是一個很大的缺陷。

於是我決心爲錢《志》做一番補注工作，對於有元一代的學術來講，這是值得的。

我的體例著重在：

一、補注著者的字號、時代、地名和成書的年月。

二、注出錢《志》的根源。

三、儘可能地約略注出某些書籍的著書體例。

四、注出錢《志》和其他目錄書相互間的闕佚和訛踳。

五、注出錢《志》和諸家目錄分類的差異。

六、元曲作品附錄本書之後。

七、補列宋末元初和元末明初時的著作。

八、讀者或者可以從補注中看出新舊《元史》的不同，和柯氏新列元儒傳記的依據。

九、所引用的材料，一律用小字注明出處。

十、篇末附有《元史·藝文志》人名書名索引，以便讀者檢查。

從我開始讀元明人的集子起，經過文字的校勘，體例的擬訂，到補注工作的完成，已經是第三年的春天了。自知學識淺陋，更不敢以指陳前人的得失自滿。錢氏說"非敢指前人之瑕疵，或者別裁苦心，偶有一得耳"和"檮昧尟聞，諒多漏落，部分雜厠，亦恐不免，拾遺糾繆，以俟君子"的話，我做這補注的工作，正和他有同樣的心情和期待呢。

　　一九五七年七月何佑森寫於九龍農圃道新亞研究所

原　序

　　自劉子駿校理秘文，分群書爲六略。曰：六藝者，經部也；詩賦者，集部也；諸子、兵書、術數、方技，皆子部也；《世本》《戰國策》《楚漢春秋》《太史公書》《漢著紀》，則入之春秋類；《古封禪群祀》《封禪議對》《漢封禪群祀》，入之禮類；《高祖傳》《孝文傳》，入之儒家類。是時固無四部之名，而史家亦未別爲一類也。晉荀勖撰《中經簿》，始分甲、乙、丙、丁四部，而子猶先於史。至李充爲著作郎，重分四部：五經爲甲部，史記爲乙部，諸子爲丙部，詩賦爲丁部，而經史子集之次始定。厥後王亮、謝朏、任昉、殷鈞撰書目，皆循四部之名。雖王儉、阮孝緒析而爲七，祖暅別而爲五，然隋唐以來，志經籍、藝文者，大率用李充部叙而已。宋時，三館圖籍號稱大備，汴京既破，輦歸金源氏。高宗南渡，復建秘書省，搜訪遺闕，優獻書之賞，館閣儲藏不減東都盛時。元起朔漠，未遑文事。太宗八年，始用耶律楚材言，立經籍所於平陽，編集經史。世祖至元四年，徙置京師，改名弘文院。① 九年，置秘書監，掌歷代圖籍，並陰陽禁書。及大兵南伐，命焦友直括宋秘書省禁書圖籍。伯顏入臨安，遣郎中孟祺籍宋秘書省、國子監、國史院、學士院圖書，由海道舟運至大都。秘書所藏，彬彬可觀矣。唐以前，藏書皆出抄寫；五代始有印版；至宋而公私板本流布海內。自國子監秘閣刊校外，則有浙本、蜀本、閩本、江西本，或學官詳校，或書坊私刊，士大夫往往以插架相誇。世祖用許衡言，遣使取杭州在官書籍板及江西諸郡書

---

① "弘"，原作"宏"，系錢氏避清乾隆皇帝諱，今回改。

板,立興文署以掌之。諸路儒生著述,輒由本路官呈進,下翰林看詳。可傳者,命各行省檄所在儒學及書院,以係官錢刊行。鄱陽馬氏《文獻通考》,且出於羽流之呈進,亦一時嘉話也。至正儒臣撰《秘書監志》,僅紀先後送庫若干部、若干册,而不列書名。明初修史,又不列藝文之科,遂使石渠、東觀所儲漫無稽考。兹但取當時文士撰述,録其都目,以補前史之闕,而遼、金作者亦附見焉。檮昧尟聞,諒多漏落,部分雜厠,亦恐不免,拾遺糾繆,以俟君子。

卷 一

經類十有二：曰易，曰書，曰詩，曰禮，曰樂，曰春秋，曰孝經，曰論語，曰孟子經解，曰小學，曰譯語。

易　類

斡道冲　周易卜筮斷　字宗聖，西夏國相。

【補注】《一齋目》有《斷作法》，未見。《經義考》卷四十一。

韓道冲《周易卜筮法》三卷。陳第《世善堂書目》。

其先靈武人，從夏主遷興州。《道園學古録》卷十七。

趙秉文　易叢説十卷

【補注】趙秉文《周易蘩説》十卷。佚。《經義考》卷四十一。

字周臣，磁州滏陽人。《金史》本傳。自號閑閑。《遺山文集》卷十七。

又　象數雜説

【補注】《千頃堂書目》卷一。卷亡。倪燦、盧文弨《補遼金元藝文志》。

雷思　易解　子西仲，渾源人。

【補注】佚。元好問曰：“思字西仲，[①] 渾源人，天德三年進士。”《經義考》卷四十一。

馮延登　學易記　字子駿，吉州人，國子祭酒，權刑部尚書。

【補注】佚。元好問《墓志》曰：“字子駿，吉州人，國子祭酒，權刑部尚書。”《遺山文集》卷十九《馮君神道碑銘》。

吕豫　易説　字彥先，修武人。

[①] “曰思”，原誤作“思曰”，據上下文意改。

【補注】佚。元好問《墓志》曰："豫字彥先,修武人,自號南峰山人。"《遺山文集》卷二十四《南峰先生墓表》。

單渢　三十家易解　平原人。

【補注】佚。李簡曰："平原人。"《經義考》卷四十一。

王天鐸　易學集説　字振之,惲之父,開興初户部主事。

【補注】佚。《經義考》卷四十一。衛州汲縣人。《元史》卷五十四《王惲傳》。①

袁從義　周易釋略　字用之,虞鄉人,中條山道士。

【補注】佚。《經義考》卷四十一。

字用之,虞鄉人,中條山道士,師事玉峰胡先生。《元山遺集》卷三十一。

張氏　易解十卷　失其名。

【補注】佚。《經義考》卷四十一。曾寓居河南,多藏書,得前代以《易》名家者數十種,後北歸。王惲《秋澗集》。

以上金。

胡方平　易學啓蒙通釋二卷　至元己丑自序。

【補注】胡方平《周易啓蒙通釋》二卷。② 存。《經義考》卷四十。一作四卷。《千頃堂書目》卷一。一作一卷。金門詔《補三史藝文志》。按此《通釋序》已見三十一卷,是朱子序也。翁方綱《經義考補正》卷二。

《易學啓蒙》二册。葉盛《菉竹堂書目》卷一。

《通釋易學啓蒙》。錢曾《述古堂書目》卷一。

又　外易四卷

【補注】又《外易》一作翼。四卷。未見。《經義考》卷四十。

---

① 需要注意,何氏此書所列《元史》卷數實際爲列傳卷數,此處"《元史》卷五十四"即爲"《元史》卷一百六十七列傳第五十四"。下同。

② "周易",《經義考》卷四十作"易學"。

又　易餘閑記一卷

【補注】未見。董真卿曰："方平玉齋先生師鄱陽介軒董先生、毅齋沈先生。"《經義考》卷四十。徽州婺源人。《元史》卷七十六《胡一桂傳》。

俞玉吾　大易會要一百三十卷　或作一百卷。

【補注】佚。《經義考》卷四十。一作一百卷。倪燦、盧文弨《補遼金元藝文志》、《千頃堂書目》。俞琰《大易集說》十卷，一作《會要》。金門詔《補三史藝文志》。《自序》内爲卷一百二十，"二"當作"三"。翁方綱《經義考補正》卷二。

又　周易集說四十卷

【補注】存。《經義考》卷四十。分上下經、十翼，今世傳本十卷。《千頃堂書目》卷一。《大易集說》十卷，一作《會要》。金門詔《補三史藝文志》。十卷。《國史經籍志》。

《周易解》八册，注云："《周易集說》四十卷。《石澗集·自序》云：'予自德祐後，集諸儒之說。'"錢謙益《絳雲樓書目》及陳景雲注。俞石磵《周易集說》十卷。《述古堂藏書目》。《大易集說》十三卷。金星軺《文瑞樓藏書目錄》。

又　讀易舉要四卷

【補注】未見。《經義考》卷四十。

又　易圖纂要二卷　一名纂圖。

【補注】存。《經義考》卷四十。《大易纂圖》二卷。《千頃堂書目》卷一、金門詔《補三史藝文志》。

又　易古占法一卷

【補注】未見。《經義考》卷四十。

又　經傳考證　卷亡。

【補注】佚。《經義考》卷四十。

又　讀易須知一卷

【補注】佚。《經義考》卷四十。

又　六十四卦圖　卷亡。

【補注】佚。《經義考》卷四十。

又　卦爻象占分類一卷

【補注】又《卦爻象占分類》。佚。《經義考》卷四十。一卷。金門詔《補三史藝文志》。

又　易圖合璧連珠説　卷亡。

【補注】又《易圖合璧連珠》。佚。《經義考》卷四十。有"説"字。《千頃堂書目》卷一。

又　周易象辭二卷

【補注】《千頃堂書目》卷一。

又《易外別傳》一卷。存。《千頃堂書目》卷一、《經義考》卷四十。

又《周易參同契發揮》三卷。《千頃堂書目》卷一。

琰字玉吾，吳人，宋亡不仕。《吳中人物志》。平江人，自號林屋山人。《新元史》卷二百三十四本傳。晚自號石澗。陳景雲《絳雲樓書目注》。

陳深　清全齋讀易編三卷　字子微，吳人，天曆間以能書薦，不就。

【補注】未見。盧熊曰："深字子微，世爲吳人，生於宋亡，學者稱爲寧極先生。"《經義考》卷四十。

周敬孫　易象占

【補注】佚。台州臨海人。《元史》。

黄超然　周易通義二十卷

又　周易或問五卷

【補注】佚。

又　周易釋蒙五卷

【補注】佚。俱見《經義考》卷四十。

又　周易發例一卷　字立道，黃巖人。

【補注】又《周易發例》三卷。佚。黃超然，字立道，黃巖人。《赤城集》。字壽雲。《赤城新志》。自號壽雲。《千頃堂書目》卷一。

郝經　周易外傳八十卷

【補注】佚。《經義考》卷四十。

又　太極演二十卷

【補注】《千頃堂書目》卷一。

又　太極傳一卷

【補注】存。《經義考》卷七十一。郝文忠公，名經，字伯常，澤州陵川人。蘇天爵《名臣事略》卷十五。其先潞州人。《元史》卷四十四本傳。

劉肅　讀易備忘

【補注】佚。劉文獻公肅，字才卿，威州名水人。蘇天爵《名臣事略》卷十。洺水人，金興定二年詞賦進士。《元史》卷四十七本傳。

胡祗遹　易直解　字紹聞，磁州武安人，翰林學士。

【補注】佚。《經義考》卷四十二。自號紫山。王惲《秋澗集》。召拜翰林學士，不赴，改江西南瀏西道提刑按察使。《元史》卷五十七本傳。

李簡　學易記九卷

【補注】存。《經義考》卷四十二。壬寅春三月，予自泰山之萊蕪挈家遷東平。李氏《學易記·自序》。信都人，官泰安州學判。《新元史》卷二百三十四《俞琰傳》。號蒙齋。倪燦、盧文弨《補遼金元藝文志》。九冊。葉盛《菉竹堂書目》卷一。仿李鼎祚《集解》、房審權《義海》之例，採子夏《易傳》以下六十四家之説。自序在中統元年，前有圖、綱領一卷。《通志堂經解·目錄》。

薛微之　易解　華陰人，以薦得應縣教授，改河南軍儲轉運使。中統初，召爲平陽、太原宣撫，提舉河南學校，俱不赴。

【補注】薛玄《易解》。佚。鮮於樞曰："庸齋先生諱微之。"程鉅失撰碑曰："河南玄微之，尊之曰庸齋先生，家本下邳。"《經義考》卷四十二。

許衡　讀易私言一卷

【補注】存。《經義考》卷四十二。許文正公衡，字平仲，懷慶河內人。蘇天爵《名臣事略》八。父通，避地河南，以泰和九年生衡於新鄭縣。《元史》卷四十五本傳。

方回　讀易析疑

【補注】方回《讀易析—作釋。疑》。佚。《千頃堂書目》卷一、《經義考》卷三十八。

又《易中正考》。佚。

又《易吟》一百首。存，載《桐江續稿》。俱見《經義考》卷三十八。

洪焱祖曰："方回，字萬里，歙縣人。"

張特立　易集說

【補注】張特立《周易集說》。佚。《經義考》卷四十一。字文舉，東明人，初名永中，泰和進士，世祖賜號曰中庸先生。《元史》卷八十六。

吳澂　易纂言十卷　或作十二卷。

【補注】存。《經義考》卷四十二。或作十二卷。《千頃堂書目》卷一。一作十三卷。金門詔《補三史藝文志》。書成於至治二年秋。《通志堂經解》。八冊。葉盛《菉竹堂書目》卷一。

又　易纂言外翼八卷

【補注】又《纂言外翼》四冊。《菉竹堂書目》卷一。

又　易叙錄十二篇

【補注】存。黃虞稷曰："《易叙錄》因《東萊呂氏古易》重加修訂，正其文字闕、衍、謬誤者。"《千頃堂書目》卷一。

又《校定周易》。《元史》卷五十八本傳。

又《易經著錄》。金門詔《補三史藝文志》。

字幼清，晚稱伯清，其先自豫章之豐城遷居崇仁。虞集《道園集》卷四十四。學者稱爲草廬先生。《元史》卷五十八本傳。

齊履謙　周易本說四卷

【補注】齊履謙《周易本說》六卷。佚。《經義考》卷四十二。四冊。葉盛《菉竹堂書目》卷一。

又　易繫辭旨略二卷

【補注】又《繫辭旨略》二卷。黄虞稷曰："初補注《繫辭旨略》二卷，以敷暢《本義》之旨，後更爲説四卷，專釋卦爻之旨。"《千頃堂書目》卷一。字伯恒，大名人。《元史》卷五十九本傳。

熊凱　易傳集疏　字舜夫，南昌人。

【補注】佚。《經義考》卷四十二。時稱遥谿先生。《江西通志》。

龍仁夫　周易集傳十八卷　今存八卷。字觀復，永新人，湖廣儒學提舉。

【補注】闕。《經義考》卷四十二。董真卿曰："仁夫，廬陵人，一作永新人。"《江西通志》。吉安廬陵人。《元史》卷七十七。

鄭滁孫　大易法象通贊七卷

【補注】存。《經義考》卷四十三。六册。葉盛《菉竹堂書目》卷一。

又　周易記玩　卷亡。

【補注】又《周易記玩》。① 佚。

又　中天述考一卷

【補注】存。俱見《經義考》卷四十三。一册。葉盛《菉竹堂書目》卷一。

又　述衍一卷

【補注】《千頃堂書目》卷一。

字景歐，處州人，宋景定間進士。《元史》卷七十七本傳。

熊禾　易説　字去非，建安人，宋咸淳進士，邵武軍司户。

【補注】熊禾《易學圖傳》一卷。《千頃堂書目》卷一。又《周易集疏》。《一齋書目》作"講義"。未見。李讓狀曰："勿軒熊先生，名鈇，號退齋，建陽崇泰里人，入元不仕。"《經義考》卷三十九。

又《周易講義抄本》。陳第《世善堂藏書目録》。

胡一桂　周易本義附録纂疏十五卷　或作十四卷。

【補注】胡一桂《周易附録纂疏》十五卷。存。《經義考》卷四十三。

---

① "玩"，原誤作"亡"，據《經義考》卷四十三改。

《周易本義通釋附錄纂疏》十四卷。《千頃堂書目》卷一。"疏"當作"注"。翁方綱《經義考補正》卷二。

取朱子《文集》《語錄》之及於《易》者，附於《本義》下，謂之"附錄"；取諸儒《易》說之發明《本義》者，謂之"纂注"。《通志堂經解·目錄》。

又　易學啓蒙翼傳三篇

【補注】又《周易發明啓蒙易傳》四册。錢謙益《絳雲樓書目》卷一。

又　外篇一篇

【補注】又《易學《千頃堂書目》作"周易"。啓蒙翼傳》四卷。《經義考》卷四十三。《周易啓蒙翼傳》三卷，《外篇》一卷。金門詔《補三史藝文志》。

字庭芳，號雙湖，徽州婺源人。《元史》卷七十六。

胡炳文　周易本義通釋十卷　或作十二卷。一作《義通》，八卷。

【補注】自《繫辭》以下俱佚，取《大全》所輯一桂說補之。十二卷。存。《經義考》卷四十三。

《義通》八卷。《國史經籍志》。

自序在延祐丙辰。《通志堂經解》。

又《周易本義》八册。葉盛《菉竹堂書目》卷一。

又　周易啓蒙通釋二卷

【補注】又《周易啓蒙通釋》□卷。俱見《千頃堂書目》卷一。

字仲虎，徽州婺源人，自號雲峰先生。《元史》卷七十六。

齊夢龍　周易附說卦變圖　字覺翁，饒州德興人。宋末進士。

【補注】佚。董真卿曰："夢龍號節初，與兄興龍先後登宋寶祐、景定年第。"《經義考》卷三十五。

程時登　周易啓蒙輯說　字登庸，饒州樂平人。

【補注】程時登《周易啓蒙輯錄》。《千頃堂書目》卷一。未見。《經義考》卷四十三。

劉因　易繫辭說

【補注】佚。《經義考》卷六十九。

字夢吉，保定人。《元史》卷五十八本傳。保定容城人。蘇天爵《滋溪集》。

又《太極圖後記》一篇。存。《經義考》卷七十一。

至元二十年召爲右贊善大夫，未幾，辭歸。又召爲集賢學士，以疾辭。《元朝名臣事略》卷十五。

程龍　補程子三分易圖一卷

【補注】程龍《三分易圖》。《千頃堂書目》卷一。《易圖補》一卷。佚。《經義考》卷四十三。

又　筮法一卷　字舜俞，婺源人。宋景定進士，仕至徽州路同知。①

【補注】佚。董真卿曰："龍號苟軒，《補程子三分圖》刊行外，有《弄環餘説》《筮法》等書。"《經義考》卷四十三。

繆主一　易經精藴　字天德，永嘉人。

【補注】佚。《經義考》卷四十三。字天德，永嘉人，從葉味道游。宋亡，隱居教授。大德間，郡守廉希憲延爲經師。《浙江通志》。

丁易東　周易象義十卷

【補注】存。《經義考》卷四十三。十册。葉盛《菉竹堂書目》卷一。

又　大衍索隱三卷

【補注】《千頃堂書目》卷一。五册。葉盛《菉竹堂書目》卷一。

又　易傳十一卷　字漢臣，龍陽人，沅陽書院山長。

【補注】一作十四卷。見《千頃堂書目》卷一。《周易傳疏》。倪燦、盧文弨《補遼金元藝文志》。丁易東，龍陽人，②注《周易傳疏》。《湖廣總志》。字石潭，著《周易傳疏》十卷。《新元史》卷二百三十五本傳。

史蒙卿　易究十卷

【補注】佚。《經義考》卷三十八。

---

① "州"，原誤作"卅"，據《元史藝文志》改。
② 原"龍"上衍一"東"字，據上下文意删。

字景正，鄞人。袁桷《清容集》。咸淳元年進士，早受業於巴川陽恪。《宋史》。號果齋，宋亡不復仕，自號靜清處士。《宋元學案》卷八十七。

趙采　周易程朱傳義折衷三十三卷　字德亮，潼川人。

【補注】趙采《周易折衷》二十三卷。存。《經義考》卷四十四。三十三卷。潼川州人。《千頃堂書目》卷一。號隆齋。《四庫全書總目提要》。

黃定子　易説　字季安。

【補注】佚。《經義考》卷四十四。

汪標　周易經傳通解　字國表，鄱陽人。

【補注】佚。鄱陽銀峰人。《經義考》卷四十四。

程直方　程氏啓蒙翼傳

【補注】程直方《啓蒙翼傳》。

又　四聖一心

又　觀易堂隨筆　字道大，婺源人。

【補注】又《學《千頃堂書目》作觀。易堂隨筆》。俱佚。董時又曰："先生號前村，新安婺源人。"《經義考》卷四十四。字道夫。倪燦、盧文弨《補遼金元藝文志》。

何中　易類象二卷

【補注】佚。

字養正，一字太虛，宋末舉進士，至順初聘爲龍興郡學師。《江西通志》。世爲撫州樂安宦族。揭傒斯《揭文安公集》。

胡震　周易衍義十六卷

【補注】胡震《周易衍義》。存。《經義考》卷四十四。八卷。《千頃堂書目》卷一。十六卷，子廣大續成。倪燦、盧文弨《補遼金元藝文志》。八册。葉盛《菉竹堂書目》卷一。

唐元　易傳義大意十卷　字長孺，歙人，徽州路儒學教授。

【補注】唐元《易傳大意》十卷。佚。《經義考》卷四十四。

劉淵　易學須知

【補注】劉淵《易學須知》。① 佚。

又　讀易記　字學海，蜀人，永州路學正。

【補注】佚。俱見《經義考》卷四十四。初避地嶺南之桂，尋之象，還寓衡陽，署號"象環"。既没，門人私諡曰永政先生。《歐陽公（玄）文集》。

李恕　易音訓二卷　字省中，廬陵人。

【補注】未見。一册。葉盛《菉竹堂書目》卷一。

又《周易旁注》四卷。未見。俱見《千頃堂書目》卷一、《經義考》卷四十四。

范大性　大易輯略　蜀人。

【補注】佚。《經義考》卷四十四。

倪淵　周易集説二十卷

【補注】佚。《易圖説》二十卷。倪氏《補遼金元藝文志》。

又　圖説序例一卷　字仲深，烏程人。

【補注】又《易圖説》一卷。佚。一作二十卷。《千頃堂書目》卷一。

又《序例》一卷。佚。《圖説序例》一卷。《千頃堂書目》卷一。

又《易卦説》一篇。存。俱見《經義考》卷四十四。從敖繼公游。《黃金華文集》。爲湖學教授，泰定元年官當塗主簿。《千頃堂書目》卷一。

熊棟　易説　字季隆。

【補注】佚。熊良輔曰："溪邊熊氏棟，字季隆。"《經義考》卷四十四。

陳櫟　東阜老人百一易略一卷

【補注】陳櫟《東阜老人百一易略》一卷。存。《經義考》卷四十四。字壽翁，自稱曰東阜老人。揭傒斯《揭文安公集》。徽之休寧人。《元史》卷七十六。

延祐鄉貢。倪氏《補遼金元藝文志》。

---

① "易學"，原誤作"學易"，據《經義考》卷四十四改。

吴鄰　周易注十卷　永新人，初名張應珍，由從事郎歷秘書監丞，遷秘書少監，更今姓名。

【補注】吳鄰《周易注》《菉竹堂》《聚樂堂目》俱注張應珍名。十卷。未見。《經義考》卷四十四。

自號義山。《江西通志》。

彭絲　庖易　字魯叔，安福人。

【補注】佚。《經義考》卷四十四。宋江陵教授應龍之子。《江西通志》。字魯初。《千頃堂書目》。字曾叔。《新元史》卷二百三十六。

王申子　大易緝說十卷　字巽卿，邛州人，南陽書院山長。

【補注】存。《經義考》卷四十四。別號秋山，臨邛人，前邛州兩請進士，寓居慈利州天門山。《千頃堂書目》卷一。常德路推官田澤奏進。倪燦《宋史藝文志補》。

張清子　周易本義附錄集注十一卷　字希獻，建安人。

【補注】佚。號中溪，大德癸未自序。《經義考》卷四十四。《周易本義》二冊。葉盛《菉竹堂書目》卷一。

又《易傳》二冊。葉盛《菉竹堂書目》卷一。

徐之祥　讀易蠡測　字麒父，韶州德興人，賓州上林簿。

【補注】或作《玩易詳說》。佚。董真卿曰："之祥號方塘，饒州德興人。"《經義考》卷四十四。

胡次焱　易說　婺源人。

【補注】胡次焱《餘學齋易說》。未見。董真卿曰："次焱字濟鼎。"《姓譜》："次焱，咸淳四年登第，授湖口主簿，改貴池尉。"《經義考》卷三十八。

嚴養晦　先天圖義一卷　山陰人。

【補注】佚。《經義考》卷四十四。

吳迂　易學啟蒙　字仲迂，浮梁人。

【補注】佚。《經義考》卷四十四。從饒雙峰學，皇慶間講學於浮梁，人稱"西臺先生"。《千頃堂書目》卷一。

倪公晦　周易管闚　字孟暘,金華人。

【補注】佚。《金華縣志》:"公晦字孟晦,師事何北山。"《經義考》卷四十四。

傅立　易學纂言十八卷　字權甫,饒州德興人,集賢院大學士,謚文懿。

【補注】未見。董真卿曰:"號初庵。"《經義考》卷四十五。

王結　易說十卷　一作一卷。

【補注】佚。《經義考》卷四十五。一卷。①《千頃堂書目》卷一。字儀伯,易州定興人。祖遜勤以質子軍從太祖西征,娶阿魯渾氏,自西域徙戍秦隴,又徙中山家焉。《元史》卷六十五本傳。

何榮祖　學易記

【補注】佚。《經義考》卷四十五。字繼先,其先太原人,徙家廣平。《元史》卷五十五本傳。

鄧文原　讀易類編　卷亡。

【補注】佚。《經義考》卷四十五。字善之,一字匪石,綿州人,父漳徙錢塘。《元史》卷五十九本傳。

楊□龍　易說綱要　字明夫,清江人。

【補注】佚。《經義考》卷四十五。

王希旦　易通解　字俞明,一字葵初,饒州德興人,一作《易學摘編》。

【補注】王希旦《易通解》。一作《學易摘編》。佚。董真卿曰:"希旦號葵初。"《經義考》卷四十五。

張延　周易備忘十卷　字世昌,藁城人,真定路教授。

【補注】佚。《經義考》卷四十五。節齋先生諱延。蘇天爵《滋溪類稿》。

曹說　易說

【補注】佚。《經義考》卷四十五。曹說所著《易說》,爲里人所竊,今不存。袁桷《清容集》。

---

① "一"字原脫,據《千頃堂書目》卷一補。

劉傅　易說　字芳伯，鄱陽人。

【補注】佚。《經義考》卷四十五。

劉傅居鄱之清溪。《滋溪集》。

葉瑞　周易釋疑十卷　字宗瑞，金谿人，江西儒學副提舉。

【補注】佚。許有壬作《墓碑》曰："先生以薦授遼陽路儒學教授。"《經義考》卷四十五。

鮑雲龍　筮草研幾一卷　字景翔，歙人。

【補注】佚。洪焱祖曰："鮑雲龍，大月令，《筮草研幾》未傳。"《經義考》卷四十五。

胡允　四道發明　號潛齋，饒州樂平人。

【補注】佚。《經義考》卷四十五。

余芑舒　讀易偶記　字德新，饒州德興人。

【補注】佚。董真卿曰："芑舒號息齋。"《經義考》卷四十五。

程珙　易說　字仲璧，饒州德興人。

【補注】佚。董真卿曰："珙爲文公門人。"《經義考》卷四十五。

劉莊孫　易志十卷　字正仲，天台人。

【補注】佚。《經義考》卷四十五。

楊剛中　易通微說　字志行，建康人，翰林待制。

【補注】佚。《金陵新志》云："其先松陽人，徙居建康。"《經義考》卷四十五。建康上元人。《元史》卷七十七。

李學遜　大易精解

【補注】佚。《閩書》："學遜，忠定九世孫。"《經義考》卷四十五。

彭復初　易學源流　安福人。

【補注】佚。《經義考》卷四十五。本朱子、邵子之說著是書。《江西通志》。

盛象翁　易學直指本源　字景則，台州太平人，昌國州判官。

【補注】佚。《台州府志》："由薦辟爲汀州教授，學者稱爲象泉先生。"《經義考》卷四十五。彭復。金門詔《補三史藝文志》。

程瑢　易學啟蒙類編　新安人。

【補注】佚。《經義考》卷四十五。

侯克中　大易通義　字正卿，真定人。

【補注】佚。《經義考》卷四十五。

謝仲直　易三圖十卷　上饒人。

【補注】佚。袁桷序曰："上饒謝先生遁於建安。"《經義考》卷四十五。

張理　易象圖說內篇三卷

【補注】張理《易象圖說》六卷。存。白雲霽曰："仲純《內篇》諸圖，乃述邵、朱二子先天之學。"《經義考》卷四十五。《內篇》三卷、《外篇》三卷錄入《道藏》中。《千頃堂書目》卷一。自序在至正二十四年。《通志堂經解》。二冊。葉盛《菉竹堂書目》卷一。

又　外篇三卷

【補注】一冊。錢謙益《絳雲樓書目》卷一。

又　大易象數

【補注】又《大易象數鉤深圖》三卷。金門詔《補三史藝文志》。

又　鉤深圖三卷　字仲純，清江人，延祐中福建儒學提舉。

【補注】又《易圖》三卷。黃虞稷曰："張理別有《易圖》三卷，未知同否。"《千頃堂書目》卷一。

按《國史經籍志》卷二亦有《周易圖》三卷。

保八　易源奧義一卷

【補注】保八《易源奧義》統名《易體同》。一卷。存。《經義考》卷四十五。保巴，舊本作保八，今改正。《四庫全書總目提要》。一冊。葉盛《菉竹堂書目》卷一。

又　周易原旨六卷

【補注】存。《經義考》卷四十五。一作八卷。《四庫全書總目提要》。六冊。葉盛《菉竹堂書目》卷一。

又　繫辭二卷　字公孟，黃州路總管。

【補注】《千頃堂書目》卷一。

又《周易尚占》三卷。《千頃堂書目》卷一、《經義考》卷四十五。

字普庵,色目人,居於洛陽。《四庫全書總目提要》。

紇石烈希元　周易集傳二十卷　成都人。

【補注】紇石烈希元《周易集傳》。未見。《菉竹堂書目》有①。

《經義考》卷四十五。一册。葉盛《菉竹堂書目》卷一。

贍思　奇偶陰陽消息圖一卷

【補注】佚。《經義考》卷四十五。

字得之,其先大食國人。國既內附,大父魯坤乃東遷豐州,家真定。《元史》卷七十七本傳。案,《千頃堂書目》作"瞻思",誤也。

袁桷　易說

【補注】佚。《經義考》卷四十六。

字伯長,慶元鄞縣人。《元史》卷五十九本傳。

任士林　中易　字叔實,奉化人,至大初安定書院山長。

【補注】佚。

《寧波府志》云:"其先鄮竹人,徙居奉化。"《經義考》卷四十六。

陳禧　周易略例補釋一卷　潮陽人。

【補注】佚。《經義考》卷四十六。

熊良輔　周易本義集成十二卷　字季重,南昌人,舉延祐丁巳鄉試。

【補注】存。《經義考》卷四十六。

一作二卷。良輔字任重。《千頃堂書目》卷一。

字任重。《四庫全書總目提要》。自序在至治二年五月。《通志堂經解》。良輔字任重,著《周易本義集成》,仍舊本《上》《下經》二卷,謂之"集成",《十翼》十卷,謂之"附錄"。《新元史》卷二百三十五本傳。

又《易傳集疏》。不傳。《經義考》卷四十六。

---

① "目"字原脱,據《經義考》卷四十五補。

蕭漢中　讀易考原一卷　字景元,吉州泰和人。

【補注】蕭漢中《讀易考原》三卷。存。是書成於泰定年間。《經義考》卷四十六。一作四卷。《千頃堂書目》卷一。

董真卿　周易纂注會通十四卷

【補注】董真卿《周易會通》一曰《周易經傳集程朱解附錄纂注》十四卷。存。《經義考》卷四十六。《周易纂注會通》。《千頃堂書目》卷一。二冊。錢謙益《絳雲樓書目》卷一。自序在天曆元年,前有例目、姓氏因革一卷、圖二卷,此書板心云"周易會通",而其每卷題云"周易經傳集程朱解附錄纂注",並無"會通"二字之名。《通志堂經解·目錄》。

又　易傳因革一卷　字季真,鄱陽人。

【補注】存。《經義考》卷四十六。歷代因革。《千頃堂書目》卷一。

潘弼　讀易管見四卷　字良輔,麗水人,龍興路司獄。

【補注】佚。《經義考》卷四十六。

史公珽　蓬廬學易衍義　又　象數發揮　字摺叟,鄞人。

【補注】俱佚。《寧波府志》:"程端學薦主甬東書院,棄去。自號蓬廬處士。"《經義考》卷四十六。

許天篪　易象圖說　字時翁,吉水人。

【補注】佚。《經義考》卷四十六。

陶元幹　易注　襄陽人。

【補注】佚。《經義考》卷四十六。

吾衍　重正卦氣　字子行,錢塘人。

【補注】吾丘衍《重正卦氣》。未見。陶宗儀曰:"衍字子行,號竹房,太末人,寓杭之生化坊。"《經義考》卷四十六。

惠希孟　易象鉤玄十卷　江陰人。

【補注】佚。《經義考》卷四十六。號秋崖。《千頃堂書目》卷一。

祝堯　大易衍義　字君澤,上饒人,延祐進士,無錫州同知。

【補注】佚。《經義考》卷四十六。

字均澤。倪燦、盧文弨《補遼金元藝文志》。

《廣信府志》："堯字君澤,萍鄉州同知。"《經義考》卷四十六。

魯真　周易注　字起元,開化人。

【補注】佚。《經義考》卷四十六。元統二年舉人,隱居不仕。《浙江通志》。

蔣宗簡　周易集義　字敬之,鄞人。

【補注】佚。《經義考》卷四十六。

宗簡,四明之程端禮弟子。黃溍《黃金華文集》。

嚴用父　易説發揮二卷　高安縣尹。

【補注】佚。《經義考》卷四十六。

解蒙　易精藴大義十二卷　字求我,吉水人。

【補注】解蒙《易經精藴》。佚。

解季通　易義　吉水人。

【補注】佚。俱見《經義考》卷四十六。

韓信同　易經旁注　字伯循,寧德人。

【補注】佚。《閩大紀》："韓信同,會稽人,居寧德,從陳普游。"《經義考》卷四十六。

李公凱　周易句解十卷　字仲容,宜春人。

【補注】存。《經義考》卷四十六。

衛謙　讀易管窺三十卷　字山甫,華亭人,進士。

【補注】佚。

號有山。《千頃堂書目》卷一。號山齋。倪燦、盧文弨《補遼金元藝文志》。

吳存　周易傳義折衷　字仲退,鄱陽人,寧國路教授。

【補注】佚。《經義考》卷四十六。《程朱易傳本易折衷》。《千頃堂書目》卷一。

朱祖義　周易句解十卷　字子由,廬陵人。

【補注】佚。《經義考》卷四十六。

盧觀　易集圖　　字彥達，崑山人。

【補注】未見。《經義考》卷四十六。盧熊之父。《千頃堂書目》卷一。

吳夢炎　補周易集義　　歙人，後至元中紫陽書院山長。

【補注】佚。《經義考》卷四十六。

胡持　周易直解　　武安人，祇遹之子，官太常博士。

【補注】佚。《彰德府志》云："胡持，元江浙提刑按察使贈禮部尚書祇遹之子。"①《經義考》卷四十六。

郭鏜　易説　　字德基，長樂人，宋進士，至元中興化路教授。

【補注】佚。《閩書》："郭鏜，閩縣人，至元中授泉山書院山長，學者私謚純德先生。"《經義考》卷四十六。

黄鎮成　周易通義十卷　　字元鎮，昭武人，至元間，謚貞文處士。

【補注】《一齋書目》有。未見。《閩書》："鎮成隱居著書，學者稱存齋先生。"《經義考》卷四十六。

邵武人。《四庫全書總目提要》。

陳應潤　周易爻變義藴四卷　　字澤雲，天台人。

【補注】存。《經義考》卷四十七。"藴"當作"緼"。《經義考補正》卷二。

四册。葉盛《菉竹堂書目》卷一。

石伯元　周易演説

【補注】佚。京兆人，從賈仲元學。《經義考》卷四十七。

趙良震　易經通旨　　字伯起。

【補注】佚。

蘇伯衡《墓銘》曰："良震號東谷，家平陽。"《經義考》卷四十七。

錢義方　周易圖説二卷　　字子宜，湖州人。

【補注】錢義方《周易圖説》一卷。《千頃堂書目》卷一、《經義考》卷四十七。

吳興進士。《千頃堂書目》。按葉氏《菉竹堂書目》有篷錢氏《圖

---

①　"祇遹之子"原脱，據《經義考》卷四十六補。

説》,當即義方別號。《經義考》卷四十七。

黃澤　易學濫觴一卷

【補注】黃澤《易學濫觴》。佚。《經義考》卷四十七。

又　十翼舉要

【補注】《千頃堂書目》卷一。

又　忘象辨

【補注】《元史》卷七十六。

又　象略

【補注】《元史》卷七十六。

又　辨同論　卷並亡。

【補注】《元史》卷七十六本傳。

字楚望,其先長安人,徙資川,又徙九江,遂爲九江人。《元史》卷七十六本傳。

吕洙　易圖説　字宗魯,永康人,從許謙游。

【補注】吕洙《易圖説》一卷。佚。《經義考》卷四十七。

盛德瑞　易辨五卷　字祥父,崑山人,平江路訓導。

【補注】佚。陸元輔曰:"其先江陰人,徙居崑山,至正中,聘入郡爲訓導。"《經義考》卷四十七。

葉登龍　周易記　麗水人。

【補注】佚。《括蒼彙記》:"葉登龍,號梅林。"《經義考》卷四十七。

黃瑞節　易學啓蒙注四卷　字觀樂,安福人,泰和州學正。

【補注】存。《吉安府志》云:"瑞節入元不仕。"《經義考》卷四十七。

朱隱老　易説　字子方,豐城人。

【補注】佚。《經義考》卷四十七。

陳謙　周易解詁二卷

【補注】佚。《經義考》卷四十八。

又　河圖説二卷　或作一卷。

【補注】佚。《經義考》卷四十八。一作一卷。《千頃堂書目》卷一。

又　占法一卷　字子平,吴人。

【補注】《千頃堂書目》卷一。

謙死於兵,其所著《周易解詁》一書散失,弟子范文絅僅收得二卷,非全書也。《千頃堂書目》卷一。

曾貫　易學變通六卷　字傳道,泰和人,紹興路照磨。

【補注】曾貫《周易變通》。佚。《經義考》卷四十八。

雷杭　周易注解　字彥舟,建安人,潮陽縣尹,以死事贈奉化州知州。

【補注】佚。《閩書》:"杭字彥舟,授儒學提舉,以死事贈奉化府知州。"《經義考》卷四十八。官武平縣尹,與父德潤、兄機樞皆以易學名,號雷氏易。《千頃堂書目》卷一。

鄭玉　周易大傳附注　史作《周易纂注》,今據《神道碑》。

【補注】佚。《經義考》卷四十八。以孔子繫《易》之辭爲大傳,而附以之以注説。《千頃堂書目》卷一。

又　程朱易契

【補注】又《程朱易契》。① 佚。《經義考》卷四十八。

字子美,徽州歙縣人,至正十四年除翰林待制奉議大夫。《元史》卷八十三。

余闕　易説五十卷

【補注】佚。程邦民曰:"先生武威人,至順癸酉進士,官至淮南行省左丞,嘗讀書青陽山中,學者稱之曰青陽先生。"《經義考》卷四十八。

字廷心,一字天心,唐兀氏,世家河西武威。父沙剌臧卜官廬州,② 遂爲廬州人。《元史》卷三十本傳。

鄧錡　大易圖説二十五卷

【補注】存。《經義考》卷四十八。黃虞稷曰:"鄧錡、張理《圖説》,

---

① "易"字原脱,據《經義考》卷四十八補。
② "剌",原誤作"刺",據《元史》卷一百四十三改。

俱録入《道藏》中。"《千頃堂書目》卷一。十八册。葉盛《菉竹堂書目》卷一。

范氏　竹溪易説　九江人,失其名。

【補注】佚。《經義考》卷四十八。

趙氏　讀易記

【補注】佚。

又　大易忘筌一册

【補注】無名氏《大易忘筌》一册。未見。

又《易學變通》十册。未見。

又《易疑擬題》一册。未見。右三書載葉氏《菉竹堂書目》。俱見《經義考》卷四十八。

包希魯　易九卦衍義一卷　字魯伯,進賢人。

【補注】佚。《經義考》卷六十九。

從學吳澄。《江西通志》。

周聞孫　河圖洛書序説　字以立,吉水人。

【補注】由鄉貢薦入史館,修宋、遼、金三史。《新元史》卷二百三十六、《經義考》卷八十六。

秦輔之　易注　嘉定人。

雷思齊　易圖通變五卷

【補注】存。一作三卷。《千頃堂書目》卷一。

又　易筮通變三卷　字齊賢,臨川道士。

【補注】存。俱見《經義考》卷四十八。按《易筮通變》書凡五篇:一《卜筮》,二《之卦》,三《九六》,四《衍數》,五《命蓍》。

思齊,臨川人,幼棄家,居烏石觀,晚講授廣信山中。袁桷《清容集》。

吳霞舉　易管見六十卷　歙人。

【補注】佚。《經義考》卷三十八。《易管窺》。《千頃堂書目》卷一。

又《筮易》七卷。佚。《千頃堂書目》卷一、《經義考》卷三十八。

又《太玄潛虛圖説》十卷。《經義考》卷三十八引《新安文獻志》。《新安文獻志》:"霞舉字孟陽,號默室,休寧人。"

趙然明　意官圖變五十卷　婺源人。

陳樵　易象數新説

【補注】陳樵《易象數解新説》。《新元史》卷二百三十六。

又《太極圖解》一卷。佚。《經義考》卷七十一。

字君采,東陽人,從程直方學。《新元史》卷二百三十六。

孟文龍　易解大全　無錫人。

【補注】孟文龍《易解大全》三十卷。佚。

《姑蘇志》:"孟文龍,字震翁,浙東提舉。"俱見《經義考》卷三十八。

石一鰲　互言總論十卷　字晉卿,義烏人,宋鄉貢進士,入元不仕。

【補注】石一鰲《周易互言總論》十卷。佚。《經義考》卷三十八。

先生少受業於王君若訥,既又從秘丞游,晚而覃思於《易》,其説皆本於徐氏。黃溍《金華文集》。

曾巽申　周易鑑　字巽初,永豐人,翰林應奉。

黎立武　周易説約一卷　字以常,新喻人。

【補注】佚。《經義考》卷三十八。

淳熙四年進士,累官國子司業,其學宗白雲郭氏,自號寄翁,學者稱爲"所寄先生"。《江西通志》。

王愷　易心三卷　台州寧海人。

【補注】葉氏《菉竹堂書目》有之。未見。《經義考》卷三十七。

張志道　易傳三十卷　字潛夫,金壇人。

【補注】《千頃堂書目》卷一。

劉霖　易本義童子説　安福人。

【補注】《千頃堂書目》卷一。

又《太極圖解》一卷。《經義考》卷七十一。按陳第《世善堂藏書目錄》亦有《太極圖解》。從虞集學,至正丙申舉於鄉,不仕。《江西通志》。

趙元輔編　大易象數鉤深圖三卷

【補注】《千頃堂書目》卷一。

陳廷言　易義指歸四卷　字君從，寧海人。

【補注】陳廷言《易義指歸》四卷。① 未見。《經義考》卷三十七。

周之翰　易象管見　又　易四圖贊　字申甫，華亭人。

邵整　六十四卦圖說

【補注】福州人。《千頃堂書目》卷一。

饒宗魯　周易輯說

【補注】輯所聞於平山曾子良者。《千頃堂書目》卷一。

又　易經庸言

【補注】又《易傳庸言》。《千頃堂書目》作《易經庸言》。佚。《經義考》卷三十八。
字心道，臨川人。《江西通志》。字以道。《千頃堂書目》卷一。

邱葵　易解義

【補注】佚。《閩書》："葵字吉甫，同安人，初從辛介甫，繼從信州吳平甫學，自號釣磯翁。"《經義考》卷三十八。

陳宏　易童子問一卷

又　易象發揮

又　易孟通旨　莆田人，②宋末徙華亭。

【補注】俱見《千頃堂書目》卷一。

張希文　十三卦考一卷　字質夫，瑞州新昌人。

潘廸　周易述解　元城人，國子司業。

【補注】佚。《經義考》卷四十二。至元中官國子司業，歷集賢學士。《千頃堂書目》卷一。

---

① "易"字原脫，據《經義考》卷三十七補。
② "莆"，原誤作"蒲"，據《元史藝文志》改。

翟思忠　易傳　邳州人,常州知事。①

【補注】

方逢辰　易外傳五卷

未見。董真卿曰:"其書以《土》按"上"之誤。《下經》各分一二,作四卷。此外有《周易辨僞》,辨諸本互有不同,《易數圖》《易象數》各附論説,②共爲一卷。"《經義考》卷三十五。

方逢辰,字君錫,淳安人。淳祐十年舉進士第一,累官兵部侍郎,宋亡不仕。學者稱爲蛟峰先生。《浙江通志》。

何夢桂　易衍二卷

未見。《姓譜》:"夢桂字巖叟,淳安人。咸淳乙丑進士,爲太常博士,歷監察御史,宋亡不仕。"《經義考》卷三十八。

一作《易解》。《千頃堂書目》卷一。

曾子良　周易輯説

佚。《經義考》卷三十八。

金谿人,咸淳戊辰進士,調興安尉,遷淳安令。入元,程鉅夫薦爲憲僉,不赴,學者稱爲平山先生。《江西通志》。

邱富國　周易輯解十卷

佚。

又　學易説約五篇

佚。《閩書》:"邱富國,字行可,建安人,爲端陽僉判,宋亡不仕。"《經義考》卷三十八。

按《新元史》卷二百三十五有《丘富國傳》。

鄭儀孫　易圖説

佚。《閩書》:"鄭儀孫,號翠屏,建安人,從邱富國學《易》。"《經

---

① "常"下原脱"州"字,據《元史藝文志》補。

② "易象數",《經義考》卷三十五作"易象圖"。

義考》卷三十八。按《新元史》卷二百三十五有《鄭儀孫傳》。

魏新之　易學蠡測

佚。張時澈曰："魏新之，字德夫，桐廬人，咸淳辛未進士，爲慶元府教授，入元不仕。"《經義考》卷三十八。

按《新元史》卷二百三十五有《魏新之傳》。

練耒　大易發微

佚。《閩書》："練耒，或作來。字彥本，建安人，宋遺民，閉門著書。"《經義考》卷三十八。

熊采　周易講義

佚。《萬姓譜》："采，建陽人，寧武州參軍，入元不仕。"《經義考》卷三十八。案，《熊采傳》見《新元史》卷二百三十五。

衛富益　易經集説

佚。《經義考》卷三十八。

崇德人，從金履祥學，晚歲隱居湖之金蓋山。《浙江通志》。

案《新元史》作"衛益富"，傳見卷二百三十四。

陳普　易經解注二册

未見。《閩書》："陳普，字尚德，別號懼齊，福寧人，居石堂山，學者稱石堂先生。宋鼎既移，三辟本省教授，不起。"《經義考》卷三十八。

又　易講義一卷

存。《經義考》卷三十八。

案，傳見《新元史》卷二百三十五。

陳焕　易傳宗

佚。《經義考》卷三十八。

字時可，豐城人，入元隱居不仕，學者稱爲罏山先生。《江西通志》。

龔焕　易説

佚。《經義考》卷四十。

字右文,進賢人,時稱泉峰先生。《江西通志》。

劉整　易纂圖一卷

佚。《閩書》:"整字宋舉,古田人,自號蒙谷遺老。"《經義考》卷四十。

案,傳見《新元史》卷二百三十五。

陳宏　易童子問一卷

未見。《菉竹堂書目》有之。《經義考》卷四十。

案,《陳宏傳》見《新元史》卷二百三十五。

又　易象發揮

佚。《經義考》卷四十。

黃虞稷曰:"宏,莆田人,宋末徙華亭同知、吳江州事。"《千頃堂書目》卷一。

吳師道　讀易雜記二卷

佚。《經義考》卷四十六。《易雜說》。金門詔《補三史藝文志》。

字正傳,婺州蘭溪人,至治元年進士。《元史》卷七十七。

汪克寬　周易程朱傳義音考

佚。字德輔,一字仲裕,自歙還祁門縣。泰定丙寅舉江浙鄉試,學者稱爲環谷先生。《經義考》卷四十九。

《汪克寬傳》見《新元史》卷二百三十六。

趙汸　大易文詮八卷

存。錢謙益曰:"汸字子常,休寧人,師事九江黃澤。"《經義考》卷四十九、《明史·藝文志》卷一。四卷。倪氏《補遼金元藝文志》。

《趙汸傳》見《新元史》卷二百三十六。

鮑恂　大易舉隅　即《大易鉤玄》。三卷

存。《經義考》卷四十九。

恂字仲孚,崇德人,徙居嘉興西溪。三領元江浙省鄉試,薦爲翰林,不就。《浙江通志》。

郭樌　易説

佚。《經義考》卷四十九。

樌字德茂,仙居人,徙家太平,元世隱居授徒。《浙江通志》。

葉儀　周易集解

未見。《經義考》卷四十九。

儀字景翰,金華人,受學於許白雲,元末明初人。《千頃堂書目》卷一。

周南老[①]　**易傳雜説**　一作"集説"。

佚。

錢謙益曰:"南老字正道,其先道州人,宋末徙吳,元季以薦補信州永豐學教諭,又檄爲吳縣主簿,進淮南省照磨。"《經義考》卷四十九。

盧氏　失名。**校正耶律文獻公大衍揲蓍説一卷**

佚。許衡序。《經義考》卷七十。

程時登　太極圖説

佚。《經義考》卷七十一。

胡希是　太極圖説一卷

未見。《姓譜》:"希是,仲雲之子,元革命家居著述。"《經義考》卷七十一。

程存　太極圖説一卷

佚。《休寧名族志》:"存,陳櫟弟子。"《經義考》卷七十。

吕洙　太極圖説一卷

佚。應廷育曰:"吕洙,字宗魯,永康人,與弟溥從許謙游。"《經義考》卷七十一。

按,《吕洙傳》見《新元史》卷二百三十四。

---

① "周南老",原誤作"周老南",據《經義考》卷四十九乙正。

朱本　太極圖解

佚。《南昌府志》："本字致真，富州人，至正間用薦爲福州路儒學提舉。"《經義考》卷七十一。豐城人。倪氏《補遼金元藝文志》。

俞琬　大易集説十卷

號石澗，宋末遺老，其書成於元至大間。按《經義考》作四十卷，今以通志堂此刻板心計之，則是十三卷。《通志堂經解·目錄》。

《周易俞石澗説》四册。葉盛《菉竹堂書目》卷一。

梁寅　周易參義十二卷

字孟敬，新喻人，自序在後至元六年。《通志堂經解》。

何基　周易發揮七卷　又　繫辭發揮二卷

元人。俱見《國史經籍志》卷二。

許復　易衍義二十一卷　以下皆不知時代。

按，不知何時所撰，姑附於此，以備查考。

楊幅　周易餘義八卷

姚麒　易經或問十卷

周方　學易記三卷

詹一麟　周易述説一卷

黃潛翁　讀易備忘四卷

程轍浠　南易説九卷

咎如愚　古易便覽一卷

周佐　補齋口授易説三卷

寧欽　周易官旨八卷

葉山　八白易傳十六卷

胡經　胡子易演十八卷

臺坊　易辨一卷

郭澹　理數通考二卷

家人衍義二卷　以下俱無名代。

不知誰人所撰，姑附於此，以備查考。

乾坤二卦集解三卷

易象龜鑑三卷

周易宗孔篇三册 俱見《千頃堂書目》卷一。

林光世　水村易鏡一卷

李過　西溪易説十二卷

字季辨，興化人，或云在宋時。

康用文　易説發揮三卷

高安縣尹。俱見倪燦、盧文弨《補遼金元藝文志》。

黄舜祖　易説

陳尚德　易説

胡特　周易直解　俱見金門詔《補三史藝文志》。

書　類

趙秉文　無逸直解

【補注】趙秉文《無逸直解》一卷。佚。《經義考》卷九十七。正大年進。金門詔《補三史藝文志》。

王若虚　尚書義粹三卷　一作二卷。字從之，槁城人。

【補注】按，是書《天一閣》《萬卷堂目》均載之。未見。《經義考》卷八十五。號慵夫，入元不仕。《滹南集》跋。一作十二卷。焦竑《國史經籍志》卷二。

吕造　尚書要略　金正大間同知集賢院。

【補注】佚。《經義考》卷八十五。

以上金。

金履祥　尚書表注四卷　或作十二卷，一作一卷。

【補注】金履祥《尚書表注》二卷。存。《經義考》卷八十四。一作十二卷。《千頃堂書目》卷一。一作四卷。金門詔《補三史藝文志》。一作一卷。焦竑《國史經籍志》卷二。一部二冊,闕。楊士奇《文淵閣書目》卷二。二册。葉盛《菉竹堂書目》卷一。一册二卷。錢謙益《絳雲樓書目》卷一。

又　尚書注十二卷

【補注】存。《經義考》卷八十四。爲先生早歲所注,晚復掇其要而爲表注。柳貫《柳待制文集》。

又　尚書雜論一卷

【補注】《千頃堂書目》卷一。

《姓譜》:"履祥字吉父。"《經義考》卷八十四。字祥父,婺之蘭溪人。《元史》卷七十六。

繆主一　書説

【補注】佚。《經義考》卷八十四。

周敬孫　尚書補遺

【補注】佚。《經義考》卷八十四。

何逢原　尚書通旨　字文瀾,分水人,宋中書舍人,至元中授福建儒學提舉,不赴。

【補注】佚。《嚴州府志》:"咸淳間,官中書舍人。"《經義考》卷八十四。

趙孟頫　書今古文集注

【補注】未見。

《兩浙名賢録》:"趙孟頫,吳興人,兵部侍郎,累官翰林學士承旨。"《經義考》卷八十五。字子昂,湖州人。《元史》卷五十九本傳。

又　洪範圖一卷

【補注】未見。

吳澄　書纂言四卷

【補注】吳澄《書經纂言》四卷。存。《經義考》卷八十五。澄《叙録》分别今古文,《纂言》則今文之二十八篇也。《千頃堂書目》卷一。《今文尚書纂言》。《通志堂經解·目録》。一作八卷。《國史經籍志》卷二。一部二冊,闕。楊士奇《文淵閣書目》卷二。二册。葉盛《菉竹堂書目》

卷一。

又《校定書經》一部。一作《書經序錄》。金門詔《補三史藝文志》。

齊履謙[①]　**書傳詳說一卷**

【補注】《千頃堂書目》作"詳解"。佚。《經義考》卷八十五。

胡一桂　**書說**

【補注】佚。《經義考》卷八十五。

程直方　**蔡傳辨疑一卷**

【補注】未見。《經義考》卷八十五。婺源州人。《千頃堂書目》卷一。

陳櫟　**書解折衷**

【補注】佚。《經義考》卷八十五。

　又　**書集傳纂疏六卷**

【補注】又《尚書集傳纂疏》六卷。存。號定宇。《經義考》卷八十五。

劉莊孫　**書傳上下篇二十卷**

【補注】佚。《經義考》卷八十五。

胡炳文　**書集解**

【補注】未見。《經義考》卷八十五。

董鼎　**尚書輯錄纂注六卷**　字季亨，鄱陽人，真卿之父。

【補注】存。《經義考》卷八十五。"注"當作"疏"。翁方綱《經義考補正》。字秀亨，鄱陽人。《千頃堂書目》卷一。字季亨，德興人。《江西通志》。

何中　**書傳補遺十卷**

【補注】佚。《經義考》卷八十五。《書傳補疑》。《千頃堂書目》卷一。

余芑舒　**讀蔡傳疑一卷**

【補注】佚。

　又　**書傳解**

【補注】佚。《經義考》卷八十五。饒州德興人。倪燦《補遼金元藝文志》。

---

① "謙"字原脱，據《元史藝文志》補。

張仲實　尚書講義

【補注】原卷。佚。在江陰講學時作。《經義考》卷八十五。

許謙　讀書叢説六卷

【補注】存。《經義考》卷八十六。子仁及門人俞叟校正。《千頃堂書目》卷一。先生《書》説時有與蔡氏不盡合者，要歸於是而已。黃溍《金華文集》。一部四册，闕。楊士奇《文淵閣書目》卷二。四册。葉盛《菉竹堂書目》卷一。

字益之，其先京兆人，後徙金華。《元史》卷七十六。

程龍　書傳釋疑

【補注】佚。《經義考》卷八十五。

俞元燮　尚書集傳十卷

【補注】未見。《經義考》卷八十六。

又　或問二卷　字邦亮，建寧人，徙於吳。

【補注】未見。《經義考》卷八十六。

俞元燮。《千頃堂書目》卷一。建寧人，居於吳。虞集《道園集》。張景春曰："其先建寧人，①徙長洲。"《經義考》卷八十六。

吳萊　尚書標説六卷

【補注】未見。《經義考》卷八十六。

王充耘　讀書管見二卷　字與耕，吉水人，永州同知。

【補注】存。《經義考》卷八十六。元統甲戌進士。②《千頃堂書目》卷一。原序及梅鷟跋云："充耘字耕野。"《四庫全書總目提要》。一册。葉盛《菉竹堂書目》卷一。號耕野，授承務郎，同知永新州事，非永州也。彭元瑞《知聖道齋讀書跋》卷一。

又《書義主義》六卷。存。

又《書義矜式》六卷。存。俱見《經義考》卷八十六。

---

① "先"字原脱，據《經義考》卷八十六補。
② "戌"，原誤作"戍"，據《千頃堂書目》卷一改。

李天篯　書經疏　吉水人。

【補注】佚。《經義考》卷八十六。①

得劉靜修道學之傳。《江西通志》。

王天與　尚書纂傳四十六卷　字立大,梅浦人,大德中臨江路儒學教授。

【補注】存。贛州路先賢書院山長。《經義考》卷八十六。一作十卷。焦竑《國史經籍志》卷一。一部五冊,闕。楊士奇《文淵閣書目》卷一。

王希旦　尚書通解

【補注】佚。

又　書説

韓信同　書經講義　一作《集解》。

【補注】未見。《經義考》卷八十六。五百餘篇。金門詔《補三史藝文志》。

吕椿　尚書直解　字之壽,晋江人。

【補注】佚。《閩書》："從邱鈞磯學。"《經義考》卷八十六。

黄鎮成　尚書通考十卷

【補注】存。《經義考》卷八十六。一作十三卷。金門詔《補三史藝文志》。

《自序》末當補云：②"天曆三年正月。"《經義考補正》。

陳師凱　書蔡傳旁通六卷　彭蠡人。

【補注】存。《經義考》卷八十六。

彭蠡人。《千頃堂書目》卷一。浮梁人。倪燦、盧文弨《補遼金元藝文志》。陳澔子,江西都昌人。《新元史》卷二百三十六。不録經文,但摘蔡《傳》語,猶如蔡《傳》之疏耳。《通志堂經解・目録》。一部二冊,闕。楊士奇《文淵閣書目》卷二。二冊。葉盛《菉竹堂書目》卷一。一冊。錢謙益《絳雲樓書目》卷一。

李公凱　纂集柯山尚書句解三卷

【補注】存。按,公凱於《詩》取東萊吕氏,於《書》則舍吕氏而

---

① "卷",原誤作"義",據上下文意改。
② "末",原誤作"未",據清乾隆刻本《經義考補正》卷三改。

從夏氏，蓋不偏主一家者。《經義考》卷八十六。字仲容。《千頃堂書目》卷一。一部一册，闕。楊士奇《文淵閣書目》卷二。一册。葉盛《菉竹堂書目》卷一。

吴迂　書編大旨

【補注】未見。《經義考》卷八十六。

吾衍　尚書要略

【補注】吾邱衍《尚書要略》。未見。《經義考》卷八十六。

周聞孫　尚書一覽

【補注】未見。《吉水縣志》云："周聞孫，字以立，至正辛巳舉於鄉，後入史館修宋、遼、金三史。棄職歸里，尋授鰲溪書院山長，改貞文書院。"《經義考》卷八十六。

余日强　尚書補注　字伯莊，崑山人。

【補注】佚。楊維楨作碣曰："日强字産壯。"《經義考》卷八十六。黄虞稷曰："日强本福建吉田，①流寓太倉。"《經義考》卷八十六引《千頃堂書目》說。字伯莊，本福建古田人，居於太倉，明初以博雅稱，自號淵默叟。《千頃堂書目》卷一。

朱祖義　尚書句解十三卷

【補注】存。黄虞稷曰："祖義字子由，廬陵人。"《經義考》卷八十六。四册。《絳雲樓書目》卷一。

馬道貫　尚書疏義六卷　字德珍，金華東陽人。

【補注】未見。《經義考》卷八十六。師事許謙，自號"一得叟"。《千頃堂書目》卷一。

胡一中　定正洪範集説一卷　字允大，諸暨人，紹興路録事。

【補注】存。陳顯曾《跋》曰："會稽胡公允文，因王、文、吴三先生所訂之旨，更復詳考，爲《定正洪範》一編。以九爲圖，以十爲書，則劉牧氏之説，允文宗之。"《經義考》卷九十六。

---

① "吉"，《千頃堂書目》卷一作"古"。

黄虞稷曰：①"一中字允大，②諸暨人。"《千頃堂書目》卷一。

《自序》末當補云："至正甲午春。"翁方綱《經義考補正》。

一部一册，闕。楊士奇《文淵閣書目》卷二。一册。葉盛《菉竹堂書目》卷一。

謝章　洪範衍義

【補注】佚。吴師道《後序》曰："謝氏章作《衍義》，考圖書之錯綜而推極其變，③萃經説之精要而發明其遺。"《經義考》卷九十六。

陳樵　洪範傳一卷

【補注】未見。《經義考》卷九十六。

田澤　洪範洛書辨一卷 居延人，延祐中常德路總管府推官。

【補注】葉盛《菉竹堂書目》有之。未見。《經義考》卷九十六。

邱廸　尚書辨疑 字彦啓，吴人。

【補注】佚。《姑蘇志》云："從熊朋來學。"《經義考》卷八十六。

王文澤　尚書制度圖纂三卷 字伯雨，松江人。

【補注】佚。《松江府志》："文澤別號梅泾，家風涇，遷上海鹹魚港。"《經義考》卷八十六。

華亭人。《千頃堂書目》卷一。

韓性　尚書辨疑一卷

【補注】佚。《紹興府志》："韓性，字明善，會稽人。"《經義考》卷八十六。字明善，紹興人，其先家安陽，後從南渡，家於越。《元史》卷七十七本傳。

鄒季友　書蔡傳音釋六卷 鄱陽人。

【補注】鄒季友《尚書蔡傳音釋六卷》。存。《經義考》卷八十六。

一卷。《千頃堂書目》卷一。黄虞稷曰："季友字晋昭。"《千頃堂書目》

---

① "稷"，原誤作"集"，據上下文意改。

② "大"，四庫本《續文獻通考·經籍考》、《四庫全書總目》、《經義考》卷九十六均作"文"。

③ "書"，《經義考》卷九十六作"數"。

卷一。

邵光祖　尚書集義六卷　字宏道，饒州人，家於吳。

【補注】未見。張景春曰："邵光祖，字宏道，父宦游來吳，因家焉。張士誠據吳，授湖州學正，不赴。"《經義考》卷八十六。

陳希聖　洪範述

【補注】未見。《經義考》卷九十六。

姚良　尚書孔氏傳　字晉卿。

胡之純　尚書或問　字穆仲，金華人。

張性　尚書補傳　字伯成，金谿人，元進士。

【補注】臨川人。倪燦、盧文弨《補遼金元藝文志》。

【補注】

陳焕　書傳通

未見。王圻曰："焕，豐城人。"《經義考》卷八十四。

陳普　尚書補微

佚。

又　書傳補遺

佚。

又　書講義一卷

存。俱見《經義考》卷八十四。

趙若燭　書經箋注觕通　《姓譜》作"趙嗣誠"。

佚。《袁州府志》："趙若燭，字竹逸，宜春人。寶慶二年進士，知光澤縣事。宋亡不仕，教授於鄉。"《經義考》卷八十四。

邱葵　書解

佚。《經義考》卷八十四。一作《書經直解》。金門詔《補三史藝文志》。

熊禾　尚書集疏

佚。《經義考》卷八十四。

黃景昌　尚書蔡氏傳正誤

佚。《兩浙名賢錄》:"黃景昌,字清遠,浦江人。從方鳳、吳思齊、謝翺游,自號田居子。"《經義考》卷八十四。案,方鳳、吳思齊、謝翺,傳見《新元史》卷二百四十一,《黃景昌傳》見《新元史》卷二百三十五。

元明善　尚書節文

佚。陸元輔曰:"元明善,復初以太子文學事文宗於東宮,升翰林直學士。"《經義考》卷八十六。

案,《元明善傳》見《新元史》卷二百〇六。

李恕　書旁注

佚。《經義考》卷八十六。

倪士毅　尚書作義要訣四卷

存。按,是書乃元時舉子兔園册,東山趙氏作《仲宏改葬誌》稱於他經皆未就,度此必書坊偽託也。《經義考》卷八十六。一册。葉盛《菉竹堂書目》卷一。

吳師道　書雜說六卷

未見。《經義考》卷八十六。

案,《吳師道傳》見《新元史》卷二百三十五。①

季仁壽　春谷讀書記

佚。《括蒼彙紀》:"季仁壽,字山甫,龍泉人。元末用薦教諭慈谿,改松陽,轉婺州教授。"《經義考》卷八十六。

王道　書億四卷

未見。《經義考》卷八十八。

按,《王道傳》見《新元史》卷一百九十四。

陳櫟　堯典中星考一篇

存。《經義考》卷九十三。

---

① "史"字原脱,據上下文意補。

陳剛　禹貢手抄一卷

　　佚。《溫州府志》:"剛字公潛,平陽縣人。從胡石塘學,隱居教授,學者稱爲潛齋先生。"《經義考》卷九十四。

　　按,《陳剛傳》見《新元史》卷二百三十六。

金履祥　西伯戡黎辨一篇

　　存。《經義考》卷九十五。

牟楷　定武成錯簡一卷

　　佚。《台州府志》:"牟楷,字仲裴,黄巖人。不仕,教授生徒,學者稱之曰靜正先生。"《經義考》卷九十五。

　　按,《牟楷傳》見《新元史》卷二百三十六。

陳剛　洪範手抄一卷

　　佚。《經義考》卷九十六。

胡希是　洪範考訂

　　佚。《經義考》卷九十六。

貢師泰　題旅獒圖一篇

　　存。《經義考》卷九十七。

方回　顧命朝會考一篇

　　存。《經義考》卷九十七。

孟夢恂　七政疑解　倪燦《補遼金元藝文志》。

葛大紀　禹貢要略一卷　以下不知時代,故附於此。

王蘂谷　書經旨略一卷

胡士行　尚書詳解十三卷

尹洪　尚書章句訓解十卷

趙杞　尚書辨疑一卷

鄭瑶　禹治水譜一卷

鄒近仁　禹貢集説

張國賓　書義元會四卷

胡誼　尚書釋義十卷

尚書名數索至十卷　以下六書皆不知撰人,姑附於此,以備查考。

書傳集成

尚書原義

書經補遺五卷

書經講義十三册

福極對義圖二卷　俱見倪燦《補遼金元藝文志》。

蕭斛　酒誥一卷

大德十一年,古諭德蕭斛書以獻。金門詔《補三史藝文志》。

吳師道　書經雜說

金門詔《補三史藝文志》。

梁益　尚書補遺　又　七政疑解　俱見金門詔《補三史藝文志》。

按,孟夢恂亦有《七政疑解》。

陳尚德　書傳補遺　見金門詔《補三史藝文志》。

徐蘭　書經體要　金門詔《補三史藝文志》。

于房①　書傳　金門詔《補三史藝文志》。

胡誼　尚書釋疑　金門詔《補三史藝文志》。

蘇鼎　書傳六卷　金門詔《補三史藝文志》。

詩　類

李簡　詩學備忘二十四卷

【補注】佚。《經義考》卷一百十一。

十二册,闕。楊士奇《文淵閣書目》卷二。十二册。葉盛《菉竹堂書目》卷一。

俞玉吾　絃歌毛詩譜一卷

【補注】俞琰《絃歌毛詩譜》一卷。未見。《經義考》卷一百十。

---

① "于",原誤作"干",據清光緒十七年廣雅書局刻本《補三史藝文志》改。

何逢原　毛詩通旨

【補注】佚。李德恢《嚴州府志》："逢原字文瀾,分水人。咸淳間官中書舍人,入元被薦不起。"《經義考》卷一百十。

趙德　詩辨説七卷　一作一卷。宋宗室,隱居豫章。

【補注】闕。《經義考》卷一百十。

趙德《詩辨疑》七卷。一作十卷。本宋宗室,入元隱居豫章東湖,自號鐵峰。《千頃堂書目》卷一。

熊禾　毛詩集疏

【補注】佚。《經義考》卷一百十。

陳深清　全齋讀詩編

【補注】未見。《經義考》卷一百十。

雷光霆　詩義指南十七卷　字友光,寧州人。

【補注】佚。《南昌府志》："程鉅夫嘗從受業。至元間遣使徵之,未至而卒,學者稱龍光先生。"《經義考》卷一百十一。

分寧人。《千頃堂書目》卷一,倪燦、盧文弨《補遼金元藝文志》。

胡一桂　詩傳附錄纂疏八卷

【補注】胡一桂《詩傳纂疏附錄》八卷。未見。《經義考》卷一百十一。①

以朱子《集傳》爲主,而纂諸儒異同之説,及《朱子語錄》《文集》之要語附之。《千頃堂書目》卷一。八册,闕。楊士奇《文淵閣書目》卷二。八册。《菉竹堂書目》卷一。

劉莊孫　詩傳音旨補二十卷②

【補注】劉莊孫《詩傳音指補》二十卷。佚。《經義考》卷一百十一。

程直方　學詩筆記

【補注】未见。《经义考》卷一百十一。

---

①　"義",原誤作"傳",據《經義考》卷一百十一改。
②　"補",原誤作"傳",據《元史藝文志》改。

胡炳文　詩集解

【補注】未見。《經義考》卷一百十一。

程龍　詩傳釋疑

【補注】佚。《經義考》卷一百十一。

安熙　詩傳精要

【補注】佚。《經義考》卷一百十一。

先生諱熙，字敬仲，姓安氏，太原離石人也。金亡，徙山東，愛真定風土家焉。① 蘇天爵《滋溪集》。

字敬仲，真定藁城人。《元史》卷七十六本傳。

陳櫟　詩經句解

【補注】未見。《經義考》卷一百十一。

又　詩大旨

又　讀詩記

【補注】俱見《千頃堂書目》卷一。

吳迂　詩傳衆說

【補注】佚。《經義考》卷一百十一。《詩傳衆紀》。《千頃堂書目》卷一、《補遼金元藝文志》。

李恕　毛詩音訓四卷　黃丕烈云《經義考》別有《毛詩詁訓》四卷。似是一書重出。

【補注】未見。

一部三册，闕。楊士奇《文淵閣書目》卷二。三册。葉盛《菉竹堂書目》卷一。又《毛詩詁訓》四卷。未見。俱見《經義考》卷一百十一。② 《毛詩故》四卷。倪燦、盧文弨《補遼金元藝文志》。

又《毛詩旁注》。未見。《經義考》卷一百十一。

---

① "焉"，原誤作"馬"，據《適園叢書》本《滋溪文稿》卷二十一、《經義考》卷一百十一改。

② "卷"字原脱，據上下文意補。

朱近禮　詩疏釋　盱江人。

【補注】朱近禮《詩傳疏釋》。佚。《經義考》卷一百十一。

蔣宗簡　詩答問

【補注】佚。《經義考》卷一百十一。

周聞孫　學詩舟楫

【補注】《經義考》卷一百十一。

劉瑾　詩傳通釋二十卷　字公瑾，安福人。

【補注】存。楊士奇曰："安成劉瑾。"《吉安府志》："劉瑾，安福人。"《經義考》卷一百十一。

安城人。《千頃堂書目》卷一，倪燦、盧文弨《補遼金元藝文志》。

梁益　詩傳旁通十五卷

【補注】存。

又　詩緒餘　字友直，江陰人。

【補注】未見。《經義考》卷一百十一。

字子方，江陰人。《元史》卷七十六。

黃虞稷曰："益本閩人，隨父家江陰，舉江浙鄉試。"《千頃堂書目》卷一。號庸齋，其先福州人。《四庫全書總目提要》。

許謙　詩集傳名物鈔八卷　一作十二卷。

【補注】存。《經義考》卷一百十一。一作十二卷。《讀書敏求記》卷一。淳祐七年進士，自號白雲山人，世稱爲白雲先生。《元史》卷七十六本傳。八册，闕。楊士奇《文淵閣書目》卷二。八册。葉盛《菉竹堂書目》卷一。

羅復　詩集傳音釋二十卷　字中行，廬陵人。

【補注】存。按，曹氏靜惕堂有藏本，乃合白雲許氏《名物鈔》而音釋之。《經義考》卷一百十一。

朱公遷　詩傳疏義二十卷　字克升，樂平人，處州學正。

【補注】存。《樂平縣志》："公遷以至正辛巳領浙江鄉試，教婺州，嘗題其室曰陽明之所，學者稱陽所先生。"《經義考》卷一百十一。

學於同郡吳中行,徵授翰林直學士,力辭,乃出爲處州學正,兵亂徙婺源。《江西通志》。

《詩經疏義》。《四庫全書總目提要》。

字克井。倪燦、盧文弨《補遼金元藝文志》。

李公凱　毛詩句解二十卷

【補注】存。黃虞稷曰:[①]"公凱字仲容,宜春人,其書專取呂氏《讀詩紀》而櫽括之。"《經義考》卷一百十一。

黃虞稷條內呂氏《讀詩紀》,"紀"當作"記"。翁方綱《經義考補正》卷四。

曹居貞　詩義發揮　廬陵人。

【補注】未見。《經義考》卷一百十一。

永樂中修《大全》多采之。《江西通志》。

蘇天爵　讀詩疑問一卷

【補注】存。天爵自述曰:"戊辰之冬,閱朱子《詩集傳》、呂氏《讀詩記》,偶有所疑,輒筆錄之。"《經義考》卷一百十一。

字伯修,真定人。《元史》卷七十。

吳簡　詩義　字仲廣,吳江人,紹興路學錄。

【補注】佚。《經義考》卷一百十一。

楊舟　詩經發揮　《江西通志》:"字道濟,吉水人。"《湖廣通志》:"字梓父,慈利人,登進士,爲茶陵同知,歷遷翰林待制。"

【補注】佚。《經義考》卷一百十一。

韓性　詩音釋一卷

【補注】佚。陸元輔曰:"元慈湖書院山長,會稽人。"《經義考》卷一百十一。

字明善,紹興人。《元史》卷七十七。

---

① "稷",原誤作"集",據《經義考》卷一百十一改。

貢師泰　詩補注二十卷

【補注】佚。《經義考》卷一百十一。

字泰甫，寧國宣城人。《元史》卷七十四。

秦玉　詩經纂例　字德卿，崑山人。

【補注】佚。楊維楨志墓曰："其先鹽城人，徙居崇明，又徙崑之太倉，家焉。"《經義考》卷一百十一。

余希聲　詩說四卷　青田人。

【補注】佚。《經義考》卷一百十一。

焦悅　詩講疑　字子和。

【補注】佚。《經義考》卷一百十一。

蘇天爵曰："先生姓焦氏，諱悅，字子和，與同郡安熙講說六經之旨。"《滋溪類稿》。安熙字敬仲，真定藁城人。《元史》卷七十六本傳。

顏達　詩經講說　江陵人。

【補注】未見。《經義考》卷一百十一。

夏泰亨　詩經音考　字叔通，會稽人，翰林院編修。

【補注】佚。《經義考》卷一百十一。字叔遠。《千頃堂書目》卷一。翰林修撰。倪燦《補遼金元藝文志》。

盧觀　詩集說

【補注】未見。《經義考》卷一百十一。《詩集疏》。《千頃堂書目》卷一。

楊燧　詩傳名物類考　字元度，餘姚人，歷寧海、縉雲及本州學官。

【補注】未見。《經義考》卷一百十一。

二十卷。倪燦、盧文弨《補遼金元藝文志》。

周鼎　詩經辨正　字仲恒，廬陵人。

【補注】佚。《經義考》卷一百十一。

宋濂曰："周鼎，字仲恒，先世自安成徙廬陵，從滉溪郭正表游。"《宋學士文集》。

方道壑① 詩記 字以愚,淳安人,至正進士,翰林編修,改杭州判官。

【補注】佚。《兩浙名賢錄》曰:"方道叡,蛟峰先生之曾孫。登至順二年進士第。② 洪武初,兩被召,不赴。"《經義考》卷一百十一。

朱倬 詩疑問七卷 一作八卷。字孟章,建昌新城人,以進士授遂安尹。至正十二年,寇至,不屈死。

【補注】存。《經義考》卷一百十一。一作六卷。焦竑《經籍志》。附《詩辨說》一卷。《四庫全書總目提要》。盱黎人。《千頃堂書目》卷一。盱江人。倪燦、盧文弨《補遼金元藝文志》。余始得是書,稱盱黎進士朱倬,莫知為何如人。考之《漢書·地理志》豫章郡下有南城縣,注云:"縣有盱水。"《圖經》云:"在縣東二百一十步,一名建昌江,一名盱江。"《名勝志》云:"縣之東境有新城縣。"後知倬為建昌新城人。納蘭成德《詩疑問序》。末附趙德《詩辨疑》一卷。倪燦《補遼金元藝文志》。後附南昌趙德《疑問附編》。《通志堂經解·目錄》。一册,闕。楊士奇《文淵閣書目》卷二。

包希魯 詩小序解一卷

【補注】未見。《經義考》卷一百十九。

曾堅 詩疑大鳴錄一卷 字子白,臨川人,翰林直學士。

【補注】未見。吳江人。《經義考》卷一百十二。吳江人。《千頃堂書目》卷一。

劉玉汝 詩纘緒十八卷 字成之,廬陵人。

【補注】

陳普 詩講義一卷

存。

---

① "壑",《元史藝文志》作"𡎚"。
② "第"字原脱,據明天啓刻本《兩浙名賢錄》卷二及《經義考》卷一百十一補。

陳煥　詩傳微

　　佚。

邱葵　詩正義　　或作《口義》。

　　佚。俱見《經義考》卷一百十。①《詩口義》。金門詔《補三史藝文志》。

吳師道　詩雜說二卷

　　未見。《經義考》卷一百十一。

汪克寬　詩集傳音義會通三十卷

　　佚。《經義考》卷一百十二。

　　先生名克寬，字德輔，學者尊爲環谷先生。宋濂《宋學士集》。案，《克寬傳》見《新元史》卷二百三十六。②

王道　詩億三卷

　　未見。《經義考》卷一百十三。

趙孟頫　豳風圖一卷

　　佚。

方回　鹿鳴二十二篇　樂歌考一篇

　　存。

　　又　彤弓考一篇

　　存。俱見《經義考》卷一百十九。

翟思忠　詩傳旁通八卷　失時代。十卷　《千頃堂書目》卷一。

李少南　詩解二十卷　失時代。《千頃堂書目》卷一。

錢氏　詩集傳　以下俱失名。

詩纂圖四帙

詩圖說　以上三書俱見《千頃堂書目》卷一。

禿忽思錄毛詩一部

　　至元五年，敕從臣禿忽思從錄。金門詔《補三史藝文志》。

----

①　"卷"字原脫，據上下文意補。
②　"史"字原脫，據上下文意補。

塔失不花　豳風圖

　　皇慶二年進。金門詔《補三史藝文志》。

吳澄　校定詩經

黃舜祖　國風小雅說

蕭山　讀詩傳十卷

王都中　詩集三卷

熊凱　風雅遺音　以上俱見金門詔《補三史藝文志》。

逸齋補傳二十二卷　《千頃堂書目》卷一。

禮　類

趙秉文　中庸說一卷

　　【補注】存。《經義考》卷一百五十三。

　　一作二卷。《千頃堂書目》卷二。

李純甫　中庸集解一卷

　　【補注】佚。《經義考》卷一百五十三。

　　純甫字之純，弘州襄陰人，永安二年經義進士，薦入翰林，歷京兆府判官。《金史》本傳。

　　楊雲翼《周禮辨》一篇。未見。《經義考》卷一百二十五。字之美，家平定之樂平縣，登明昌五年進士第一，拜翰林學士、禮部尚書。《金史》本傳。

　　以上金。

吳澄　周禮經傳十卷

　　【補注】存。題曰"吳澄著"，中間多有改削，又有黏籤，其議論序次均不同於《考注》，疑是其孫伯當之書，然無"先公"字樣，但有"聞之師曰"之文，不審爲誰所撰，姑附於此。《經義考》卷一百二十五。

又《周禮考注》十五卷。存。《經義考》卷一百二十五。

又《周官敘錄》六篇。倪燦《補遼金元藝文志》。

又《周官考正》六卷。《世善堂書目》上。

又《敘次儀禮》十七篇。倪燦《補遼金元藝文志》。

又《儀禮逸經》五卷。金門詔《補三史藝文志》。

又《校定儀禮》。金門詔《補三史藝文志》。

又　儀禮逸篇八篇

【補注】又《儀禮逸經》八篇。焦氏《經籍志》作六卷，非。存。一作一冊。葉盛《菉竹堂書目》卷一。一作一冊六卷。《絳雲樓書目》卷一。一作《儀禮逸經傳》一卷。《文瑞樓藏書目錄》卷一。一卷，《經》八篇，《傳》十篇。《通志堂經解·目錄》。

又　傳十篇

【補注】又《儀禮傳》十篇。存。《經義考》卷一百三十三。一作十五篇。倪燦《補遼金元藝文志》。一作十五卷。金門詔《補三史藝文志》。

又　禮記纂言三十六卷

【補注】又《禮記纂言》二十六卷。存。見《經義考》卷一百四十三。一作二十五冊。葉盛《菉竹堂書目》卷一。一作三十卷。錢曾《述古堂藏書目》卷一。一作十三冊，或二十五冊，或作十二冊。《文淵閣書目》卷二。

又《校定禮記》。

又《校定大戴禮》。一作《校定大戴記》三十四篇。《世善堂藏書目錄》卷上。

又《曲禮考注》十卷。俱見金門詔《補三史藝文志》。

又《序次小戴記》八卷。《千頃堂書目》卷一。《校定小戴記》三十六篇。陳第《世善堂藏書目錄》卷上。①

---

① "第"，原誤作"弟"，據上下文意改。

王申子　周禮正義

【補注】佚。《經義考》卷一百二十五。

臧夢解　周官考三卷

【補注】未見。陸元輔曰："夢解，鄞人，宋末進士，至元中授婺州路儒學提舉，官至廣東廉訪使，士大夫稱曰魯山先生。"《經義考》卷一百二十五。

毛應龍　周官集傳二十四卷　今存十六卷。

【補注】毛應龍《周官集傳》二十四卷。存。《經義考》卷一百二十五。一作十三卷。《千頃堂書目》卷二。一作十六冊。葉盛《菉竹堂書目》卷一、《文淵閣書目》卷二。一作二十卷。《述古堂書目》卷一。

又　周官或問五卷　字介石，豫章人，大德間澧州教授。

【補注】未見。《經義考》卷一百二十五。一作一冊。葉盛《菉竹堂書目》卷一。

吳當　周禮纂言

【補注】未見。陸元輔曰："入明不仕，隱居吉水之谷坪。"《經義考》卷一百二十五。

字伯尚，澄之孫，崇仁人。《元史》卷七十四。

周禮附音重言重意互注十二卷　未詳撰人。

【補注】《周禮附音重言重意互注》。存。《經義考》卷一百二十五。

陳深　考工記句詁一卷

【補注】存。《經義考》卷一百二十九。

又　周禮訓雋一卷

【補注】又《周禮訓雋》十卷。存。

又　周禮訓注十八卷

【補注】存。俱見《經義考》卷一百二十七。

敖繼公　儀禮集説十七卷　字君善，長樂人，信州教授。

【補注】存。《姓譜》："敖繼公，字長壽，福州人。寓居湖州，趙孟頫師事之。平章高顯薦於朝，授信州教授，命下而卒。"

《經義考》卷一百三十三。

一作十二冊。葉盛《菉竹堂書目》卷一。一作十冊。錢謙益《絳雲樓書目》卷一。

閩長樂人。《千頃堂書目》卷二。家於吳興。《四庫全書總目提要》。

字君善,長樂人,著《儀禮集説》十三卷。大德中以高克恭薦,授信州教授,未仕而卒。《新元史》卷二百三十五。

顧諒　儀禮注八卷　字季友,吳江人。

【補注】顧諒《儀禮注》。未見。《經義考》卷一百三十三。

葉起　喪禮會記　字振卿,永嘉人。

【補注】葉起《喪禮會經》。佚。《經義考》卷一百三十七。

《喪禮會經》。《千頃堂書目》卷二。

戴右玉　治親書　凡三篇:一曰《釋親》,二曰《宗法》,三曰《服制》。

【補注】戴石玉《治親書》三卷。佚。《經義考》卷一百三十七。戴石玉《治親禮書》三篇。倪燦《補遼金元藝文志》。

石玉,廬陵人,《治親禮書》凡三篇:一曰《釋親》,二曰《宗服》,三曰《服制》。《千頃堂書目》卷二。

張翚　喪服總類

【補注】佚。《經義考》卷一百三十七。

《喪服總數》。《千頃堂書目》卷二。

又《釋奠儀注》。《千頃堂書目》卷二。

字達善,其先蜀之導江人。① 蜀亡,僑寓江左金華。②《元史》卷七十六。

趙居信　禮經葬制

繆主一　禮記通考

【補注】佚。《經義考》卷一百四十二。

---

① "人",原誤作"入",據《元史》卷一百八十九列傳第七十六改。
② "左",原誤作"右",據《元史》卷一百八十九列傳第七十六改;另"金華"二字疑屬下句,即"金華王柏,得朱熹三傳之學"云云。

彭絲　禮記集說四十九卷

【補注】佚。《經義考》卷一百四十三。

陳伯春　禮記解　字耀卿，晉江人。

【補注】佚。《經義考》卷一百四十三。

吕椿　禮記解

【補注】佚。王圻曰："晉江人，學於邱葵。"《經義考》卷一百四十三。

陳澔　禮記集說十卷　一作十六卷。字可大，都昌人。

【補注】陳澔《禮記集說》三十卷。存。陸元輔曰："宋亡，不樂仕進，教授鄉里，學者稱雲莊先生。"《經義考》卷一百四十三。
《禮經集說》十卷。陳第《世善堂藏書目錄》卷上。一作四册，或作二册。《文淵閣書目》卷二。一作三十卷。號雲柱，又號北山叟。《千頃堂書目》卷二。
《雲莊禮記集說》十卷。《四庫全書總目提要》。
此書成於元英宗之二年，入元四十三年矣。《經義考補正》卷六。

程時登　禮記補注

【補注】未見。《經義考》卷一百四十三。

又　深衣翼一卷

【補注】未見。

又①　大學本末圖說一卷

【補注】佚。《經義考》卷一百六十一。

又　中庸中和說

【補注】又《中庸中和說》一卷。佚。咸淳甲戌，合試江東九路士子，時登居首，入太學。宋鼎既移，入元不仕。《經義考》卷一百五十五、一百六十一。

陳櫟　禮記集義詳解十卷

【補注】未見。《經義考》卷一百四十三。

---

① "又"字原脱，據本文體例補。

《禮記集義》十卷。《千頃堂書目》卷二。《禮記集義抄》二卷。陳第《世善堂藏書目錄》卷上。

《禮記集義》六册,《詳解》四册。《文淵閣書目》卷二。

又　深衣説一卷

【補注】未見。《經義考》卷一百五十。

又　中庸口義一卷

【補注】未見。《經義考》卷一百五十三。

程龍　禮記辨證

【補注】佚。《經義考》卷一百四十三。

周尚之　禮記集義　字東陽,南安路上猶縣尹。

【補注】佚。《經義考》卷一百四十三。

延祐四年,江西以《春秋》舉上禮部,不得第。至元元年,擢丙科,授將仕郎、永州零陵縣丞,調南安路上猶縣尹。柳實《柳侍制文集》。

韓性　禮記説四卷

【補注】佚。《經義考》卷一百四十三。

王夢松　禮記解　字曼卿,青田人。

【補注】佚。《括蒼彙紀》:①"隱居不仕,學者稱順齋先生。"《經義考》卷一百四十三。

張宏圖　大禮記　字巨濟,福清人。

【補注】佚。《經義考》卷一百四十三。

葉遇春　禮記覺言八卷

【補注】佚。《經義考》卷一百四十三。

楊維楨　禮經約

【補注】未見。錢謙益曰:"維楨字廉夫,會稽人,泰定丁卯進士,歷江西等處儒學提舉。兵亂,避地富春山,徙錢塘,又自

---

① "紀",原誤作"記",據《經義考》卷一百四十三改。

蘇徙松江。"《經義考》卷一百四十三。

諸暨人,自號鐵崖,亦號鐵笛子。《新元史》卷二百三十八本傳。

汪汝懋　禮學幼範七卷

【補注】佚。《經義考》卷一百四十八。

　　又　深衣圖考三卷　字以敬,嚴陵人,定海縣尹。

【補注】佚。《經義考》卷一百五十。

劉莊孫　周官集傳二十卷

【補注】劉莊孫。①

　　又　深衣考一卷

【補注】佚。《經義考》卷一百五十。

許衡　中庸説

李思正　中庸圖説一卷

【補注】佚。

　　又　中庸輯釋一卷　江西德興人。

【補注】佚。《經義考》卷一百五十三。入元不仕。《千頃堂書目》卷二。

劉惟思　中庸簡明傳一卷　字良貴。

【補注】佚。《經義考》卷一百五十三。

夏侯文卿　中庸管見　華亭人。

【補注】夏侯尚玄《中庸管見聚疑》。佚。錢金甫曰:"夏侯尚玄,字文卿,華亭人,趙孟頫薦爲東宫伴讀。"《經義考》卷一百五十三。

齊履謙　中庸章句續解一卷

【補注】未見。《經義考》卷一百五十三。

　　又　大學四傳小注一卷

【補注】《經義考》卷一百五十七。

---

① 此處疑有脱文。

王奎文　中庸發明一卷

【補注】未見。《經義考》卷一百五十三。

案,王奎文爲宋末元初人。

薛子晦　中庸注　東陽人。

【補注】薛玄《中庸注》。佚。陸元輔曰:"玄字子晦,一字若晦,從許謙游,不仕。"《經義考》卷一百五十三。

又《中庸質疑》。《新元史》卷二百三十四。

程逢午　中庸講義三卷　字信叔,休寧人,元貞中海鹽州教授。

【補注】佚。《姓譜》云:"元貞中薦授紫陽書院山長。"《經義考》卷一百五十三。

魯真　中庸解一卷

【補注】未見。《經義考》卷一百五十三。

黄鎮成　中庸章旨二卷

【補注】未見。《經義考》卷一百五十三。

練魯　中庸説一卷　松陽人。

【補注】佚。《括蒼彙紀》:"練魯,至正間登第,入明辭聘不赴。"《經義考》卷一百五十三。

金履祥　大學章句疏義一卷

【補注】未見。

又　大學指義一卷

【補注】未見。《一齋書目》有。俱見《經義考》卷一百五十七。

馬端臨　大學集傳一卷　字貴與,樂平人。

【補注】未見。《一齋書目》有。《經義考》卷一百五十七。右相廷鸞仲子,以蔭補承事。宋亡,隱居教授。《江西通志》。

李師道　大學明解一卷

【補注】佚。《經義考》卷一百五十七。

高郵人,學者稱爲"月河李氏",嘗爲通州教授。《千頃堂書目》卷二。

王文焕　大學發明一卷　字子敬，括蒼人。

【補注】佚。《括蒼彙紀》："文焕一字叔恭，入元不仕，學者稱西山先生。"《經義考》卷一百五十七。

吳浩　大學講義一卷　字義夫，休寧人。

【補注】吳浩《大學口義》《千頃堂書目》卷二，倪燦、盧文弨《補遼金元藝文志》亦作《大學口義》。一卷。佚。《徽州府志》："吳浩隱居不仕，著《直軒大學口義》。"《經義考》卷一百五十七。

許衡　大學要略直說一卷

【補注】存。

又《魯齋大學詩解》一卷。未見。俱見《經義考》卷一百五十七。黃虞稷曰："每《大學》一義，賦七言絶句解之。"《千頃堂書目》卷二。

熊禾　大學廣義二卷

【補注】熊禾《大學廣義》一作"口義"。二卷。未見。《一齋書目》有。《經義考》卷一百五十七。

一作《大學口義》。《千頃堂書目》卷二。

胡炳文　大學指掌圖一卷

【補注】未見。《經義考》卷一百五十七。

李朝佐　大學治平龜鑑　雲陽人，失其名。

【補注】佚。《經義考》卷一百五十七。

程仲文　大學釋旨一卷　失其名。

【補注】未見。胡炳文序曰："程仲文舊從予游。"《經義考》卷一百五十七。

吕洙　大學辨疑一卷　永嘉人。

【補注】佚。

吕溥　大學疑問一卷　字公甫，永嘉人。

【補注】佚。《金華府志》："吕溥，字公甫，永康人，與兄洙均從許謙學。"《經義考》卷一百五十七。

俱永嘉人，從兄弟也。《千頃堂書目》卷二。

金華人。《新元史》卷二百三十四。

錢天祐　大學經傳直解　延祐初人。

潘廸　庸學述解

【補注】潘廸《中庸大學述解》。佚。《經義考》卷一百六十二。

字牖民，元城人。《新元史》卷二百三十四。

葉瑞　庸學提要六卷

【補注】葉瑞《中庸大學提要》六卷。佚。《經義考》卷一百六十二。

曾貫　庸學標旨

【補注】曾貫《庸學標注》。佚。《經義考》卷一百六十二。

字傳道，泰和人，至正中爲紹興路照磨。《新元史》卷二百三十六。

饒魯　中庸大學纂述二卷

又　庸學十一圖一卷

【補注】俱未見。俱見《經義考》卷一百六十二。

袁明善　大學中庸目錄①　字誠夫，臨川人。

【補注】袁明善《大學中庸錄》。未見。從吳澄學。《經義考》卷一百六十二。

又從虞集學。《千頃堂書目》卷二。元明善。倪燦、盧文弨《補遼金元藝文志》。

字復初，大名清河人，其先蓋拓跋魏之裔，居於清河。《元史》卷六十八《元明善傳》。

按《元史》《新元史》皆無"袁明善傳"。

倪公晦　學庸約説

【補注】佚。《經義考》卷一百六十二。

黃文傑　大學中庸雙説②　字顯明，上猶人，大德中安遠教授。

【補注】佚。《經義考》卷一百六十二。

---

① "目"，原誤作"日"，據《元史藝文志》改。
② "庸"，原誤作"卷"，據《元史藝文志》改。

案,《黄文傑傳》見《江西通志》。

鄭奕夫　中庸大學章旨

【補注】佚。《經義考》卷一百六十二。

秦玉　大學中庸標説

【補注】一作"探説"。佚。王逢曰:"秦玉,字德卿,隱居崇明。"《經義考》卷一百六十二。太倉人,約之父。《千頃堂書目》卷二。

吳澄　三禮考注六十八卷　或云晏璧僞託。

【補注】吳澄《三禮考注》六十四卷。存。鄭瑗曰:"《考工記》別爲一卷,附之經後。竹垞按今所傳《三禮考注》以驗對先生之書,論議體例多有不合,其爲晏氏僞託無疑。"《經義考》卷一百六十四。

一作四十八卷。成化九年癸巳羅倫序。《千頃堂書目》卷二。

一作六十八卷。倪燦《補遼金元藝文志》。

又《三禮序錄》。金門詔《補三史藝文志》。三卷。陳第《世善堂藏書目錄》卷上。

蕭㪺　三禮記四卷

【補注】未見。按,蕭公《三禮説》,蘇氏《墓志》不載,而連江陳氏《書目》有之。《經義考》卷一百六十四。

《三禮説》。倪燦《補遼金元藝文志》。

字維斗,其先北海人,父仕秦中,遂爲奉化人。《元史》卷七十六。

蕭貞敏公㪺,京兆人。《輟耕錄》。

韓信同　三禮旁注

【補注】佚。《經義考》卷一百六十四。

湯彌昌　周禮解義　字師言,吳人,瑞安州判官。

【補注】湯彌昌《周禮講義》。佚。盧熊曰:"彌昌號碧山,咸淳丁卯進士。"《經義考》卷一百二十五。

惠希孟　雜禮纂要五卷

【補注】惠希孟《雜禮纂要》六卷。江陰人。《千頃堂書目》卷二。

吳霞舉　文公喪禮考異

【補注】新安人。《千頃堂書目》卷二。《文公家禮考異》。倪燦《補遼金元藝文志》。

黃澤　二禮祭祀述略

【補注】黃澤《二禮金門詔《補三史藝文志》作"三禮"。祭祀述略》。《千頃堂書目》卷二。

又　禮經復古正言
又　殷周諸侯禘祫考
又　周廟太廟單祭合食說

【補注】俱見金門詔《補三史藝文志》。

陳友仁　周禮集說十二卷　字君復，湖州人。

【補注】《周禮集說》十二卷。不知何人所輯。元吳興陳友仁君復得之於沈則正，因傳之内地官，末卷亡。明關中劉儲秀補注。《千頃堂書目》卷二。

邱葵　周禮全書六卷

【補注】邱葵《周禮全書》一曰《周禮補亡》。六卷。存。按此書蓋合俞壽翁、王次點兩家之說而損益之。《經義考》卷一百二十五。

又　周禮定本三卷

【補注】又《周禮訂本》三卷。同安人馬祖常嘗薦於朝，命未下而卒。《千頃堂書目》卷二。

黎立武　中庸指歸一卷

【補注】存。《經義考》卷一百五十三。

又　提綱一卷

【補注】前有大德八年趙秉文按《千頃堂書目》作"政"字，①誤也。序。《千頃堂書目》卷二。

又《中庸分章》一卷。存。按，黎氏《中庸》分爲十五章，各繪

---

① "頃"下，原衍"書"字，據上下文意刪。

一圖,大指謂《中庸》之道出於《易》,蓋主郭氏父子兼山、白雲之說者。《經義考》卷一百五十三。

元中子黎氏,擢進士第三人,歷國子司業。官秘省時,閱官書,愛二郭氏《中庸》。郭游程門,新喻謝尚書仕夷陵,嘗傳其學。將由謝溯郭,①以嗣其傳,②故於《大學》《中庸》等書,間與世所宗尚者異議。③《吳澄文正集》。

宋咸淳進士,爲華文閣待制,吳澄其所取士也。入元,屢徵不起。《千頃堂書目》卷二。

又　大學發微一卷

【補注】存。《經義考》卷一百五十七。《大學發明》一卷。《千頃堂書目》卷二。

又　本旨一卷

【補注】又《大學本旨》一卷。存。《經義考》卷一百五十七。

趙友桂　夏小正解　字說仲。

【補注】趙友桂《夏小正集解》一卷。未見。《經義考》卷一百四十七。案,是書卷首有王禕序。

括蒼人。《新元史》卷二百三十六。

史季敷　夏小正經傳考三卷　鄞人。

【補注】《千頃堂書目》卷二。一作二卷。存。《經義考》卷一百四十七。張萱曰:"元末,鄞人史季敷采《儀禮集解》,參究同異,附以釋音,復取先儒解經所引語及事相附近者,綴於傳文之下,凡三卷。"《經義考》卷一百四十七。

以字行,明州人,采傳崧卿。氏本作《夏小正經傳考》三卷。《新元史》卷二百三十六。

---

① "溯",清文淵閣《四庫全書》本《吳文正集》(以下簡稱"《吳文正集》")卷六十五作"沂"。
② "其"字原脫,據《吳文正集》卷六十五補。
③ "議"字原脫,據《吳文正集》卷六十五補。

馮翼翁　士禮考正　永新人。

【補注】馮翼翁《士禮考證》。字子羽,永新人,泰定元年進士,撫州府。《千頃堂書目》卷二。

奉新人。倪燦《補遼金元藝文志》。

張才卿　葬祭會要一卷

【補注】約朱子《家禮》爲之。《千頃堂書目》卷二。

程榮登　翼禮

【補注】取朱子之言行有係於《禮》者,以羽翼《家禮》,故名。《千頃堂書目》卷二。

龔端禮　五服圖解一卷　泰定間人。

【補注】龔端禮《五服圖解》。《千頃堂書目》卷二。一作一册。葉盛《菉竹堂書目》卷一。

【補注】

陳普　周禮講義三篇

存。《經義考》卷一百二十五。

何夢中等　周禮義一卷

佚。王圻曰:"《周禮》一卷,元東陽內舍生何夢中與弟參知政事夢然所作。"《經義考》卷一百二十五。

方回　儀禮考

未見。

陳普　儀禮説一卷

存。按陳氏《儀禮説》惟《士冠禮》《鄉射禮》《燕禮》《聘禮》四篇載《石堂集》。俱見《經義考》卷一百三十二。

陳普　士冠禮説一篇　載《石堂集》。

存。

方回　覲禮辨一篇

存。俱見《經義考》卷一百三十四。

吳澄　大戴禮序錄一篇

　　存。《經義考》卷一百三十八。

鄭樸翁　禮記正義一卷

　　未見。《經義考》卷一百四十二。

　　字宗仁，温州平陽人，宋亡不仕。《浙江通志》。

陳普　禮記講義一卷

　　存。

陳焕　禮記釋

　　佚。俱見《經義考》卷一百四十二。

熊朋來　投壺説一篇

　　存。

王惲　投壺引一篇

　　存。俱見《經義考》卷一百四十七。

陳普　檀弓辨一篇

　　存。《經義考》卷一百四十八。

方回　明堂位辨一篇

　　存。

金履祥　深衣小傳外傳一卷

　　存。

牟楷　深衣刊誤一卷

　　佚。俱見《經義考》卷一百五十。

方逢辰　中庸注一卷

　　佚。

趙若焕　中庸講義一卷

　　佚。俱見《經義考》卷一百五十三。

　　字堯章，進賢人，宋亡不仕。《江西通志》。

許謙　中庸叢説一卷
　　未見。
劉清　中庸章句詳説
　　未見。永嘉人。俱見《經義考》卷一百五十三。
許謙　大學叢説一卷
　　未見。《經義考》卷一百五十七。
方逢辰　中庸大學釋傳三卷
　　未見。
鄭儀孫　中庸大學章句一卷
　　佚。俱見《經義考》卷一百六十二。
鮮雲龍　大月令　倪燦《補遼金元藝文志》。鮑雲龍[①]　《千頃堂書目》卷二。
程復心　大學章圖纂釋一卷　《千頃堂書目》卷二。
景星　大學中庸集説啓蒙二卷
汪克寬　經禮補逸九卷　儀禮補逸一册十卷　錢謙益《絳雲樓書目》卷一、《國史經籍志》卷二。
　　鈔合三《禮》、三《傳》諸經之文，以五禮統之，與草廬之書不俟矣。《通志堂經解·目錄》。
范可仁　釋奠通載　又　通祀纂要
黄以謙　通祀輯略三卷　泉州路教授。
黄元暉　通祀輯續集一卷　以謙從子。
吴夢賢　釋奠儀圖一卷
張翌　釋奠儀注
曾巽申　致美集三卷
韓諤　重定先世祭式一卷　俱見倪燦《補遼金元藝文志》。

---

① 此處意爲《千頃堂書目》卷二作"鮑雲龍《大月令》"。

黄舜祖　禮記説

周成大　三禮服制考

康宗成　三禮考注　俱見金門詔《補三史藝文志》。

連伯聰　禮記集注十六卷　以下不知時代，姑附於此，以備查考。

馮公亮　深衣考正一卷

陸琪　中庸發明要覽二卷

劉永澄　曲禮刪注一冊

蔡季成　大學説約一冊

周公恕　大學總會五卷

蔣文質　大學通旨一卷　俱見《千頃堂書目》卷二。

樂　類

程時登　律吕新書贅述

【補注】《千頃堂書目》卷二。

余載　皇元中和樂經二卷　一作十卷。

【補注】余載倪燦《補遼金元藝文志》。《皇元中和樂經》十卷。《千頃堂書目》卷二。

一作一冊。《文淵閣書目》卷三。

又　皇元韶舞九成樂譜一卷

【補注】又《皇元韶舞九成樂補》。《千頃堂書目》卷二，題云不知撰人。

一作二冊。《文淵閣書目》卷三。

劉瑾　律吕成書二卷

【補注】劉瑾《律吕成書》。《千頃堂書目》卷二。二卷。倪燦《補遼金元藝文志》。

字公瑾，安福人。《新元史》卷二百三十五。一作安成人。錢大昕《補元史藝文志·詩類》。

彭絲　黃鐘律說八篇

【補注】《千頃堂書目》卷二。

吾衍　十二月樂舞譜

鐵柱　琴譜八卷　字明善，畏吾人。

鄭瀛　琴譜三卷　浦陽人。

【補注】鄭瀛《琴譜》二卷。浦江人。宋大理少卿楊公纘最知琴，嘗與其客毛敏仲、徐天民著《紫霞洞譜》一十三卷。元季何巨濟受業於徐，而瀛又受業於何。《千頃堂書目》卷二。

俞玉吾　琴譜四十篇

【補注】俞琰《琴譜》四十篇。

苗彥實　琴譜

熊朋來　瑟譜六卷

【補注】熊朋來《瑟譜》。① 《千頃堂書目》卷二。六卷。倪燦《補遼金元藝文志》。

【補注】

杜瑛　律呂律曆禮樂雜志三十卷　《千頃堂書目》卷二。

趙孟頫　樂原　又　琴原

孔思道　大元樂書

孔子裔孫進道，由常州教授歷官太常禮義院判。以上俱見《千頃堂書目》卷二。

趙鳳儀　釋奠樂器圖一篇

汴人，延祐四年溫州守。

胡氏　律論一卷

豫章人，失其名。倪燦《補遼金元藝文志》。

吳澄　校定樂律　金門詔《補三史藝文志》。

───────

① "瑟"，原誤作"琴"，據《千頃堂書目》卷二改。

春秋類

吳澄　春秋纂言十二卷

【補注】存。一作十册。葉盛《菉竹堂書目》卷一。

又　總例二卷

【補注】又《總例》三卷。存。《千頃堂書目》卷二、《經義考》卷一百九十四。一作二卷。倪燦《補遼金元藝文志》。

黃虞稷曰："草廬《春秋纂言》,嘉靖中嘉興知府蔣若愚刻之郡齋,湛若水爲之序。"

李昶　春秋左氏遺意二十卷

【補注】存。《經義考》卷一百九十五。

東平人,字士都。《元史類編》。須城人。《元史》卷四十七。

昶父世弼從外家受孫明復《春秋》,得其宗旨。昶承家學,集諸家之學而折衷之。《千頃堂書目》卷二。

張樞　春秋三傳歸一義三十卷

【補注】佚。《經義考》卷一百九十五。

又《春秋三傳朱墨本》。唐陸淳纂《春秋微旨》,以朱墨別三傳之當否,歲久漫滅,寖失其真,乃重加考正。《千頃堂書目》卷二。

字子長,金華人。《黃(溍)金華文集》。《金華府志》云:"東陽人。"《經義考》卷一百九十五。

敬鉉　春秋備忘四十卷　一作四十六卷,一作三十卷。

【補注】敬鉉《春秋備忘》三十卷。佚。《經義考》卷一百九十三。一作四十六卷。《國史經籍志》卷二。《春秋備忘》十卷,《續備忘遺說》三十卷。《千頃堂書目》卷二。《春秋備忘續遺說》二册。葉盛《菉竹堂書目》卷一。

又　明三傳例八卷

【補注】佚。《經義考》卷一百九十三。大寧先生《續明三傳例說略》

八卷。集《春秋》諸儒之説而折衷之。《千頃堂書目》卷一。

金之鉅儒大寧敬先生。《黃（潛）金華文集》。

易水人，儼之叔祖，與太原元好問同登金進士科。《元史》卷六十二《敬儼傳》。

易州人。倪燦《補遼金元藝文志》。

敬儼　續屏山杜氏春秋遺説八卷

【補注】佚。張萱曰："敬氏續杜屏山遺説，從孫儼編。內曲折辨論，扶持《左氏》，罔敢訂砭，爲《左》設也。"《經義考》卷一百九十三。

大寧先生《續屏山杜氏遺説》八卷。鉉《續屏山杜氏説》爲《左》設也。《千頃堂書目》卷二。

字威卿，其先河東人，後徙易水。《元史》卷六十二。

臧夢解　春秋發微一卷

【補注】佚。《經義考》卷一百九十四。

袁桷　春秋説

【補注】佚。《經義考》卷一百九十五。按《千頃堂書目》有袁桷《春秋説》，① 不著卷數。

齊履謙　春秋諸國統記六卷

【補注】齊履謙《春秋諸國統記》六卷。② 存。《經義考》卷一百九十四。

一作"統紀"。《補遼金元藝文志》。

一作四册。葉盛《菉竹堂書目》卷一。

一作一册。《絳雲樓書目》卷一。③

書成於延祐四年。《千頃堂書目》卷二。

---

① "袁桷春秋説"，原誤作"袁春補春秋説"，據《千頃堂書目》卷二改。
② "記"，原誤作"計"，據《經義考》卷一百九十四改。
③ "樓"，原誤作"數"，據上下文意改。

又　目録一卷

【補注】倪燦《補遼金元藝文志》。

郝經　春秋外傳八十一卷　《春秋章句音義》八卷,《制作本原》十卷,《比類條目》十二卷,《三傳折衷》五十卷,《三傳序論》《列國序論》一卷。

【補注】佚。《經義考》卷一百九十三。

經使宋時拘館真州所作也。爲《章句音義》八卷,《春秋制作本原》十卷,凡三十一篇。《比類條目》十二卷,凡一百三十一篇。《三傳折衷》五十卷,《三傳序論》《列國序論》一卷。《千頃堂書目》卷二。

杜瑛　春秋地理原委十卷

【補注】佚。馬祖常作《碑》曰:"公諱瑛,字文玉,其先霸州人。金將亡,避地河南緱氏山中,世祖徵爲大名、彰德、懷孟等路提舉學校官,不就。"《經義考》卷一百九十三。

吳萊　春秋世變圖二卷

【補注】未見。

又　春秋傳授譜一卷

【補注】未見。

又　春秋經說胡氏傳正誤　未脫稿。

【補注】又《春秋經說胡氏傳考誤》。未見。俱見《經義考》卷一百九十六。

周敬孫　春秋類例

【補注】佚。《經義考》卷一百九十一。

程端學　春秋本義三十卷

【補注】存。一作一册。葉盛《菉竹堂書目》卷一。

自序在泰定四年四月。《通志堂經解·目録》。

又　三傳辨疑二十卷

【補注】又《春秋三傳辨疑》二十卷。存。一作九册。葉盛《菉竹堂書目》卷一。

又　春秋或問十卷

【補注】存。俱見《經義考》卷一百九十五。一作四册。葉盛《菉竹堂書目》卷一。

又　綱領一卷

【補注】《千頃堂書目》卷二。

張萱曰："元至正間,四明程端學本程子之學,折衷百家而爲之。"

［原刊《新亞學報》2卷2期(1957年),頁115-270。］

卷　二

史類十有四：曰正史，曰實錄，曰編年，曰雜史，曰古史，曰史鈔，曰故事，曰職官，曰儀注，曰刑法，曰傳紀，曰譜牒，曰簿錄，曰地理。

正史類

蕭永祺　遼史七十五卷　紀三十，志五，傳四十。太常丞皇統八年四月成。

【補注】《千頃堂書目》卷四。紀四十。王仁俊《遼史藝文志補證》。

耶律儼《遼史》。《遼史藝文志補證》。

陳大任　遼史　泰和中翰林直學士。

【補注】《千頃堂書目》卷四。党懷英《遼史》，陳大任繼修。《補三史藝文志》。

完顏李迭　中興事迹　翰林學士。

【補注】《千頃堂書目》。

以上金。

遼史一百一十六卷　都總裁中書右丞相脫脫、總裁官中書平章政事鐵睦爾達世、中書右丞賀惟一、御史中丞張起巖、①翰林學士歐陽原功、侍御史呂思誠、翰林侍講學士揭傒斯、史官兵部尚書廉惠山海牙、翰林直學士王沂、秘書著作佐郎徐昺、國史院編修官陳繹曾，至正四年三月進。

【補注】《補遼金元藝文志》。二十册。《菉竹堂書目》卷二。托克托等撰。至正三年四月詔儒臣分撰，於四年三月成書，爲本紀

---

① "巖"，原誤作"嚴"，據《元史》卷四十、卷四十一及《元史藝文志》改。

三十卷、志三十一卷、表八卷、列傳四十六卷、《國語解》一卷。《四庫全書總目提要》卷四十六。一百十五卷。《補三史藝文志》。十二本。《尊經閣藏書目》。一百六十六卷。《述古堂書目》卷一。二十四冊。《稽瑞樓書目》。二十冊，闕，另一作十五冊，闕。《文淵閣書目》卷五。總裁官或陸爾達世。《遼史》。

一百六十卷。《湖南通志》卷二百四十七。

金史一百三十五卷 領三史事中書右丞相阿魯圖、左丞相別兒怯不花、都總裁前中書右丞相脫脫、總裁官御史大夫帖睦爾達世、中書平章政事賀惟一、翰林學士承旨張起巖、翰林學士歐陽原功、治書侍御史李好文、禮部尚書王沂、崇文太監楊宗瑞、史官江西湖東道肅政廉訪使沙剌班、江西湖東道肅政廉訪副使王理、翰林待制伯顏、國子博士費著、秘書監著作郎趙時敏、太常博士商企翁，至正四年十一月進。卷首列總裁職名，有翰林侍講學士揭傒斯，表不載。

【補注】《金史》一百三十五卷。①《補遼金元藝文志》。四冊。《菉竹堂書目》卷二。托克托等撰。凡紀十九卷、志三十九卷、表四卷、列傳七十三卷。《四庫提要》卷四十六。

四十冊。另一作八十冊、一百二十冊。《文淵閣書目》卷五。

二十四冊。《稽瑞樓書目》。

二十本。《尊經閣藏書目錄》。

四十八冊，又一部存四卷四冊。《涵芬樓燼餘書錄》。

宋史四百九十六卷 領三史事中書右丞相阿魯圖、左丞相別兒怯不花、都總裁前中書右丞相脫脫、總裁官中書平章政事帖睦爾達世、御史大夫賀惟一、翰林學士承旨張起巖、翰林學士承旨歐陽原功、治書侍御史李好文、禮部尚書王沂、崇文太監楊宗瑞、史官工部侍郎斡玉倫徒、秘書卿泰不花、僉太常禮儀院事杜秉彝、翰林直學士宋褧、國子司業呂思誠、集賢待制干文傳、國子司業汪澤民、翰林待制張瑾、宣文閣鑑書博士麥文貢、翰林待制貢師道、太常博士李齊、監察御史余闕、翰林修撰劉聞、太醫院都事賈魯、國子助教馮福可、陝西行御史臺監察御史趙中、太廟署令陳祖仁、應奉翰林文字王儀、應奉翰林文字余貞、秘書監著作佐郎譚愷、翰林國史院編修官張翥、國子助教吳當、經筵檢討危素，至正五年十月進。

---

① "一"字原脫，據《補遼金元藝文志》補。

【補注】《補遼金元藝文志》。二百六十册。《菉竹堂書目》卷二。托克托等撰。原作脫脫，今改正。其總目題本紀四十七、志一百六十二、表三十二、列傳二百五十五，然卷四百七十八至四百八十三實爲世家，六卷總目未列，蓋偶遺也。《四庫提要》卷四十六。

一百二十本。《述古堂書目》卷一。

一百册。《稽瑞樓書目》。

二百六十册，另一作二百五十八册、一百二十五册。《文淵閣書目》卷五。

四百九十三卷，一百五十四册。又一部存一百三十一卷，四十七册。《涵芬樓燼餘書錄》。

楊慎曰："《宋史》表首稱丞相阿魯圖，其實歐陽玄之筆也。"《湖南通志》卷二百四十七。

實錄類

耶律儼　皇朝實錄七十卷

【補注】知樞密院事。《千頃堂書目》卷四國史類。見黃《目》。本傳："大安六年，封越國公，修《皇朝實錄》七十卷，一名《太祖以下實錄》。"《天祚紀》："乾統三年，詔耶律儼纂《太祖以下實錄》七十卷。"《遼史藝文志補證》。

儼字若思，析津人，壽隆六年封越國公，修《皇朝實錄》七十卷。《遼史·耶律儼傳》。

《遼先朝事迹抄》四本（蕭韓家奴）。《遼實錄鈔》四本（耶律儼）。《世善堂書目》。

右《實錄》，内多奇聞異事，正史所未載者，亦有與正史相矛盾者，約而抄之。黄任恒案曰："元脫脫《進遼史表》稱：'耶律儼修史，語多避忌。'又《曆象志》下云：'儼以大明法追正乙未月朔，與陳大任紀時或牴牾。'《禮志》一云：'儼《志》視大任爲加詳。'《儀衛志》四云：'儼、大任舊《志》有未備者。'《營衛志》下云：'舊史有《部族志》。'《后妃傳》云：'儼、大任《遼史·后妃傳》大同小異。'又《皇子表》兩引舊史《皇族傳》。此皆《實錄》內之大略也。"《補遼史藝文志》。

《太祖以下七帝實錄》。《道宗紀》四曰："大安元年十一月，史臣進《太祖以下七帝實錄》。"《補遼史藝文志》。

室昉　統和實錄二十卷

【補注】《千頃堂書目》卷四國史類。北府宰相室昉、翰林學士邢抱朴等撰，統和四年進。《補三史藝文志》。

按《室昉傳》："乾亨初監修國史，統和八年表進所撰《實錄》二十卷，手詔褒之。"《邢抱朴傳》："遷翰林學士，承旨與室昉同修《實錄》。"書見黃《目》，疑即尤《目》之《契丹實錄》。《遼史藝文志補證》。

《聖宗紀》曰："統和九年正月，樞密使監修國史室昉等進《實錄》，賜物有差。"《室昉傳》曰："室昉，字夢奇，統和八年按，此年數與本紀不符。① 表進所撰《實錄》二十卷。手詔褒之，賜帛六百匹。"《邢抱朴傳》曰："抱朴，應州人，與室昉同修《實錄》。"《補遼史藝文志》。

《遼太宗實錄》二十卷。昉字夢奇，南京人。《遼史》本傳。按，南京即今順天府。是書亦名《統和實錄》。《畿輔通志》卷一百三十四。焦景顏、王儉等修《實錄》。《金史》："仁宗立翰林學士院，俾學士焦景顏、王儉等修《實錄》。"王仁俊《西夏藝文志》。

以上遼。

金先朝實錄三卷　皇統元年左丞勖進。

【補注】始祖以下十帝實錄三卷，金源郡王完顏勖撰。《千頃堂

---

①　此為黃任恒按語。

書目》卷四國史類。

太祖實錄二十卷　皇統八年宗弼進。

【補注】《千頃堂書目》卷四國史類。完顏勖撰。《補三史藝文志》。

太宗實錄　大定七年右丞相監修國史紇石烈良弼進。

【補注】《太祖案，"祖"爲"宗"字之誤。實錄》。泰和九年進。《千頃堂書目》卷四國史類。

張景仁、曹望之、劉仲淵等同修。《補三史藝文志》。

熙宗實錄

【補注】鄭子聃撰。《補三史藝文志》。

海陵實錄

【補注】《海陵庶人實錄》。《千頃堂書目》卷四國史類。

睿宗實錄　大定十一年左丞相紇石烈良弼進。①

【補注】《千頃堂書目》卷四國史類。

世宗實錄　明昌四年國史院進。

【補注】明昌四年守尚書右丞監修國史完顏匡等進。《千頃堂書目》卷四國史類。明昌四年國史院進，泰和三年完顏匡等進。《金史·章宗本紀》十一。承安三年進。《補三史藝文志》。

又《聖訓》六卷。王惲撰。《補三史藝文志》。

顯宗實錄十八卷　泰和三年左丞完顏匡等進。

【補注】《世宗實錄》。按，"世"爲"顯"字之誤。《金史·章宗本紀》。

章宗實錄　興定四年高汝礪、張行簡進。

【補注】四年九月國史王若虛修進。《千頃堂書目》卷四國史類。尚書右丞高汝礪監修，參知政事張行信、②王若虛等同修。《補三史藝文志》。

---

① "大"，原誤作"太"，據清光緒二十一年邵陽魏氏慎微堂刻本《元史新編·藝文志》改。

② "知"，原誤作"加"，據上下文意改。

衛王事迹　蘇天爵謂《衛王實錄》，竟不及爲。

【補注】興定五年進。《千頃堂書目》卷四國史類。

宣宗實錄　正大五年進。

【補注】《千頃堂書目》卷四國史類。

王若虛修進。《補遼金元藝文志》。

以上金。

太祖實錄　大德七年，翰林國史院進太祖、太宗、定宗、睿宗、憲宗五朝實錄。

【補注】太祖以來累朝實錄，翰林學士撒里蠻等纂修。《補三史藝文志》。

太宗實錄　至元二十七年，大司徒撒里蠻、翰林學士承旨兀魯帶進太宗、定宗實錄。

【補注】三魯帶等進。《補三史藝文志》。按，"三"字爲"兀"字之誤。

定宗實錄

【補注】撒里蠻進。《元史·世祖本紀》。

睿宗實錄

【補注】國史院進。《元史·成宗本紀》。

憲宗實錄

【補注】太宗、世宗、憲宗三朝實錄，元貞二年兀都帶等進。《補三史藝文志》。

世祖實錄二百一十卷

【補注】姚燧修。《千頃堂書目》卷四國史類。王約、董俊、姚燧、趙孟頫、孛术魯翀等修。《補三史藝文志》。

又　事目五十四卷

【補注】《山東通志》卷一百三十一。

又　聖訓六卷　《成宗紀》，大德八年，翰林學士承旨撒里蠻進。《金書世祖實錄節文》一冊，《漢字實錄》八十冊，翰林學士承旨董文用、翰林學士王構、翰林學士王惲、趙孟頫。

【補注】王惲《世祖聖訓》六卷。《千頃堂書目》卷四國史類。

《漢字實錄》十冊。《補三史藝文志》。

順宗實錄一卷　皇慶元年十月，學士程鉅夫、待制元明善進。

【補注】皇慶元年，命翰林元明善等修。《補三史藝文志》。

成宗實錄五十六卷

【補注】暢師文修。《千頃堂書目》國史類。

楊載等修。《補三史藝文志》。

　又　事目十卷

　又　制誥錄七卷　皇慶元年，翰林學士程鉅夫、修撰鄧文原、待制元明善進。

【補注】至大元年，鄧文原、暢師文、程鉅夫、元明善等修。《補三史藝文志》。

武宗實錄五十六卷

【補注】至順元年蘇天爵修。《千頃堂書目》卷四國史類。

蘇天爵重修。《補三史藝文志》。

　又　事目七卷

　又　制誥錄三卷　皇慶元年，翰林學士承旨程鉅夫、待制元明善、修撰楊載進。

【補注】俱見《元史·仁宗本紀》。

仁宗實錄六十卷

【補注】李之紹等同修，拜住正定至治三年進。《補三史藝文志》。

　又　事目一十七卷

【補注】又《事目》十七卷。《山東通志》卷一百三十一。

　又　制誥錄三卷　至治三年二月進。翰林學士元明善、侍講學士曹元用、袁桷。

【補注】又《制誥錄》十三卷。《山東通志》卷一百三十一。

英宗實錄四十卷

【補注】廉惠山、海牙等同修。《補三史藝文志》。

又　事目八卷

【補注】《山東通志》卷一百三十一。

又　制誥錄二卷　　至順元年五月進。翰林學士吳澄、侍講學士曹元用、馬祖常、謝端。

【補注】《山東通志》卷一百三十一。

泰定實錄　　翰林學士王結、翰林直學士歐陽原功、編修成遵。

【補注】泰定天曆兩朝實錄，張起巖、歐陽玄等修。《補三史藝文志》。

《泰定帝實錄》。《湖南通志》卷二百四十七。

明宗實錄　　翰林直學士歐陽原功、侍講學士張起巖、翰林直學士謝端、編修成遵。

【補注】成遵、謝端所修。趙翼《廿二史劄記》。

文宗實錄　　翰林直學士歐陽原功、謝端、侍講學士張起巖、翰林學士王結、侍詔蘇天爵、編修成遵。

【補注】泰宗明宗文宗三朝實錄，蘇天爵、謝端、成遵等修。《補三史藝文志》。

《文定實錄》。《湖南通志》卷二百四十七。

寧宗實錄　　張起巖、歐陽原功、謝端。

【補注】謝端所修。《元史·謝端傳》。

【補注】

四朝實錄

翰林學士歐陽玄修。《補三史藝文志》。

編年類

楊雲翼等　續資治通鑑　　金大安元年編。

【補注】《補遼金元藝文志》。

郝經　通鑑書法

【補注】《千頃堂書目》卷五史學類。

金履祥　通鑑前編十八卷

【補注】金履祥《通鑑前編》二十卷。《補遼金元藝文志》。

二十册。《菉竹堂書目》卷二。十八册，另一作十九册，闕。《文淵閣書目》卷五。

又《前編舉要》二卷。《千頃堂書目》卷四。三卷。《四庫全書總目提要》。

何中　通鑑綱目測海三卷

【補注】《補遼金元藝文志》史學類。

又《通鑑綱目凡例考異》。《千頃堂書目》卷五史學類。

中字太虛，一字養正，撫州人。《四庫提要》卷四十八。

胡三省　音注資治通鑑二百九十四卷

【補注】《千頃堂書目》卷四。

一百六十册。《菉竹堂書目》卷二。《文淵閣書目》亦作一百六十册。

又　釋文辨誤十二卷　字景參，一字身之，天台人。

【補注】《千頃堂書目》卷五史學類。

四册。《菉竹堂書目》卷二。《文淵閣書目》亦作四册。

尹起莘　通鑑綱目發明五十九卷　遂昌人。

【補注】《千頃堂書目》卷五史學類。

三册。《菉竹堂書目》卷二。四册，另一作八册。《文淵閣書目》卷六。

王幼學　通鑑綱目集覽五十九卷　字行卿，望江人，書成於泰定中。

【補注】《千頃堂書目》卷五史學類。

四册。《菉竹堂書目》卷二。八本。《述古堂書目》卷一。

十册。幼學字元卿。《絳雲樓書目》卷一。

劉友益　通鑑綱目書法五十九卷　字益友，永新人。

【補注】《千頃堂書目》卷五史學類。

八册。《菉竹堂書目》卷二。八本。《述古堂書目》卷一。

宋末元初人，以三十年之功爲此書，見揭傒斯序。《絳雲樓書目》卷一。

徐昭文　通鑑綱目考證五十九卷　字季章，上虞人。

【補注】韓性門人。《千頃堂書目》卷五史學類。

一卷。《述古堂書目》卷一。按《邵亭知見傳本書目》亦作一卷。

金居敬　通鑑綱目凡例考異

【補注】《千頃堂書目》卷五史學類。

吳迂　重定綱目

【補注】《千頃堂書目》卷四。

徐詵　續通鑑要言二十卷

【補注】《千頃堂書目》卷四。

曹仲野　通鑑日纂二十四卷

【補注】《千頃堂書目》卷四。

董蕃　通鑑音釋質疑　字子衍，宜興人，釣臺書院山長。

【補注】董蕃《通鑑質疑》。《千頃堂書目》卷五史學類。

潘榮　通鑑總論一卷

【補注】字伯誠，婺源人。《補遼金元藝文志》史學類。

汪從善　通鑑地理志廿卷　字國良，杭州新城人，邵武路總管。

【補注】汪從善《通鑑地理志》二十卷。作於松江。

宋季三朝政要六卷　起寶慶，終祥興，無撰人姓名，皇慶壬子陳氏餘慶堂刊。

【補注】宋末元初人。《千頃堂書目》卷四補宋書目。①

張特立　歷年係事記

【補注】《千頃堂書目》卷四。

字文舉，東明人，初名永，避金衛紹王諱，易今名。《元史》卷八十六。

---

① "千頃堂書目卷四補宋書目"，原誤作"千頃堂補宋書目卷四"，據《千頃堂書目》卷四及上下文意改。

又見《畿輔通志》卷一百三十四。

察罕　帝王紀年纂要一卷

【補注】《補遼金元藝文志》。皇慶元年成。《元史》。

察罕《帝王紀略纂要》一卷。平章政事白雲翁。《千頃堂書目》卷四。

蘇天爵　遼金紀年

【補注】《畿輔通志》卷一百三十四。

【補注】

江少微　通鑑節要三十卷　又　續編三十卷

陳樫　通鑑續編二十四卷　又　筆記二百卷　俱見《千頃堂書目》卷四編年類。

汪克寬　通鑑綱目考異五十九卷　《邵亭知見傳本書目》卷四。

劉時舉　續宋中興編年十五卷　《補遼金元藝文志》編年類。

遼興宗起居注

重熙中耶律良修。《補三史藝文志》。

金天德朝起居注

天德三年，翰林侍制宗叙修。

金世宗起居注

大定七年，詔紇石烈良弼、石琚、楊邦基、夾谷衡等同修。

金章宗起居注

守貞等修。

元世祖起居注

至元十五年修。

元順帝起居注

至正元年修。俱見《補三史藝文志》起居注類。

雜史類

遼遙輦可汗至重熙以來事迹二十卷 蕭韓家奴、耶律庶成撰。

【補注】《千頃堂書目》卷四國史類。

重熙十三年詔錄。《補三史藝文志》實錄類。

大遼古今錄

【補注】《金史》。

又 大遼事迹 皆金時高麗所進。

【補注】《補遼金元藝文志》。入別史類。《千頃堂書目》卷五。

大金弔伐錄四卷

【補注】《金人弔伐錄》二卷。記金人伐宋往來文檄盟誓書。《補遼金元藝文志》。

入別史類。《千頃堂書目》卷五。

二册。《文淵閣書目》卷六。《述古堂書目》作二卷。

張師顏 南遷錄一卷 金秘書省著作郎。

【補注】紀金愛王大辨叛據五國城及元兵圍燕貞祐遷都汴京之事。《四庫提要》卷五十二雜史存目。

一册。金末人。《絳雲樓書目》卷一編年類。

以上遼、金。

元好問 壬辰雜編

【補注】《補遼金元藝文志》。入別史類。《千頃堂書目》卷五。入子部雜家類。《補三史藝文志》。《壬辰雜錄》。《菉竹堂書目》卷二。

三册。《文淵閣書目》卷六。

劉祁 歸潛志十四卷

【補注】《補遼金元藝文志》。

一本作八卷。《千頃堂書目》卷五別史類。一册。《菉竹堂書目》卷二。七卷。《述古堂書目》卷一。

從益之子。《補三史藝文志》。

金末人,字京叔。《絳雲樓書目》卷一。

贍思　金哀宗紀

【補注】《千頃堂書目》卷四正史類。

又　正大諸臣列傳

【補注】又《正大諸臣史傳》。《千頃堂書目》卷四正史類。

按,"贍思"一作"舒蘇"。《畿輔通志》卷一百三十四。

王鶚　汝南遺事四卷　起天興二年六月訖三年正月。

【補注】是編即隨哀宗在蔡州圍城所作,故以汝南命名,共一百有七條。《四庫提要》卷五十一。

二卷。《千頃堂書目》卷八地理類。一册。《菉竹堂書目》卷二。

隨日編載,有綱有目,共一百有七條。《畿輔通志》卷一三四。

楊奐　天興近鑑三卷

【補注】《補遼金元藝文志》。入別史類。《千頃堂書目》卷五。

字煥然,乾州奉天人。《元史》卷四十。

北風揚沙錄　記金國始末。

【補注】《補遼金元藝文志》。入別史類。《千頃堂書目》卷五補金書目。

天興墨淚　記金亡事,皆不著撰人。

【補注】《補遼金元藝文志》。入別史類。《千頃堂書目》卷五補金書目。

張樞　宋季逸事

【補注】《補遼金元藝文志》。入別史類。《千頃堂書目》卷五。

張樞著見黃溍《張子長墓表》。《浙江通志》卷二百四十三。

劉一清　錢塘遺事十卷　記南宋事。

【補注】臨安人。始末無可考。《四庫提要》卷五十一。

按,一清,《提要》作臨安人,《浙江遺書總錄》作武陵人。《湖南通志》卷二百四十七。

咸淳遺事二卷　不著撰人。

陳仲微　廣益二王本末一卷①　宋兵部侍郎，國亡避地，卒於安南。

吳萊　桑海遺錄

秦玉　宋三朝摘要

【補注】《補遼金元藝文志》。入别史類。《千頃堂書目》卷五。

張雯　繼潛錄　字子昭，吳人。記宋末遺事。

【補注】張雯《墨記》。記宋末遺文逸事，可補野史之缺者。《補遼金元藝文志》。入别史類。《千頃堂書目》卷五。

鄧光薦　德祐日記

【補注】《千頃堂書目》卷五。

又　滇海錄

又　續宋書

【補注】《千頃堂書目》卷五别史類。

按，光薦爲宋末元初人。

周才　宋史略十六卷　字仲美，浦城人。

危素　宋史稿五十卷

聖武開天記　中書平章政事察罕譯脱必赤顏成書。

【補注】《元太祖聖武開天記》一卷。《補遼金元藝文志》。入别史類。《千頃堂書目》卷五。

一册。《文淵閣書目》卷六。

太宗平金始末　同上。

【補注】《元史》卷一百三十七。

元秘史十卷

【補注】《元秘史》五册。《文淵閣書目》卷五。

十五卷。《文淵閣書目》著錄。文詞鄙俚，未經譯潤，故傳本絶稀。然《元史》序次太祖、太宗兩朝事迹顛倒覆沓，此書論

---

① 此條原誤接"咸淳遺事二卷"後，作"又陳仲微廣益二王本末一卷"，據《元史藝文志》及上下文意改。

次頗詳，且得其實，可以羽翼正史。四庫未收。儀徵阮氏亦有抄本，謂其紀年以鼠兒、兔兒、羊兒等，不及干支，所載元初世系史所述，始自孛端乂兒之前尚有十一世。曾以進呈。《邵亭知見傳本書目》四。

又　續秘史二卷　　不著撰人。記太祖初起及太宗滅金事，皆國語旁譯，疑即脫必赤顏也。

【補注】《元朝秘史》十二卷。其紀年稱鼠兒、羊兒等，不以干支，蓋其國人所錄。《補遼金元藝文志》國史類。

五冊。又《續秘史》一冊。《菉竹堂書目》卷二。

又《元秘史續集》一冊。《文淵閣書目》卷五。①

和林廣記　　至正直記所載有《和林志》。

平金錄　　至元十三年詔修。

【補注】六月戊寅詔作。《元史・世祖本紀》。

平宋錄十卷　　至元十三年劉敏中奉詔修。

【補注】劉敏中、伯顏同修，一作一卷。《千頃堂書目》卷五別史類。

二卷。《補遼金元藝文志》。一冊。《菉竹堂書目》卷二。

伯顏撰。《國史經籍志》卷三。②

諸國臣服傳　　至元十三年詔修。

【補注】六月戊寅詔作。《元史・世祖本紀》。

伯顏　平宋錄二卷　　不知撰人，或云平慶安作。

【補注】劉敏中、伯顏《平宋錄》。一作一卷。《千頃堂書目》卷五別史類。

十卷。《絳雲樓書目》卷一編年類。

權衡　庚申外史二卷　　一云《庚申大事記》。字以制，吉安人，隱於彰德黃華

---

①　"五"字原脫，據《宋元明清書目題跋叢刊》影印清嘉慶四年顧修輯刊《讀畫齋叢書》本《文淵閣書目》卷五補。

②　"卷"字原脫，據上下文意補。

山，察罕帖木兒聘之，①不應。

【補注】《庚申外史》二卷。《國史經籍志》卷三。

權衡《庚申帝史外聞見錄》。《述古堂書目》卷一。

史口　至正遺編四卷

【補注】史口口《至正遺編》。溧陽人。《千頃堂書目》卷五別史類。

溧陽州人。《補遼金元藝文志》國史類。

陶宗儀　草莽私乘

【補注】陶九成《草莽私乘》。《補遼金元藝文志》。

一卷。《千頃堂書目》卷十傳記類，又見卷五別史類。

一册三卷。《絳雲樓書目》卷一傳記類。

【補注】

平猺記一卷

元虞集撰，紀至元元年廣西宣慰使章巴顏平粵粵西猺洞事迹。《四庫提要》卷五十二雜史存目一。

宇文懋昭　大金國志四十卷　《補遼金元藝文志》雜史類。

入別史類。《千頃堂書目》卷五。

親征錄一卷

記世祖征伐事。失名。《補遼金元藝文志》雜史類。入別史類。《千頃堂書目》卷五。

葉隆禮　契丹國志二十七卷　《補遼金元藝文志》雜史類。

入別史類。《千頃堂書目》卷五。

暢師文　平宋事迹　《補三史藝文志》。

元好問　金源野史　《補三史藝文志》。

---

① "木"，原誤作"不"，據《元史藝文志》改。

古史類

蕭貢　注史記一百卷　字真卿，京兆咸陽人，户部尚書。

【補注】蕭貢《史記注》一百卷。《千頃堂書目》卷四正史類。

蔡珪　補南北史志六卷

【補注】蔡珪《南北史志》三十卷。《千頃堂書目》卷四正史類。

《南北史》三十卷，合沈約、蕭子顯、魏收書，作《南北史》。《補三史藝文志》正史類。珪，真定人。《畿輔通志》卷一百三十四。

吾衍　晉史乘一卷

【補注】《千頃堂書目》卷五別史類，《補遼金元藝文志》雜史類。

又　楚史檮杌一卷

【補注】《補遼金元藝文志》雜史類，《千頃堂書目》卷五別史類。

王邇　東周四王譜

吴師道　戰國策校注十卷

【補注】一作十一卷。《補遼金元藝文志》子部雜家類。

入子部縱横家類。《補三史藝文志》。

字正傳，至治元年進士。《四庫提要》卷五十一雜史類。婺州蘭溪人。《元史》卷七十七。

吕思誠　兩漢通紀

【補注】《千頃堂書目》卷四編年類。

字仲實，平定州人。《元史》卷七十二。

王希聖　續漢春秋

郝經　續後漢書九十卷

【補注】郝經《續後漢書》一百三十卷。經使宋被羈於真州時作，用朱子《綱目》義例，以昭烈爲正統，凡爲年表二卷、帝紀二卷、列傳七十九卷、録八卷，共九十卷，别爲一百三十卷。

《千頃堂書目》卷四正史類。

經以中統元年使宋，爲賈似道所拘留，居儀真者十六年，於使館著書七種，此即七種之一也。此書正陳壽帝魏之謬，即《三國志》舊文，重爲改編，而以裴《注》之異同，《通鑑》之去取，參校刊定。原本九十卷，中間各分子卷，實一百三十卷。《四庫提要》卷五十別史類。

附《札記》四卷。《邵亭知見傳本書目》卷四。

張樞　續後漢書七十三卷

【補注】分漢本紀，魏、吳載記。《補三史藝文志》。

又　刊定三國志六十五卷

【補注】又《刊定三國志》六十三卷。俱見《千頃堂書目》卷四正史類。六十五卷。《補三史藝文志》。

趙居信　蜀漢本末三卷　字季明，許州人，翰林學士，追封梁國公。

【補注】《千頃堂書目》卷四編年類。

三册。《菉竹堂書目》卷二。

至治時人，是書宗《通鑑綱目》之説。《四庫提要》卷五十別史存目。

張延東　晉書二卷　稾城人，真定路教授。

【補注】《千頃堂書目》卷五別史類、《補遼金元藝文志》雜史類。

謝翱　南史補帝紀贊一卷　又　唐書補傳一卷

【補注】俱見《千頃堂書目》卷五別史類。

按，謝翱爲宋末元初人。

陳翼子　唐史厄言三十卷

戚光　音釋陸游南唐書一卷

【補注】《千頃堂書目》卷五霸史類。

徐天祐　吳越春秋音注十卷　字受之，紹興人，國子監書庫官。

【補注】《補遼金元藝文志》霸史類。

史鈔類

胡一桂　十七史纂古今通要十七卷

【補注】《千頃堂書目》卷四編年類、《補三史藝文志》雜史類。

是書自三皇以迄五代，裒集史事，附以論斷。前有大德壬寅《自序》，並地理、世系等十三圖。《四庫提要》卷八十八史評傳。

楊奐　正統書六十卷

【補注】《千頃堂書目》卷四編年類。

又　正統八例序

【補注】又《正統八例》。《正統書》，一作《正統八例》。《補三史藝文志》雜史類。

姚燧　國統離合表

【補注】《補三史藝文志》雜史類。

其先柳城人。《牧庵集・姚燧年譜》。

字端甫，河南人。案《元史》稱樞爲柳城人，元無柳城，當是據誌狀之文著其祖貫耳。《四庫提要》。

燧先在蘇門山讀《通鑑綱目》，嘗病國統散於逐年，不能一覽而得其離合之概。至告病江東，著《國統離合表》若干卷，年經而國緯之，如《史記》諸表，將附朱熹《凡例》，後復取徽、建二本校讎，得三誤焉，序於表首。《畿輔通志》卷一百三十四。

王約　史論三十卷

【補注】《千頃堂書目》卷五史學類。入雜史類。《補三史藝文志》。

約字彥博，其先汴人，祖通，北徙真定。《元史》卷六十五。

陳櫟　歷代通略四卷

【補注】陳櫟《歷代通略》三卷。《千頃堂書目》卷四編年類。

是編叙歷代興廢得失，各爲論斷，每一代爲一篇。《四庫提要》卷八十八史評類。

又《增廣通略》。《千頃堂書目》卷四。

陸以道　宋鑑提綱　無錫人,翰林待制。

【補注】《千頃堂書目》卷四編年類。

楊如山　讀史說三卷

【補注】《補遼金元藝文志》史學類。

《續史說》。《千頃堂書目》卷五史學類。按,"續"爲"讀"字之誤。

秦輔之　史斷

余瑾　史補斷①　上海人,自號筲隱生。

許謙　觀史治忽幾微　起太皥氏,訖宋元祐元年司馬光卒。

【補注】《千頃堂書目》卷五史學類、《補三史藝文志》雜史類。

戚崇僧　歷代指掌圖二卷

【補注】金華人。《浙江通志》卷二百四十三引黃溍《戚君墓志》。

黃繼善　史學提要一卷

倪堯　史學提綱

夏希賢　全史提要編②　廣信人,昭文館大學士。

鄭滁孫　直說通略十三卷

【補注】《千頃堂書目》卷四編年類。

字景歐,處州人。《元史》列傳卷七十七。

鄭鎮孫　歷代史譜二卷

【補注】《千頃堂書目》卷四編年類。

張明卿　世運略八卷　字子晦,天台人。

【補注】《補遼金元藝文志》編年類。

---

①　"史補斷",原誤作"史斷補",據《元史藝文志》、清宣統三年刻本《元書》卷二十三改。

②　"要",原誤作"史",據《元史藝文志》改。

倪士毅　歷代帝王傳授圖説

【補注】《千頃堂書目》卷四編年類。

馮翼翁　正統五德類要三十四卷

【補注】《千頃堂書目》卷四編年類。

陳剛　歷代帝王正閏圖説

【補注】《千頃堂書目》卷四編年類。

柴望　丙丁龜鑑五卷

【補注】《丙丁龜鑑》十卷。淳祐中中書省奏名柴望，衢州人，上《丙丁龜鑑》。《浙江通志》卷二百四十三引《戒庵漫筆》。

呂溥　史論

【補注】《補遼金元藝文志》。呂浦。《千頃堂書目》卷五史學類。

俞漢　史評八十卷

【補注】《千頃堂書目》卷五史學類。

雷光霆　史辨三十卷

【補注】《千頃堂書目》卷五史學類。

趙居信　史評

【補注】《千頃堂書目》卷五史學類。

謝端　正統論辨一卷

【補注】謝端《正統論辨》。《千頃堂書目》卷五史學類。

錢天祐　叙古頌二卷

【補注】是書前有延祐五年三月進表。《四庫提要》卷八十九史評類存目一。

朱震亨　宋論一卷

【補注】《補遼金元藝文志》史學類。

楊維楨　史義拾遺二卷

【補注】此書雜事自爲論斷，上自夏商，下迄宋代。《四庫提要》卷八十九史評類存目。

又《宋遼金正統辨》。

又《歷代史鉞》。俱見《千頃堂書目》。

曾先之　十九代史略十八卷

【補注】一作十卷。《補遼金元藝文志》。

《十八史略》二卷。字從野，廬陵人。《四庫提要》卷五十別史類存目。

《十八史略》八卷。《國史經籍志》卷三。

董鼎　汪亨　史纂通要後集三卷

【補注】《千頃堂書目》卷五。

括金、宋兩朝事迹以續胡氏之本。《邵亭知見傳本書目》卷六。

吳簡　史學提綱

【補注】字仲廣，吳江人，紹興學錄。《補遼金元藝文志》史學類。

宋□　紀史奇迹十五卷　傅若金序，稱侍御史魏宋公。

史略考　羅伯綱、王子讓撰，皆廬陵人。

【補注】

戴羽　史評一卷

德安人，虞集序。《補三史藝文志》雜史類。

劉彭壽　古今要略

衡山人。見歐陽玄所撰《墓志》。

歐陽玄　唐書纂要　《了凡綱鑑》引。

故事類

士民須知

【補注】《金史·百官志》。

趙秉文　貞觀政要申鑑

【補注】《補三史藝文志》雜史類。

楊廷秀　四朝聖訓　承安二年，編類太祖、太宗、熙宗、世宗聖訓

【補注】《千頃堂書目》卷四國史類。

承安五年，右補闕楊廷秀等類編。《補三史藝文志》雜史類。

大定遺訓 至大四年，同知集賢院史公奕進。

【補注】《補三史藝文志》雜史類。

大金德運圖說 貞祐二年，尚書省集議。

【補注】《大金德運圖說》一卷。金尚書省會官集議德運所存案牘之文也。《四庫提要》卷八十二政書二。

范拱　初政錄十五篇

【補注】《補三史藝文志》雜史類。

以上金。

大元聖政國朝典章六十卷 始中統至延祐。

【補注】《國朝典章》十五卷。《千頃堂書目》卷九典故類。

一冊。《補遼金元藝文志》政刑類。按，又見《千頃堂書目》卷十政刑類。

《元至正國朝典章》六冊。《絳雲樓書目》卷一刑法類。

新集至治條例 不分卷，至治二年集。

【補注】至治二年新集。《邵亭知見傳本書目》政書類。

經世大典八百八十卷　又　目錄十二卷　又　公牘一卷①　又纂修通議一卷 至順三年二月進，中書平章政事趙世延、奎章閣侍書學士虞集總裁。預修者：奎章閣承制學士李泂、授經郎揭傒斯、藝文少監歐陽原功、藝林庫使王守誠等。

【補注】天曆二年，命趙世延、虞集等修。《千頃堂書目》卷四國史類。

又見《廣東通志》卷二百五十。

悉取諸有司掌故修之。《補三史藝文志》故事類。

省部政典舉要一冊

【補注】《菉竹堂書目》卷五政書類。

---

① "公"上原衍"又"字，據上下文意刪。

成憲綱要五册

【補注】《菉竹堂書目》卷五政書類。

六條政類 至正八年上。

【補注】三月書成。《元史》卷四十一。

會要格例六册

【補注】《菉竹堂書目》卷五刑書類。

弋直 集注貞觀政要十卷

【補注】字伯誠，婺源人。《補遼金元藝文志》史學類。

張立道 平蜀總論

【補注】張立道《平蜀論》。《補三史藝文志》雜史類。

字顯卿，其先陳留人，后徙大名。《元史》卷五十四。

大定治績二卷一百八十餘條 翰林直學士王磐、翰林侍講學士徐世隆、翰林學士承旨王鶚進。

【補注】至治二年進。《千頃堂書目》卷五別史類。

孟夢恂 漢唐會要

【補注】《補遼金元藝文志》。入雜史類。《補三史藝文志》。

陳櫟 六典撮要

【補注】《補遼金元藝文志》。

李好文 歷代帝王故事百六篇

【補注】李好問《歷代帝王故事》。《補遼金元藝文志》。

按，"問"爲"文"字之誤。

字惟中，大名之東明人。《元史》卷七十。

總百有六篇：一曰《聖慧》，二曰《考友》，三曰《恭儉》，四曰《聖學》。以爲太子問安餘暇之助。《畿輔通志》卷一百三十四。

揭傒斯 奎章政要

【補注】《補遼金元藝文志》。

揭傒斯。《千頃堂書目》卷九典故類。

字曼碩，龍興富州人。《元史》卷六十八。

袁誠夫　征賦定考
徐泰亨　海運紀原七卷　餘杭人。
陳椿　熬波圖一卷
【補注】天台人，始末未詳。此書乃元統中椿爲下砂場鹽司，因前提幹舊圖而補成者也。① 自各團竈座，②至起運散鹽，爲圖四十有七。圖各有說，後繫以詩。《四庫提要》卷八十二政書二。陳春撰。《邵亭知見傳本書目》卷六。

贍思　河防通議二卷
【補注】贍思《重訂河防通議》。《千頃堂書目》卷八地理類。一册。《菉竹堂書目》卷二。
沙克什撰，原本作贍思，今改正。色目人，官至秘書少監，事迹具《元史》本傳。是書具論治河之法，以宋沈立汴本及金都水監本彙合成編。《四庫提要》卷六十九地理類二。按《邵亭知見傳本書目》卷五地理類亦作沙克什撰。

任仁發　水利書十卷　華亭人。
【補注】上海人，官都水監，歷浙江宣慰司副使。《千頃堂書目》卷八地理類。
《浙西水利議答錄》十卷，一名《水利文集》。仁發，③松江人，仕至都水少監。以吳松江故道陻塞，震澤汎濫，爲浙西害，乃上疏條利病疏導之法，凡十卷。前有仁發《自序》，又有許約、趙某二《跋》。末附宋郟亶及其子僑《水利議》。④《四庫提要》卷七十五地理類存目。

歐陽原功　至正河防記一卷
【補注】《補遼金元藝文志》。

① "前"下原脱"提幹"二字，據《四庫全書總目》卷八十二補。
② "各"下原脱"團"字，據《四庫全書總目》卷八十二補。
③ "仁"，原誤作"任"，據上下文意改。
④ "僑"，原誤作"喬"，據《四庫全書總目》卷七十五改。

諱玄，字原功，潭之瀏陽人，其先家廬陵。《歐陽文公集》宋濂序。
事見《元史·河渠志》。

王喜　治河圖略一卷
【補注】爵里無考。是書殆作於順帝至正中。《四庫提要》卷六十九地理類二。

韓準　水利通編
【補注】王圻《續文獻通考》。①

曹慶孫　水利論說

武祺　寶鈔通考八卷
【補注】里貫未詳。至正十三年爲户部尚書，歷考中統以後八十餘年中鈔法，撰爲此書。《四庫提要》卷八十四政書類存目。

王士點　禁扁五卷　字繼志，東平人。
【補注】《千頃堂書目》卷九典故類。
王士熙。《補遼金元藝文志》。
此編載歷代宮殿、門觀、池館、苑篽等名，有歐陽玄至順庚午序，虞集至順癸酉序。《四庫提要》卷六十八地理類一。
按《邵亭知見傳本書目》入地理類宮殿之屬。

內府宮殿制作一卷　無撰人姓名。
【補注】其辭鄙俚冗贅，不類文士所爲，疑當時營繕曹司私相傳授之本也。《四庫提要》卷八十四政書類存目二。

國初國信使交通書

梁琮　官吏須用十六卷　安陽人，福建轉運副使。
【補注】《千頃堂書目》卷十政刑類。

官民準用七卷　無撰人。
【補注】前有徐天麟序，此書明《文淵閣書目》作四册，不言幾卷，今見於《永樂大典》者凡七卷。《四庫提要》卷八十四政書類存目二。

---

① "續"字原脱，據萬曆本《續文獻通考·經籍考》補。

王璽傳聞一卷　　卷末題阜昌宋隆夫書。
歷代錢譜一卷　　至大三年編。
　【補注】《元史》卷二十三。

【補注】

陳恬　上虞縣五鄉水利本末一卷
　袁集自唐迄元興廢沿革事實，臚載甚略。《邵亭知見傳本書目》卷五地理類。

漢唐事箋十二卷　後集八卷
　元朱禮撰。其論漢唐政典，求實是、無蕪蔓，往往有微言精義，發前人所未發。《邵亭知見傳本書目》卷六政書類。

職官類

孫鎮　歷代登科記　　字安常，絳州人，金。
　【補注】龔顯曾《亦園脞牘》卷四。

徐勉之　科名總録　　鄱陽人。

元統元年進士題名録一卷
　【補注】有元刊本。余忠志榜進士題名也。色目一甲一名爲同同，二名即忠宣公。《邵亭知見傳本書目》五。①

陳剛　歷代官制説
　【補注】《千頃堂書目》卷九。

金國官制一卷　　無撰人。
　【補注】龔顯曾《亦園脞牘》卷四。

秘書監志十一卷　　王士點、商企翁同撰。點字繼志，東平人。企翁，字繼伯，曹州人。

---

①　"傳"下原衍"目"字，據上下文意刪。

【補注】企翁官著作佐郎，其書成於順帝至正中。凡至元以來建置遷除典章故事無不具載，司天監亦附錄焉。《四庫提要》卷七十九。

風憲宏綱二十冊　趙世延撰。

【補注】《風憲宏綱》。《千頃堂書目》卷九。三十冊。《菉竹堂書目》卷五政書類。

世延所較定律令。《補三史藝文志》儀注類。

按《文淵閣書目》亦作三十冊。

國朝憲章十五卷　敬儼撰。

【補注】《國朝憲章》。《補遼金元藝文志》故事類。

趙承禧　憲臺通紀一卷

潘迪　憲臺通紀二十三卷

【補注】監察御史。《千頃堂書目》卷九。

十二冊。《菉竹堂書目》卷五政書類有《憲臺通紀》，未著錄撰者姓氏。二十二卷《國史經籍志》。卷三。

迪，元城人。《畿輔通志》卷一百三十四。

唐惟明　憲臺通紀續集一卷

索元岱　南臺備紀二十九卷

【補注】索元岱《南臺備紀》二十九卷。①《補遼金元藝文志》。《國子監書目》作二十二卷。《千頃堂書目》卷九。

劉孟琛　南臺備要二卷

【補注】劉孟保等撰。前有江南行御史臺都事索元岱序，此書乃補《憲臺通紀》之遺者也。《四庫提要》卷八十職官類存目。

王惲　玉堂嘉話八卷　述翰林故事。

【補注】《補遼金元藝文志》子部小說家類。

---

① "岱"字原脫，據《補遼金元藝文志》補。

又　中堂事紀三卷

【補注】《千頃堂書目》卷九。

又　烏臺筆補十卷

【補注】《補遼金元藝文志》職官類，又見同書集部表奏類。

字仲謀，衛州汲縣人。《元史》卷五十四。

高謙　吏部格例一百八十卷　雄州人，河間等路都轉運使。

【補注】《千頃堂書目》卷九。

曾德裕　考功歷式二卷① 　永豐人，大德中翰林直學士。

【補注】《千頃堂書目》卷九。

知制誥。《補遼金元藝文志》。

六曹法十二卷　不知撰人。

【補注】《六曹法》。《千頃堂書目》卷九。

資正備覽三卷　資正院使札剌爾公撰。②

李好文　成均志二十卷

【補注】《成均志》。《文淵閣書目》卷十八。二十卷。《畿輔通志》卷一百三十四。

《元城均志》一册。《菉竹堂書目》卷六古今通志。

【補注】

周伯琦　官箴一卷　《千頃堂書目》卷九職官類。

官制

許衡、劉秉忠、張文謙同撰。

鄧光薦　相業一編　俱見《補三史藝文志》職官類。

---

① 本條原位於"補注"中，據《元史藝文志》及上下文意改。
② "剌"，原誤作"刺"，據《元史藝文志》改。

儀注類

遼禮書三卷　重熙中,蕭韓家奴等撰。

【補注】耶律庶成、蕭韓家奴撰。《千頃堂書目》卷九。

楊雲翼　校大金禮儀

【補注】《金史》卷一百十。

張行簡　禮例纂一百二十卷

【補注】《千頃堂書目》卷九。

又　會同朝獻禘祫喪葬錄

【補注】《金史》本傳。

大金集禮四十卷　明昌六年,禮部尚書張暐等進。

【補注】《金史·禮志》但稱《集禮》若干卷。① 《山東通志》卷一百三十四。

《大金儀禮》。明昌六年禮部尚書張暐等進。《補遼金元藝文志》。

今考書中紀事,斷自大定,知爲章宗時書。《四庫提要》卷八十二政書類二。

以上遼、金。

至元州縣社稷通禮

又　廟學典禮六卷　始太宗丁酉訖成宗大德間。

【補注】其書雜鈔案牘排綴成編。《四庫提要》卷八十二政書類二。

太常集禮五十一卷　《郊祀》九、《社稷》三、《宗廟》二十一、《輿服》二、《樂》七、《諸神祀》三、《諸臣請諡》及《官制因革》《典籍錄》六。李好文、李术魯翀等撰。

【補注】《太常集禮》五十卷。《千頃堂書目》卷九、《補遼金元藝文志》。

好文請出禁閣文牘以資採錄,三年書成。《畿輔通志》卷一百三十四。

---

① "禮志",原誤作"望志",據《金史》卷二十八改。

太常續集禮十五册　脱脱木。①

【補注】《千頃堂書目》卷九。

續編太常集禮三十一册　王守誠。

【補注】《續編太常集禮》三十一卷。《千頃堂書目》卷九、《補遼金元藝文志》。

太常至正集禮二十册

【補注】《太常至正集禮》二十卷。《千頃堂書目》卷九、《補遼金元藝文志》。

太常禮儀沿革一卷　心里牙敦。

張翌　釋奠儀注一卷

【補注】張翌《釋奠儀注》。《補遼金元藝文志》經部禮樂書類。

申屠致遠　釋奠通禮三卷

【補注】《補遼金元藝文志》。

字大用，其先汴人。金末從其父義徙東平之壽張。《元史》卷五十七。

袁桷　郊祀十議一卷

【補注】《補遼金元藝文志》。

曾巽申　鹵簿圖五卷　書五卷

【補注】曾巽申《鹵簿圖》。

又　郊祀禮樂圖五卷　書三十卷

【補注】又《郊祀禮樂圖》十册。

又　崇文鹵簿志十卷

【補注】又《鹵簿志》十卷。俱見《補遼金元藝文志》。

又　致美集成三卷

【補注】《補遼金元藝文志》經部禮樂書類。

永豐人，應奉翰林文字。《補遼金元藝文志》。

---

①　"木"，原誤作"本"，據《元史藝文志》改。

任栻　三皇祭禮一卷　記至正祀三皇禮儀。

趙鳳儀　釋奠樂器圖一卷

【補注】汴人，溫州守。《補遼金元藝文志》經部禮樂書類。①

大德編輯釋奠圖八卷　何元壽。

【補注】《補遼金元藝文志》。

第一至第四卷爲《釋奠器服》，朱所定。第五卷爲《釋奠節次》，元學錄劉芳實、彭野編次。第六卷至第八卷爲《侯國通祀儀》，宋吳郡何元壽編次。刻於灤州路學。《千頃堂書目》卷九。

趙孟頫　祭器圖二十卷

【補注】趙孟頫《祭器圖》二十册。《補遼金元藝文志》。

范可仁　釋奠通載九卷

又　通祀纂要二卷　宣慰使。

【補注】俱見《補遼金元藝文志》經部禮樂書類。

黃以謙　通祀輯略三卷　至元間泉州路分教。

【補注】黃以謙《通祀通略》三卷。教授。

黃元暉　通祀輯略續集一卷　以謙從子。

吳夢賢　釋奠儀圖一卷

【補注】俱見《補遼金元藝文志》經部禮樂書類。

周之翰　朝儀備録五卷　又　朝儀紀原三卷　字子宣，大都人，②由侍儀舍人至冠州知州。

張希文　丁祭考一卷　字質夫，瑞州新昌人。

【補注】

遼朝雜禮

失名。

---

① "禮"字原脱，據《補遼金元藝文志》補。
② "大"，原誤作"太"，據《元史藝文志》改。

陳大任　遼禮儀志　俱見《千頃堂書目》卷九。

朝儀

許衡、徐世隆撰。《補三史藝文志》。

禮器纂修雜錄四百卷

世宗命禮官修。《千頃堂書目》卷九。

刑法類

金國刑統

【補注】《遂初堂書目》。

泰和律義三十卷　泰和元年十二月成。

【補注】《泰和律義》。《千頃堂書目》卷十政刑類。三十卷《金史·刑志》。《泰和新定律義》十六冊。《菉竹堂書目》卷五。

泰和新定律令敕條格式五十二卷　《泰和律令》二十卷、《新定敕條》三卷、《六部格式》三十卷，泰和元年司空襄進。①

【補注】《新定律令敕條格式》五十二卷。司空襄等進。《補遼金元藝文志》。《泰和律令格式》九冊。《菉竹堂書目》卷五刑書類。

承安律義　承安五年尚書省進。

【補注】《明昌律義》。《金史·刑志》。

皇統制條

【補注】《補三史藝文志》儀注類。

大定重修制條十二卷　大理卿移剌愷撰。②

【補注】《大定律令》。《補三史藝文志》儀注類。《大定重修制條》千一百九十條。《金史》卷四十五。

---

① "空"，原誤作"官"，據《元史藝文志》改。
② "剌"，原誤作"刺"，據《元史藝文志》改。

李祐之　删注刑統賦　太原人。

【補注】龔顯曾《亦園脞牘》卷四。

以上金。

至元新格　參知政事何榮祖撰。

【補注】何榮祖《至元新格》。《千頃堂書目》卷十政刑類。

大元通制八十八卷二千五百三十九條　至治三年，完顏納丹、曹伯啓纂集。

【補注】《大元通制》八十八卷。至治三年命完顏納丹①、曹伯啓纂集。② 累朝格例而損益之，凡二千五百三十有九事。《千頃堂書目》卷九典故類。

至正條格二十三卷

【補注】《至正條格》四册。《千頃堂書目》卷十政刑類。

三十八册。《菉竹堂書目》卷五刑書類。

元順帝時官撰，凡分目二十七。《四庫提要》卷八十四政書類存目二。

二十三卷。《邵亭知見傳本書目》卷六。

歐陽玄等撰。《湖南通志》卷二百五十。

贍思　審聽要訣

【補注】《補遼金元藝文志》政刑類。

案，《千頃堂書目》作"瞻思"，誤也。

刑統一覽五册

【補注】《菉竹堂書目》卷五刑書類。

趙惟賢　刑統

徐泰亨　折獄比事十卷　字和甫，餘杭人，青陽縣尹。

【補注】《折獄比事》一册。《菉竹堂書目》卷五刑書類。二册。《文淵閣

---

① "丹"，字原脱，據《元史》卷二十八、《元史藝文志》補。

② "曹"字原脱，據《千頃堂書目》卷九補。

書目》卷十四。

王與　平冤録二卷①

【補注】《東甌王氏平冤録》二卷。《千頃堂書目》卷十政刑類。一册。《菉竹堂書目》卷五刑書類。一卷。《述古堂書目》卷一。

鄭汝翼　永徽法經三十卷

【補注】字鵬舉,河南人。喬從善跋是書,作於中統癸亥。意主發明唐律,故名之曰《永徽法經》。《四庫提要》卷八十四政書類存目二。五册。《菉竹堂書目》卷五刑書類。

梁琮　唐律類要六卷

【補注】《千頃堂書目》卷十政刑類。

王元亮　唐律疏義釋文三十卷

【補注】《唐律疏義》六册三十卷。《絳雲樓書目》卷一刑法類。

又　唐律纂例圖　不分卷。字長卿,汴梁人,江西行省檢校官。

吳萊　唐律删要三十卷

【補注】《千頃堂書目》卷十政刑類。

金玉新書二十七卷　不知撰人。

【補注】蓋元時坊本。《四庫提要》卷八十四存目二。

【補注】

鄭克　折獄龜鑑二十卷

馮翼翁　異政録十一卷

黄邦俊　真陽共理集二卷

永福人,知英州。

何槐孫　善政指南

宜黄縣尹。俱見《千頃堂書目》卷十政刑類、《補遼金元藝文志》政刑類。

---

① "平",《元史藝文志》作"無"。

刑統賦一卷

元傅霖撰。① 續一卷，楊淵撰。

刑統賦疏一卷

元人抄本。取傅《賦》爲之疏，可與《元典章》及《元史·刑法志》相參。

粗解刑統賦一卷

元鄒孟奎解，並見昭文張氏《志》。俱見《邵亭知見傳本書目》卷六政書類。

傳記類

王鼎　焚椒錄一卷　遼觀書殿學士。

【補注】《千頃堂書目》卷五別史類、《補遼金元藝文志》雜史類。

一册，記懿德蕭后之變。《絳雲樓書目》卷一編年類。

鼎字虛中，涿州人，清寧五年進士，事迹具《遼史·文學傳》。《四庫提要》卷五十二雜史類存目。

七賢傳　不著撰人名。七人皆遼世名流，耶律吼其一也。

【補注】《千頃堂書目》卷十。

以上遼。

鄭當時　節義事實　金。

【補注】洪洞人，明昌二年進士，河汾教授。《千頃堂書目》卷十。

列女傳圖像　大德十一年刊行。

【補注】《元史·成宗本紀》。

蘇天爵　國朝名臣事略十五卷

【補注】蘇天爵《國朝名臣事略》十五卷。② 字伯修，真定人，

---

① "傅"，原誤作"傳"，據清光緒二十二年浙江書局刻本《文獻通考·經籍考》改。
② "朝"，原誤作"臣"，據《元史》卷一百八十三《蘇天爵傳》改。

元末爲江浙行省參政,總兵饒信,以勞瘁致疾,卒。學者稱滋溪先生。《絳雲樓書目》卷一。

此書記元代名臣實事,始穆呼哩,終劉因,凡四十七人。《四庫提要》卷五十八。

翟思忠　魏鄭公諫續錄二卷

【補注】《邵亭知見傳本書目》卷五。

贍思　西域異人傳

【補注】《補遼金元藝文志》。

贍思。《千頃堂書目》卷十。

吳武子　東坡事迹 光山人。

陸友　米海岳遺事一卷

【補注】陸友仁《米海岳遺事》。《千頃堂書目》卷十、①《補遼金元藝文志》。

羅有開　唐義士傳一卷 德興人。

昭忠錄一卷 記宋末事,不著撰人。

【補注】自紹定辛卯元兵克馬嶺堡,總管田璲等死節,②迄於國亡徇義之陸秀夫、文天祥、謝枋得等,凡一百三十人。詳其詞義,蓋宋遺民之所作也。《四庫提要》卷五十七。

汪逢辰　忠孝錄

黃一消　節考錄 休寧人。

張翥　忠義錄三卷 集兵興以來死節死事之人。

【補注】張翥《忠義錄》十卷。記元末兵興死義之人。《千頃堂書目》卷十。

字仲舉,晉寧人。《元史》卷七十三。

---

① "陸友仁",《千頃堂書目》卷十作"陸友"。
② "璲",原誤作"撼",據清《守山閣叢書》本《昭忠錄》及《四庫全書總目》卷五十七改。

徐顯　稗史集傳

【補注】徐顯《稗史集傳》一卷。《補遼金元藝文志》雜史類。

《稗傳》一卷。顯仕履無可考，觀其稱王艮爲鄉里，又稱居平江東城，則當爲紹興人而寓於姑蘇者也。《提要》卷六十一傳記類存目。

楊元　忠史一卷　　番陽人，起夏商周至宋末，得八百餘人。

【補注】番陽人。《千頃堂書目》卷十。

保越錄一卷　　記至正十八年浙江行樞密院副使吕珍守紹興本末，不著撰人名字。

【補注】載元順帝至正十九年明使攻紹興事。《四庫提要》卷五十八。一册。《菉竹堂書目》卷二經濟類。《文淵閣書目》亦作一册。①

劉岳申　文丞相傳一卷　　字高仲，吉水人，遼陽儒學副提舉。

【補注】《千頃堂書目》卷十。

廬陵人。《元史》卷七十七。

龔開　文天祥傳一卷　又　陸秀夫傳

葉由庚　瘦叟自誌一卷

謝翶　浦陽先民傳一卷

【補注】《浙江通志》卷二百五十四引成化《杭州府志》。

海隄錄一卷　　至元己卯，餘姚州判葉恒敬常築石隄。子晋輯明賢述作以褒揚之。

【補注】從孫翼刊行。《浙江通志》卷二百五十四。

舒彬　廣信文獻錄　　字文質，永豐人。

東陽人物表　　胡濚著

【補注】胡濚。《千頃堂書目》卷十。

彭士奇　廬陵九賢事實錄　　進士。

隴右王汪氏世家勛德錄　　御史中丞汪壽昌撰。

【補注】汪壽昌《隴右汪氏系勛德錄》。《補遼金元藝文志》譜牒類。

壽昌，隴右人。《千頃堂書目》譜系類。

---

① "目"，原誤作"自"，據上下文意改。

元永貞東平王世家三卷　木華黎。

【補注】《千頃堂書目》卷十。

一册。《菉竹堂書目》卷二經濟類。

戴羽　武侯通傳三卷　德安人。

【補注】隱居不仕。《千頃堂書目》卷十。

吳師道　敬鄉前後録二十三卷

【補注】《補遼金元藝文志》。

《敬鄉録》十四卷。是編以宋婺守洪遵《東陽志》所記人物尚有遺漏，因蒐録舊聞以補其闕。始自梁朝，迄於宋末。《四庫提要》卷五十八。

十四卷。《邵亭知見傳本書目》卷五。①

黃奇孫　三朝言行録　字行素，宋尚書黃度孫輯度事。

【補注】入元不仕。《千頃堂書目》卷十。

陳顯曾　昭先録　記其祖父常州通判焰死難事。

【補注】記其祖宋常州通判陳炤死難事。②《千頃堂書目》卷十。

吳夢炎　朱文公傳二卷

【補注】至元間人，采集舊史，李燾所為傳，並載文公前後歷官誥詞及建學碑誌諸文。《千頃堂書目》卷十。

陳氏崇孝集一卷

【補注】至正間，奉化陳儔銘傳。《千頃堂書目》卷十。

張明卿　尚左編五卷

楊三傑　明倫傳五十卷　字曼卿，蜀人。

【補注】《補遼金元藝文志》。

胡琦　關王事迹一卷

辛文房　唐才子傳十卷　字良史。西域人。

---

① "卷"字原脱，據上下文意補。
② "陳"字原脱，據《千頃堂書目》卷十補。

【補注】辛文房《唐才子傳》八卷。是書原本凡十卷，總三百九十七人。《四庫提要》卷五十八。八卷。《邵亭知見傳本書目》卷五。①

運使復齋郭公言行録一卷　福州路教授徐東編，紀福建都轉運鹽使郭郁事迹。

【補注】《復齋郭公言行録》一卷。《邵亭知見傳本書目》卷五。

永豐尹辜君政績一卷　名中。

【補注】《辜君政績》一卷。永豐令。《補遼金元藝文志》政刑類。一册。《菉竹堂書目》卷二經濟類。

陶凱《辜君政績書》二卷。字中元，江都人。以至正七年丁亥鄉試榜授永豐教諭。《四庫提要》卷五十九傳記類存目。

真定束和善政録　字朝用，蒙古人，政和縣達魯花赤，縣人紀其事。

【補注】集其斷獄善政。《千頃堂書目》卷十政刑類。

【補注】

耶律有尚　許魯齋考歲略一卷

字伯强，號迂齋，東平人，歷昭文館大學士。是編載衡之言行。《四庫提要》卷五十九傳記類存目一。

蘇天爵　劉文靖公遺事一卷

記述容劉因行實也。天爵於《國朝名臣事略》書成之後，別採舊聞，補其所闕，故曰《遺事》，爲《元史・劉因傳》所本。《四庫提要》卷五十九傳記類存目一。

譜牒類

蕭貢　五聲姓譜五卷

【補注】《中州集》。

---

① "卷"字原脱，據上下文意補。

金重修玉牒　承安五年大睦親府進。

【補注】《重修玉牒》。三月庚申進。《金史·章宗本紀》。

女直郡望姓氏譜　太師金源郡王勖撰。

【補注】完顏勖撰。《補遼金元藝文志》。

"直"，一作"真"。《千頃堂書目》卷十譜系類。

以上金。

十祖系錄

陳櫟　姓氏源流一卷　又　希姓略一卷

【補注】《補遼金元藝文志》譜牒類、《千頃堂書目》卷十譜系類。

楊譓　姓氏通辨

【補注】尤氏《藝文志》。

排韻增廣事類氏族大全十卷　不著撰人。

【補注】《排韻增廣事類氏族大全》十卷。① 失名。《補遼金元藝文志》。

梁益　史傳姓氏纂

【補注】《補遼金元藝文志》。

字友直，江陰人。《元史》卷七十七。金人。《補三史藝文志》。

程時登　孔子世系圖三卷

【補注】程榮登《孔子世系圖》三卷。《補遼金元藝文志》傳記類。

吳迂　孔子家世考異二卷

【補注】吳迂《孔子世家考異》。《補遼金元藝文志》傳記類。

施澤之　孔子實錄十二卷

【補注】《補遼金元藝文志》傳記類。

孔子世家一卷　孔克己著，臨江人。

【補注】《孔子世系》一卷。克己爲清江三孔後。《補遼金元藝

---

① "氏族"二字原脫，據《補遼金元藝文志》補。

文志》。

孔元祚　孔氏續録五册① 　孔子五十一代孫編於延祐間。

【補注】《補遼金元藝文志》傳記類。

孔聖圖譜三卷　大德間,孔子五十三代孫澤刊。

【補注】孔津《孔聖圖譜》三卷。②《補遼金元藝文志》傳記類。

張壐　闕里通載

【補注】《補遼金元藝文志》傳記類。

孔濤　闕里譜系一卷　字世平,衢州人,潮州路知事。

【補注】黄溍《孔君墓志》。

張樞　曲江張公年譜一卷

【補注】《千頃堂書目》傳記類。

張翥《曲江張公年譜》。《補三史藝文志》傳記類。

張師曾　梅宛陵年譜一卷　宣城人,或云其兄師愚撰。

豫章羅氏族譜

盧龍趙氏家譜

金華俞氏家乘十卷　俞慶,字大有。

【補注】《俞氏宗譜》。金華俞大有修,宋濂序。《浙江通志》卷二百五十四。

黄溍　義烏黄氏族譜圖

【補注】《浙江通志》卷二百五十四。

浦江柳氏宗譜　文肅八世孫穆修。

【補注】宋濂序。③《浙江通志》卷二百五十四。

張文忠公　養浩　年譜一卷　俱危素撰。

【補注】《張文忠公年譜》一卷。養浩。《補遼金元藝文志》傳記類。

---

① "氏",原誤作"子",據《元史藝文志》《補遼金元藝文志》改。
② "津",原誤作"律",據《補遼金元藝文志》改。
③ "宋",原誤作"宗",據清文淵閣《四庫全書》本《浙江通志》卷二百五十四改。

覃氏世系譜

槀城董氏世譜

晏世家譜

雒陽楊氏族譜

羅氏族譜

臨川危氏族譜一卷

【補注】《臨川危氏家譜》一卷。《補遼金元藝文志》。

兩伍張氏家乘　浙江行省都事張天永撰，字長年，高郵人。

吳氏世譜　吳海撰。

程峴　程氏世譜三十卷　字和卿，休寧人。

【補注】程峴《程氏世譜》三十卷。① 《補遼金元藝文志》。

汪氏勣德録　汪嗣昌撰。

汪松壽　汪氏淵源録十卷

【補注】字正心，休寧人，肇慶路儒學教授。《補遼金元藝文志》。

【補注】

姓氏大全十卷

一作十八卷。失名。《千頃堂書目》卷十。

孔文升　闕里譜系

文升家於溧陽。《補遼金元藝文志》。

簿録類

蔡珪　續歐陽公集録金石遺文六十卷

【補注】蔡珪《續歐陽集古録金石遺文》六十卷。《歸潛志》。

---

① "世"字原脱，據《補遼金元藝文志》補。

又　金石遺文跋尾十卷

【補注】又《續金石遺文跋尾》十卷。《金史》本傳。

又　古器類編三十卷　金。

【補注】龔顯曾《亦園脞牘》卷四。

共山書院藏書目錄　柳貫《序》稱汲郡張公，不詳其名。延祐三年參議中書省。

史館購書目錄　至正中危素撰。

【補注】至正十六年危素撰。

上都分學書目①　至正中助教毛文在購書一千二百六十三卷，爲目，藏之崇文閣，一藏開平儒學，一藏分學。

【補注】至正十六年。

陸氏藏書目錄　黃溍《序》稱吳郡陸君，不詳其名。

【補注】

法寶總目十卷

失名。《補遼金元藝文志》。

地理類

蔡珪　晉陽志十二卷

【補注】蔡珪《晉陽志》十二卷。②《千頃堂書目》卷八。

又　補正水經三卷　一作《水經補亡》四十篇。

【補注】又《水經補亡》三卷。字正甫，真定人，翰林院修撰。《水經補亡》本四十篇，刊本釐爲三卷。《金史》作《補正水經》五篇，誤也。元好問《中州集》正之。《補遼金元藝文志》。按《千頃堂書目》作五篇。

---

① "書目"，原誤作"目錄"，據《元史藝文志》改。

② "志"字原脫，據《千頃堂書目》卷八補。

又　燕王墓辨一卷

【補注】又《兩燕王墓辨》。《金史》。

呂貞幹　碣石志　字周卿，大興人。

【補注】呂子羽《碣石志》。大定末進士，著《碣石志》數十萬言，皆近代以來事迹，幽隱恢諧，無所不有。《中州集》、《畿輔通志》卷一百三十七。

王寂　遼東行部誌一卷

【補注】《遼史藝文志補證》。

　　又　鴨江行部誌一卷

【補注】龔顯曾《亦園脞牘》卷四。

　　以上金。

聖朝混一方輿勝覽三卷

【補注】《方輿勝覽》二十二册。《菉竹堂書目》卷六古今通志。

大一統志七百五十五卷　至元二十八年，集賢大學士札馬剌丁、①秘書少監虞應龍等進。

　　又　大一統志一千卷　大德七年，集賢大學士孛蘭肹、昭文館大學士秘書監岳鉉等上。

【補注】有誤"孛蘭肹"爲"卜蘭溪"者，②得吳氏藏本而正之。《補遼金元藝文志》。《千頃堂書目》作"卜蘭溪"。一百八十二册。《菉竹堂書目》卷六古今通志。六百册。《文淵閣書目》卷十八。

郡邑指掌十册

【補注】《菉竹堂書目》卷六古今通志。

---

① "剌"，原誤作"刺"，據《元史藝文志》改。
② "者"字原脱，據《補遼金元藝文志》補。

蕭㪺　九州志

　　【補注】《千頃堂書目》卷八。

郝衡　大元混一輿地要覽七卷

　　【補注】《補遼金元藝文志》。

　　《大元輿地集覽》。《千頃堂書目》卷八。

　　《輿地要覽》三册。《菉竹堂書目》卷六古今通志。

朱思本　輿地圖二卷　字本初，臨川人。

　　【補注】朱思本《廣輿圖》二卷。《千頃堂書目》卷八、《補遼金元藝文志》。

吳萊　古職方録八卷

　　【補注】《補遼金元藝文志》。

　　按，"職"字《千頃堂書目》作"賦"，①誤也。

汪從善　地理考異六卷

　　【補注】作於松江。

滕賓　萬邦一覽集

　　【補注】《千頃堂書目》卷八。

皇元建都記

　　【補注】《千頃堂書目》卷八。

楊奂　汴故宮記一卷

　　【補注】楊奂《宋汴都宮室記》。《千頃堂書目》卷八、《補遼金元藝文志》。

　　一卷。《國史經籍志》卷三。

陳隨應　南渡行宮記

熊自得　析津志典　字夢祥，豐城人，崇文監丞。

　　【補注】《千頃堂書目》卷八。

王惲　汲郡志十五卷

　　【補注】《千頃堂書目》卷八。

---

①　《千頃堂書目》卷八亦作"職"。

迺賢　河朔訪古記十六卷　今存二卷。

【補注】迺賢《河朔訪古記》十二卷。《千頃堂書目》卷八、《補遼金元藝文志》。

一册。《菉竹堂書目》卷六古今通志。

訥新撰。《邵亭知見傳本書目》卷五。

贍思　鎮陽風土記

【補注】《補遼金元藝文志》。

《鎮陽風土記》。①《千頃堂書目》卷八。

又　續東陽志六卷

【補注】浙江。《千頃堂書目》卷八。

又　西國圖經

【補注】《補遼金元藝文志》。

《西域圖記》。《補三史藝文志》。

宋某　東郡志十六卷　侍御史。

相臺續志十卷

【補注】不知撰人。《千頃堂書目》卷八。

于欽　齊乘六卷　字思容,益都人,兵部侍郎。

【補注】《千頃堂書目》卷八。

蘇天爵序。《絳雲樓書目》卷一地誌類。

是書專記三齊輿地,凡分八類：曰沿革,曰分野,曰山川,曰郡邑,曰古迹,曰亭館,曰風土,曰人物。《四庫提要》卷六十八。

元至正十一年辛卯,其子潛刻於浙。《邵亭知見傳本書目》卷五。

李好文　長安志圖三卷

【補注】《四庫提要》。

《長安圖記》三卷。《千頃堂書目》卷八、《補遼金元藝文志》。

字惟中,東明人,至治元年進士。《畿輔通志》卷一百三十四。

---

①　"鎮",原誤作鎭,據《千頃堂書目》卷八改。

張鉉　金陵新志十五卷　　字用鼎,陝西人。

【補注】《補遼金元藝文志》。

《至大金陵新志》十五卷。《四庫提要》卷六十八。

十二册,張佐撰。《絳雲樓書目》卷一地誌類。

其書終於景定中。《四庫提要》卷六十八。

鉉官奉元路學古書院山長。《千頃堂書目》卷八。

《至正金陵新志》十五卷。《邵亭知見傳本書目》卷五。

戚光　集慶路續志

【補注】《千頃堂書目》卷八。

天曆二年,南臺御史趙世延爲郡士光輯。《補遼金元藝文志》。

太平路圖志十册

劉恭　松江志八卷　　四明人,松江教授。

【補注】《松江志》。大德中劉蒙修。《補遼金元藝文志》。

錢全袞　續松江志十六卷

【補注】郡人。《補遼金元藝文志》。

俞希魯　鎮江府志

王仁輔　無錫志二十八卷　　字文友,華昌人。

【補注】《千頃堂書目》卷八。

秦輔之　練川志

楊譓　崑山郡志

【補注】抄本《崑山郡志》六卷。元蒲城楊德譓撰,字履祥,自號東溪老人,事迹無考。元成宗元貞二年升昆山爲州,故曰郡志。《邵亭知見傳本書目》卷五。

宣伯聚　浙江潮候圖説

韓性　紹興志八卷

【補注】韓性《紹興郡志》八卷。《千頃堂書目》卷八。

袁桷　延祐四明志二十卷

【補注】袁桷《延祐四明志》十七卷。《四庫提要》卷六十八。四庫依抄本録。《邵亭知見傳本書目》卷五。

王元恭　四明續志十二卷　　字居敬，真定人，慶元路總管。

【補注】至正二年爲明州總管。《千頃堂書目》卷八。

章嚞　天台郡志

台州路志十册

元統赤城志　　楊敬德修。

黄溍　義烏志七卷

【補注】《千頃堂書目》卷八。

黄鄰　諸暨志十二卷　　至正丁酉。

【補注】至正十七年成。

上虞志　　至正中，縣尹張叔温、延邑人張德潤裒集。後縣尹林希元、屬學博陳子疊重修。

許汝霖　嵊志十八卷　　至正。

【補注】《千頃堂書目》卷八。

奉化志十卷　　至元中，縣尹丁濟屬邑人舒津、陳著撰，皇慶延祐重修。

昌國州圖志七卷　　大德中馮福京、郭薦撰。

【補注】《大德昌國州圖志》七卷。馮福京、郭薦等同撰。《邵亭知見傳本書目》卷五。

東陽志　　延祐七年戴璧等輯。

永康志　　永安陳安可修。

温州路志十册

平陽州志　　大德十一年永嘉教諭章嚞修。

【補注】《元史·成宗本紀》。

處州路志十册　　麗水梁載著。

【補注】《皇慶處州路志》。《補三史藝文志》。

吳萊　松江志略

　又　甬東山水古迹記一卷

【補注】又《南海古迹記》。《浙江通志》卷二百四十四。

方回　建德府節要圖經　至元十四年安撫使。

謝翱　睦州山水人物古迹記一卷

【補注】謝翱《睦州山水人物記》。《千頃堂書目》卷十傳記類。

按，謝翱，宋末元初人。

　又　浙東西游錄九卷　今存《金華游錄》一卷。

【補注】《千頃堂書目》卷八。

黃奇孫　南明志　南明在新昌縣。

徐碩　至元嘉禾志三十二卷

【補注】《千頃堂書目》卷八。

碩里貫未詳，始末亦無可考。其作此書時則方官嘉興路教授也。《四庫提要》卷六十。

洪焱祖　續新安志十卷

【補注】《千頃堂書目》卷八。

汪元相　祁門志

汪幼鳳　星源續志　婺源人。

趙迎山　續豫章志十三卷

【補注】《千頃堂書目》卷八。

劉有慶　潘斗元　續豫章職方乘十四卷

【補注】《補遼金元藝文志》。

吳存　鄱陽續志

【補注】《千頃堂書目》卷八。

李士會　樂平廣記三十卷　字有元，樂平人。

【補注】《千頃堂書目》卷八。

李彝　南豐郡志三册

【補注】大德間南豐郡守。《千頃堂書目》卷八。

李肖翁　豐水續志六卷　字克家,富州人,儒學提舉。

【補注】李肖翁《豐水續志》十卷。《千頃堂書目》卷八。

富川人,本學教諭遷提舉。《補遼金元藝文志》。

楊升雲　瑞陽志

致和三山續志

【補注】福建,失名。《補遼金元藝文志》。

吳鑑　清源續志二十卷　字明之,閩人。

陳士元　武陽志略一卷　邵武人。

【補注】《補遼金元藝文志》。

與黃鎮成爲友。《千頃堂書目》卷八。

嚴士真　崇陽志

【補注】《千頃堂書目》卷八。

峽州路夷陵志三册

費著　成都志

【補注】《千頃堂書目》卷八。

吳萊　南海古迹記一卷

【補注】《千頃堂書目》卷八。

蔡微　瓊海方輿志　字希元,瓊山人。

【補注】任教官。《千頃堂書目》卷八。任學官。《補遼金元藝文志》。

南雄路志一册

張立道　雲南風土記[①]

【補注】《千頃堂書目》卷八。

張道立。《絳雲樓書目》卷一地誌類。

---

① "南"字原脱,據《元史藝文志》補。

又　六詔通説

【補注】又《六詔通記》。《千頃堂書目》卷八、《補遼金元藝文志》。

郝天挺　雲南實錄五卷

【補注】《千頃堂書目》卷八。

字繼先，安肅州人，官御史中丞。《畿輔通志》卷一百三十四。

李京　雲南志略四卷　　字景山，河間人，大德中烏撒烏蒙宣慰副使。①

【補注】《千頃堂書目》卷八。

張道宗　紀古滇説集一卷　　雲南人，起唐虞，迄咸淳。

【補注】《補遼金元藝文志》。

張宗説。《千頃堂書目》卷五霸史類。

潘昂霄　河源志　　字景梁，濟南人，集賢侍讀學士，諡文簡。

【補注】《千頃堂書目》卷八。

《河源記》一卷。字景樑，號倉崖。是書紀世祖至元十七年遣達實西溯河源至星宿海事，末有元統中柯九思《跋》，《元史》已全錄其文，此別行之本也。《四庫提要》卷七十五地理類存目。

李處一　西岳華山志一卷

【補注】《千頃堂書目》卷八。

張天羽　茅山志十五卷

【補注】張天雨《尋山志》十五卷。《千頃堂書目》卷八、《補遼金元藝文志》。

劉大彬　茅山志三十三卷

【補注】《千頃堂書目》卷八。

三十二卷，元刻止十五卷。《補遼金元藝文志》。

十五卷。大彬號玉虛子，錢塘人。是書分十二門，每門以三字爲題，蓋仿陶弘景《真誥》例也。《四庫提要》卷七十六地理類存目五。

楊少愚　九華外史　　青陽人。

---

① "撒"，原誤作"撤"，據《元史藝文志》改。

【補注】《千頃堂書目》卷八。
施少愚撰。《補遼金元藝文志》。

鄧牧　大滌洞天圖記三卷　字牧心，錢唐人。
【補注】鄧牧《洞霄宮圖志》三卷。《千頃堂書目》卷八、《補遼金元藝文志》。
《大滌洞天記》。《四庫提要》卷七十七地理類存目六。
宋鄧牧《洞霄圖志》六卷。元道士孟宗寶編。《邵亭知見傳本書目》卷五。

天台山志一卷　無撰人。
【補注】末稱世祖皇帝封道士王中立爲仁靖純素真人，知爲元人所作。又稱前至元間，知爲順帝時人矣。《四庫提要》卷七十六地理類存目五。

曾堅　四明洞天丹山圖咏集一卷

陳性定　仙都志二卷　字此一。
【補注】元道士。此《志》分六門，前序題至正戊子，不著姓名。《四庫提要》卷七十六地理類存目五。

元明善　龍虎山志三卷
【補注】《千頃堂書目》卷八。
字復初，清河人。是書乃皇慶三年明善官翰林學士時奉敕所修。《四庫提要》卷七十六地理類存目五。

黎崱　廬山游記三卷　定景高安南人。
【補注】本安南人，居漢陽。泰定中游廬山，記其詩文山物爲書。《千頃堂書目》卷八。

李孝光　雁山十記一卷
【補注】李孝光《雁山十記》一卷。[①]《千頃堂書目》卷八。
字季和，溫州樂清人。《元史》卷七十七。李光孝。王圻《續文獻通考》。

---

① "卷"字原脱，據《千頃堂書目》卷八補。

盛熙明　補陀洛迦山考

王約　高麗志四卷

【補注】約,真定人。《畿輔通志》卷一百三十四。

張立道　安南錄

【補注】俱見《補遼金元藝文志》。

黎崱　安南志略二十卷

【補注】《補遼金元藝文志》、《絳雲樓書目》卷一。

十九卷。號東山,世居愛州,幼與黎瑋爲子,因從其姓。《四庫提要》卷六十六載記類。

《邵亭知見傳本書目》亦作十九卷。

李志剛　耽羅志略三卷　永嘉人。

【補注】樞密院秘書。《補遼金元藝文志》。

周達觀　真臘風土記一卷

【補注】《絳雲樓書目》卷一地誌類。

温州人。真臘本安海中小國,爲扶南之屬。元成宗元貞元年乙未,遣使招諭其國,達觀隨行,至大德元年丁酉乃歸,首尾三年,諳習其俗,因記所聞見爲此書。《四庫提要》卷七十一。

周致中　異域志三卷

【補注】《千頃堂書目》卷八。

汪焕章　島夷志略一卷　字大淵,豫章人。

【補注】字焕章,南昌人。至正中嘗附賈舶浮海越數十國,紀其所聞見成此書。《四庫提要》卷七十一地理志四。

耶律楚材　西游錄

長春真人西游記二卷　李志常述丘處機事。

【補注】《長春子西游記》二卷。元李志常記其師丘處機西游事迹。孫錫《序》云:"凡山川道里之險易,水土風氣之差殊,與夫衣服、飲食、百果、艸木、禽獸之別,靡不畢具。"末附錄當時詔敕等編。處機字通密,又號長春子,棲霞人。此册足資考證。《邵亭知見傳本書目》卷五。

劉郁　西使記一卷

【補注】《千頃堂書目》卷八。

《西使錄》一卷。元劉郁都太僕，嘗奉使至秦，作《西使記》。柯九思叙潘昂霄《河源志》云："憲宗皇帝二年，命皇太弟旭烈帥諸部軍征西域，凡六年，闢封疆四萬里。"見《輟耕錄》第二十二卷。郁蓋當時西征從軍者。《絳雲樓書目》卷一。

真定人。是書記常德西使皇帝錫里庫軍中往返道途之所見。《四庫提要》卷五十八傳記類。

楊奂　紫陽東游記一卷

【補注】《千頃堂書目》卷八。

郝經　行人志

【補注】《千頃堂書目》卷九、《補遼金元藝文志》俱入職官類。

張德輝　邊堠紀行

【補注】字輝卿，冀寧交城人。《元史》列傳第五十。

何中　薊邱述游錄一卷

【補注】《千頃堂書目》卷八。

元貞使交錄

文子方　安南行記　禮部郎中、安南副使。

周密　武林舊事十二卷

【補注】周密《武林舊事》六卷、《後武林舊事》五卷。《千頃堂書目》卷八、《補遼金元藝文志》。

一册。《菉竹堂書目》卷二。十册。《邵亭知見傳本書目》卷五。

吳自牧　夢梁錄二十卷

【補注】一本二卷。《千頃堂書目》卷八。

古杭夢游錄一卷　自題灌園耐得翁。

【補注】宋灌圃耐得翁著。《百川書志》。

李有　古杭雜記四卷

【補注】李有《古杭雜記》一卷。焦氏《經籍志》。

郭天錫　客杭日記一卷　　名畀,以字行,丹徒人,江浙行省掾史。

【補注】號雲山,京口人。原本共四册,厲鶚因手錄其客杭一册,其書自至大戊申九月初一日至次年二月初九日。《四庫提要》卷六十四傳記類存目六。

陸友　吳中舊事一卷

【補注】陸輔之《吳中舊事》一卷。《千頃堂書目》卷八、《補遼金元藝文志》。

一册。《菉竹堂書目》卷二。

宋人。《絳雲樓書目》卷一地誌類。

陸友仁,字輔之,吳郡人。此書記其鄉之東聞舊迹,以補地志之闕。《四庫提要》卷七十。

高德基　平江紀事一卷

【補注】《補遼金元藝文志》雜史類。

常為建德路總管,不知何處人。《千頃堂書目》卷五別史類。

平江人,書中記干文傳修遼、金、宋史類。《四庫提要》卷六十八。

淩緯　唐山紀事

【補注】《浙江通志》卷二百五十四引成化《杭州府志》。

姚桐壽　樂郊私語一卷　　字樂年,桐廬人,餘干州教授。

【補注】《補遼金元藝文志》子部小説家類。

【補注】

咸淳臨安志九十三卷

潛説友撰。字君高,處州人,宋淳祐甲辰進士。前十五卷記宮禁曹司之事,自十六卷以下乃爲府志。《四庫提要》卷六十八地理類一。

暢訥　地理指掌圖注　　《補三史藝文志》地理類。

岳陽郡志

不知撰人。《千頃堂書目》卷八地理類。

類編長安志十卷

元京兆路儒學教授薛延年校正。取宋敏求《長安志》,芟繁提要,增入金元沿革,分門類聚,故曰"類編"。張金吾藏菉竹堂舊抄。《邵亭知見傳本書目》卷五地理類。

重修琴川志十五卷

元盧鎮撰。字子安,淮南人,至正間以領兵副元帥兼知常熟判事。琴川,常熟地名也。

《邵亭知見傳本書目》卷五地理類。

抄本游志續編

元陶九成編。前有宋天台陳仁玉《游志編序》,並因是書繼仁玉,故曰"續"。見張氏《藏書志》。《邵亭知見傳本書目》卷五地理類。

延祐永州路志

零陵鄧桂賢撰。

皇慶郴州路志

福寧王都中監修。

攸州圖志

不知撰者。

延祐平江州志

蒙古按攤不花撰。

至正黔陽縣志

蒙古朵爾赤雲甫監修。俱見《湖南通志》卷二百四十九。

南海縣志

陳大震輯。《廣東通志》卷一百九十一。

寶安志

郭應木、陳庚撰。《廣東通志》卷一百九十一。

韶州舊志

元方朝修。

惠州府志

姜文龍修。大德間同知。

新興縣志

達嚕噶齊薛里吉思修。俱見《廣東通志》卷一百九十一。

［原刊《新亞學報》3 卷 2 期（1958 年），頁 231-304。］